소비지리학

이 저서는 2017년도 정부재원(교육부)으로 한국연구재단 한국사회과학연구사업(SSK)의 지원을
받아 연구되었음(NRF–2017S1A3A2066514)

Geographies of Consumption

소비 장소의 탄생

소비 지리학

줄리아나 맨스벨트 **지음** | 백일순 **옮김**

앨피

소비에서 지리가 중요한 까닭

소비에 대한 연구가 줄어드는 것에 대해 파인Ben Fine은 "이 영역이 너무 방대해서 모두 다룰 수 없다"고 했다. "요컨대 소비는 특히 그것을 공격하는 데에 쓰인 분석 무기들을 비추어 볼 때, 움직이고, 확장적이며, 포착하기 어려운 목표물이다"(Fine, 2002: 1). 우습게 들리겠지만, 이 책을 거의 다 써 갈 무렵에 파인의 인용문을 읽고는 기뻤다. 이 책을 쓰면서 모든 것을 보고 모든 것을 아는 전능한 상품 소비자로서 나 자신을 암묵적으로 재구성하면서, 마치 내가 '신의 속임수'가 만들어 낸 생산물에라도 관여하고 있는 것처럼 느껴졌기 때문이다.

그러나 이 소비지리학 조사는 내가 읽은 것뿐만 아니라 내가 전유하고 있는 여러 주제 위치에서 부분적이고 상황적인 조사일 수밖에 없다. 나는 장소가 존재하지 않는 '어디서나'가 아니라 어딘가에서 말하는 것이고, 그 '어딘가'란 파케하 뉴질랜드인, 정치경제학과 후기구조주의적 관점과 씨름하는 지리학자이자 기독교인, 일과 가정 사이를 오가는 어머니로서의 나의 체현과 장소, 실천 안에 위치해 있다.

나는 나의 위치를 생각해 볼 수 있지만, 그것에 대해 완벽한 수준으로 분명하게 말할 수 없고, 그것이 나의 연구 노력에 어떤 영향을 미치는지 정확히 알 수 없다(Rose, 1997). 그럼에도 불구하고 이 사색적 설명서가 "(어떠한) 사건, 불완전함fallibility, (특정) 순간들을 보여 주는 것"이라면(Pratt, 2000:651), 이 책에 대한 나의 생각, 행동, 글쓰기를 이끈 무언가의 신호를 알리는 것은 중요한 일임이 틀림없다.

다른 사람의 연구를 논하는 것은, 선택적 재표현 행위이자 주로 영미 지리학 및 영어를 사용하는 패권 국가들을 중심으로 형성되어 있는 의미 있는 글쓰기(Berg and Mansvelt, 2000)의 과정이다. 이 글을 쓰는 뉴질랜드인으로서 나는 북미와 특히 영국 문헌들이 아주 풍부하다는 것을 강하게 인식하고 있다. 뉴질랜드 사례를 바탕으로 쓴 글이 영미주의적 편견을 강화시킬지도 모르지만, 그럼에도 불구하고 뉴질랜드의 사례 연구를 많이 포함시켰다. 왜냐하면 뉴질랜드는 내가 지리학자로서 가장 가까이 관여하는 공간일 뿐만 아니라, 뉴질랜드라는 '주변'의 내러티브로 패권주의에 도전하고 맞설 수 있기 때문이다(Berg and Kearns, 1998).

나는 소비에 대한 다양한 장소, 관행, 생각을 반영하는 다양한 사례 연구를 포함시키려고 했다. 쇼핑 및 소매 영역이 소비의 지리적 연구 주제로 중요했지만, 이를 뛰어넘어 책의 초점을 더 넓힐 수 없을까 하는 우려가 없었던 것은 아니다.

이 책은 지리학자들이 소비의 역사, 공간, 연결, 대상, 상업적 문화와 도덕에 관해 진행한 흥미로운 연구를 다룬다. 소비지리의 주요 분야에 초점을 맞추면서, 그동안 광고와 집단 및 제도적 소비가 심층적으로 이야기되지 않았다는 점을 염두에 두며 문화경제, 농촌 공간, 서비스, 작업 지형에 대한 연구도 포함하고자 했다.

소비는 사회적·공간적 관계가 복잡하게 얽힌 분야로, 이 책에서 반복되는 주제이기도 하다. 소비는 서로 다른 관행, 과정 및 사람들과 연결되는 맥락에서 이루어진다. 본문에서 살펴본 많은 연구는 생산과 소비, 경제, 문화, 그리고 상징적이고 물질적인 것들의 불가분의 관계를 보여 준다. 먹고, 쇼핑하고, 집에서 만들고, 관광하고, 음악을 즐기고 … 이 글에서 다루는 주제들은 평범해 보일지 모르지만 사람들의 욕망이 잘 드러나는 권력과 관련되어 있다. 주로 지리학자들의 연구를 다루었지만, 소비지리를 흥미롭게 만들고 관련 정보를 제공하는 다른 사회과학자 및 이론가들의 연구도 포함시켰다. 궁극적으로 이 책은 소비의 형성, 표현, 경험 방법에서 장소가 왜 중요한지, 사회성socialities과 주관성subjectivities그리고 공간성spatialities이 그 자리에 형성되는 데에 소비가 어떤 역할을 하는지 보여 주고자 노력한 결과물이라 할 수 있다.

지리학자로서 나의 개인적인 도전은 사람, 과정, 장소의 차이에 민감한 방식으로 소비를 탐구하여, 사람들로 하여금 특수한 것을 일반적인 것과 연관시키도록 만들어 일상생활의 물질적·상징적·사회적·개인적 측면에서 의미 있는 논의를 촉진하는 것이다.

이 작업의 이념적 · 규범적 그리고 불가능한 본성에 시시해 보일 수도 있지만, 변화를 일으키기 위해 노력하는 것은 내 지적 상상(Gregson and Rose, 2000년 참고)이나 대학에 근무하는 지리학자로서 가르치고 연구하는 나의 실천과 동떨어진 일이 아니다. 역설적이게도, 이 책을 쓰는 것은 내가 학문을 '소비'하는 일이자 나의 자기형성 프로젝트인 것이다.

코로나19가 뒤덮은 전 세계는 전염병의 공포와 경제위기를 동시에 경험하고 있다. 단계 격상에 따라 소비 규제가 풀리고 강화되면서 사람들은 다시 한 번 소비라는 키워드가 자유, 행복, 만족과 연결되어 있음을 깨닫는다. 한편 온라인 소비 시장의 확대로 많은 유통, 물류 노동자들의 역할이 더욱 중요해졌다. 그러나 그들의 열악한 노동환경은 소비의 증가만큼 악화되었다는 사실에서 소비가 또 다른 노동이자 인권의 문제임을 확인할 수 있다. 이처럼 소비가 우리에게 주는 함의는 매우 남다르다고 할 수 있다.

이 작업의 시작은 2011년 서울대학교 지리학과 대학원실에서 이루어졌다. 학문적 열망으로 가득했던 대학원생들이 모여 한 장 한 장 읽어 내려가며 탐독한 결과물이 이 책의 토대가 되었다. 그 당시 우리의 번역 실력은 매우 미숙했다. 또한 이 책이 다루고 있는 소비와 지리에 대해 잘 알지 못했다. 그러나 같이 공부하고 이야기하면서 책의 내용을 우리만의 색깔로 재구성하는 시간을 가졌다. 그렇게 (지금은 이름이 바뀐) 지리학과 대학원실은 매주 난상토론이 열린

이 책의 출생지다.

비록 내 이름으로 출간하지만 이 책은 결코 나 혼자만의 것이 아니다. 영어에서 한국어로 번역된 모든 문장의 바탕에 함께 고민한 동료들의 노력과 애정이 담겨 있다. 현재 그들은 각자의 영역에서 연구에 몰두하고 있다. 김하나(미국 신시내티대학), 김우철(캐나다 브리티시 컬럼비아 대학), 김범수(러시아 모스크바대학), 김나리(미국 델라웨어대학), 유예지(서울대학교), 채윤식(서울대학교)은 나와 함께 이 책의 첫 번역을 함께 해 준 동료들이다. 특히 마지막 작업을 함께해 준 김범수 박사는 서툰 번역문을 모두 고치고 바꾸는 과정에서 든든한 지원자가 되어 주었다. 이들 모두 미국과 러시아, 캐나다 그리고 한국에서 박사과정을 마치고 또 다른 세상으로 나아가고자 준비하고 있다. 나의 풋내기 같은 열정에 동참해 준 그들에게 다시 한번 감사의 말을 전한다. 이 책이 출판되기까지 실질적인 도움을 주신 서울대학교 아시아연구소 아시아도시사회센터와 도서출판 앨피에도 지면을 빌려 감사의 말씀을 드리고 싶다.

번역의 오류는 전적으로 나의 부족함에서 비롯된 것이므로 지속적인 피드백을 통해 고쳐 나가도록 하겠다. 첫 번역서로서 감회가 깊고, 많은 이들이 이 책을 통해 지리학에 한 걸음 다가갈 수 있기를 희망한다.

1장

소비의 지리

상품을 사고 팔고 또 버리는 일은 우리가 상상하는 것 이상의 방식들로 우리를 타인 혹은 다른 장소와 연결시킨다. 상품은 시공간 안에서 발생하고 거기서 형태와 의미를 취하는, 사회적 관계의 집합체를 바꾸는 단순한 물건 그 이상이다. 현대사회를 살아가는 대다수의 개인들에게 소비는 가시적이면서도 일상생활에서 빈번하게 일어나는 행위다. 시장이나 가게, 패스트푸드점, 극장 또는 지역 상인을 방문하는 등 많은 사람들이 일상적으로 하는 행위들이 장소의 의미 형성과 표현에 중요한 역할을 한다. 이 책은 상품과 서비스의 판매, 구매 그리고 사용에 관한 내용을 중심으로 사람과 물건 그리고 장소 간의 관계가 형성되는 방법을 다룬 '소비의 지리'에 관한 책이다. 또한 지리학자들이 이러한 일들을 해석하는 관점을 다룬 책이기도 하다.

현대사회에서 소비는 지리가 생산되고 체험되는 방식을 밝히는 핵심적인 주제이다. 우리의 신체에서부터 가게와 판매 상점을 포함한 국가, 도시, 가정에 이르기까지 이 책은 어떠한 과정과 장소를 통해 소비가 발생하는지 그 방식을 탐구한다. 지리는 사회적·물리적 과정의 공간적 표현으로서, 소비의 과정이 구성되고 연결되는 방식과 필수 불가결하게 연결되어 있다. 중요한 것은, 소비 과정은 시공간에 걸쳐 창조되고 표현되기 때문에 소비가 어떠한 과정을 거쳐 의미를 만들어 내는지 그 상황구속성situatedness을 살필 필요가 있다는 것이다.

책에 제시된 다양한 사례 연구는 소비 과정이 공간상 유동적이고 맥락적이며 상이하고 불균등하게 조직화되어 있음을 보여 준다. 다음 글은 지리가 소비에 어떻게 영향을 미치는지, 즉 소비의 문제는 곧 지리의 문제이기도 하다는 점을 강조한다(Clarke et al., 2003: 86).

지리와 소비 문제

소비는 "20세기 후반의 거대서사 중 하나"가 되었다(Mort, 2000: 7). 소비 장場의 가시성 증대와 소비재 및 이미지의 급증으로 이제 사회평론가들은 현대사회의 동력을 생산이 아니라 소비에서 찾게 되었다(Corrigan, 1977). 소비는 현대사회의 성립에 필수적이기 때문에, 자본주의사회에서 이를 피하기란 거의 불가능하다(Bocock, 1993). 실제로 "소비 과정 및 소비 실천[혹은 소비 관행]에 영향을 받지 않거나 관련이 없는 일상 영역은 거의 없"(Edwards, 2000: 5)으며, 특히 인간의 존재·노동·삶은 소비재와 개인 사이의 관계에 의해 지배된다(Miles, 1998a; Ritzer, 1999)[그림 1. 1 참조]. 개인(생산자와 소비자 모두)이 상품을 획득하는 과정에 얽히고, 상품 획득과 관련하여 삶의 목표를 수립하게 하는 소비주의[소비자주의 혹은 소비자중심주의]는 이제 도처에 만연한 현대사회의 '삶의 방식'이 되었다(Miles, 1998a).

일상생활에서 상품량 및 품목의 확대, 출시 빈도의 증가, 상품화

그림 1. 1 런던 피카딜리 서커스 주변의 광고와 상점. 소비 과정과 실천은 현대사회의 구성에 필수적이다.

의 진전, 사회 격차와 자기반영의 확대는 포스트모던적인 조건들과 결부되어 있다. 이전까지 사물에 불과했던 상품은 포스트모던 시대에 들어 사회생활을 매개하는 데에 더 중요한 역할을 한다고 가정된다. 상품 간의 관계는 대중문화와 미디어에서 해방적·쾌락적·자기도취적 가능성을 제공하는 것, 자아실현과 행복과 성취로 가는 열쇠로 고쳐된다(Douglas, 2000). 소비 실천과 선호도는 정체성 형성 및 자기표현뿐 아니라 다이어트, 패션, 음악, 여가 취향 같은 것들로 구축된 라이프스타일 문화의 발전에 중요한 역할을 한다(Featherstone, 1987: 55).

현대사회에서 소비의 경관景觀은 갈수록 가시화되며 어디에나 존재하는 것이 되어 간다. 또한 일상에서 상품화 과정의 증가는 쇼핑과 금융 서비스, 테마파크와 쇼핑몰, 종합병원과 상점처럼 과거에는 분리되었던 소비활동의 경계를 모호하게 하고 탈분화를 촉진한다(Bryman, 1999). 소비의 현장이 점점 더 합리적이라고 여겨지는 시대에, 장소라는 주제는 소비의 비인격성과 도구주의를 대체하는 '재주술화re-enchantment' 수단이 된다(Ritzer, 1999). 소비자의 실천 역시 점점 더 자신의 필요를 충족시키는 쪽으로 바뀌고(Gershuny and Miles, 1983), 소비 역시 인터넷처럼 비물질적 장소를 통해 서비스나 표상representations과 같은 비물질화된 형태로 확대되었다(Slater, 1997). 이 밖에도 정보기술의 확산, 시공간 압축, 전자매체를 통한 정보 유통 및 커뮤니케이션 네트워킹의 출현은 네트워크 사회가 출현하는 징후로 볼 수 있다(글상자

1. 1 참조).

1.1 소비의 지리적 문제
이베이, 손끝에서 펼쳐지는 세계

1995년 미국에서 피에르 오미다이어Pierre Omidyar가 설립한 인터넷경매 사이트 이베이eBay는, 온라인서점 아마존닷컴Amazon.com을 제치고(Mesure, 2001) 전 세계 수천만 명의 사용자가 등록한 물건과 서비스를 판매하는 세계에서 가장 인기 있는 쇼핑 사이트가 되었다. (판매하는 물건이) '금지된 혹은 의심스러운 것이거나 잠재

적으로 저작권을 침해하는 상품' 목록에 올라 있지 않는 한, 여기서는 무엇이든 올려서 판매할 수 있다. 판매하는 상품은 골동품과 수집품, 수공예품에서부터 음악, 부동산, 운송수단, 산업·상업 서비스에 이르기까지 다양하다. 사람들을 (직접) 연결한다는 이베이의 철학에 따라 초창기 사용자들은 개인 대 개인(차고 세일이나 오픈 트레이더 마켓처럼 전통적으로 실제 공간에서 일어나는 과정) 방식으로 입찰에 참여했지만, 이제는 고시가격fixed price으로 구매할 수도 있다.

판매자에게 부과되는 환불 불가 시 추가 요금이나 물품 홍보를 돕는 추가 목록 옵션과 더불어 목록의 (빠른) 갱신 속도는 이 사이트의 장점으로 꼽힌다. 입찰가가 판매자가 제시한 최저가를 넘기면, 이베이는 경매 종료 시점에 구매자와 판매자에게 이메일로 종료를 공지하고, 구매자와 판매자는 각각 이베이와의 거래를 마무리한다. 이베이는 자체적인 페이팔PayPal 시스템으로 신용카드 지불 처리를 돕지만, 여기에는 잠재적으로 고객이 부담해야 하는 운송비와 소비세, 결제비, 관세 등 숨겨진 비용들이 다수 포함되어 있다.

이베이 고객들에게 이 가상 세계에서 일어나는 커뮤니케이션, 정보 및 교환 과정은 실제 공간을 소멸시키는 것처럼 보이지만, 지리의 '종말'은 초래되지 않았다[Dodge and Kitchin, 2000: 6장 참고]. 사이버공간은 물리적인 공간이 아니지만 여전히 지리를 내포하고 있으며, 물질적인 사물 및 장소와의 관계 속에서 구성되고 있음을 이해할 필요가 있다. 상품 매매를 위한 사이버공간은 로컬과 글로벌의 새로운 연결, 또는 두 가지가 동시에 존재하는 장소를 창조했지만, 생산자와 소비자는 여전히 특정 장소에 있기 때문이다.

예를 들어 잠재적인 소비자는 (현실 장소에서 부과되는) 수입, 현금 거래, 배송 관련 비용을 피하고자 이러한 가상 장소를 통해 이베이에 진입할 수 있다. 소비자는 사람과 영역 공간의 결합에서 유래한 '온라인 커뮤니티'라는 용어로 기술된다. 공개입찰 과정에서 구매자의 선택은 오프라인 시장에서 예상되는 가격과 비교하여 결정되며, 가상에서 매매되는 상품과 서비스는 물질적인 장소와 네트워크 접속점nodes(우편이나 화물 운송 서비스)을 경유해 구매자에서 판매자에게 도달한다. 인터넷 접속과 컴퓨터, 전자기술, 결제 옵션에 대한 제약도 '물질적인' 지리와 관련이 있다. 그러므로 초이동적인 흐름의 공간인 가상공간에서도 지리는 소비에 중요하다. 지리는 소비가 유의미한 공간으로서 이해되고 경험되는 방식, 그리고 소비-생산관계가 연계되는 형식에 영향을 미친다.

이러한 변화가 진전된 세계에서는 사람들이 소비 경관景觀 및 소비자로서의 행위와 관련하여 일상 경험의 대부분을 구축하게 됨을 알 수 있지만[Sack, 1988], 이러한 장소에 거주하지 않는 사람들의 삶에서도 소비는 중요한 문제로 남아 있다. 상품의 의미와 소비 실천이 풍요나 결핍, 필요나 욕망 어느 쪽으로 해석되든지 간에, 그 의미와 실천은 고정되어 있지 않고 장소에 얽매이지 않는다. 오히려 유동적이고 균열되어 있으며, 상호 접속된 공간을 가로질러 변화한다. 그러므로 세계화 환경에서의 소비는 불균등하게 구성되며, "가난과 부, 이곳의 굶주림과 저곳의 과잉풍요 속 낭비 등 냉혹한 불평등을 내포한다"(Jackson, 2002c: 283). 이러한 격차는 결코 서로 무관하지 않으며 [글상자 1. 2 참조], 단순한 선진국/개발도상국 구분을 넘어 민족국가, 지역, 로컬리티의 지리적 특징을 보여 준다.

 지리와 관련한 소비 문제

쓰레기 종류로서의 e-폐기물

상품은 사회적 관계의 묶음으로 개념화할 수 있기 때문에, 상품의 소비는 고립된 행위라기보다 관계적인 과정으로 볼 수 있다(Watts, 1999). 상품은 구매되고 교환되며 시공간을 가로지르면서 가치를 소진한다. 그것들은 복잡한 생산 및 소비 네트워크 속에서 상품화되거나 비非시장화된 과정을 통해 의미를 부여받는다. 예를 들어 컴퓨터나 전자제품 구매는 곧 그에 뒤따르는 결과로서 해당 상품의 사용 및 처분, 보관, 재활용을 통해 지리를 만들어 낸다. 미국에서는 종종 컴퓨터 및 전자장비를 새로 사는 것이 수리해서 쓰는 것보다 더 쉽고 싸다(Silicon Valley Toxics Coalition, 2004). 일부 제조업체의 '회수' 프로그램에도 불구하고, 재활용 기회와 장려(우대)는 낮은 수준에 머물러 있고, 이 상품들은 e-폐기물의 비축으로 귀결되는 경우가 많다. 게다가 미국은 OECD 가입 선진국이 비가입국에 유해 폐기물을 수출하는 것을 금지한 1998년 바젤협약에 서명하지 않았고, 중국으로 e-폐기물을 수출하는 주요 국가로 남아 있다.

중국 정부가 자국 항구에서 불법 폐기물을 회수하겠다고 다짐하며 e-폐기물의 유입을 막으려 했지만, 중국의 값싼 노동력과 느슨한 노동 및 환경 규제로 거래는 지속되고 있다(Chandran, 2002). 한편 중국 남해안의 광둥성에서는 약 10만 명이 e-폐기물을 뒤지며 살아간다. 컴퓨터, 텔레비전, 휴대폰 및 기타 전자기기 폐기물을 재처리하면서 거래, 운반, 분류 산업까지 생겨났다(Ni and Zhang, 2004). 광둥성 구이유貴嶼 마을에서는 현지 업자가 쓰레기를 대량 구입한 후 이주노동자들을 고용해 쓰레기를 분해하거나 열처리해 재판매하거나 재사용 부품을 만들어 낸다. 노동자들은 첨단기술 제품 폐기물에 흔한 납이나 카드뮴, 토너, 수은, 바륨, 베릴륨의 위험성에 노출되지만, 재가공 산업은 지역주민들에게 생계 수단을 제공하면서 최근 10년간 구이유 마을 경제의 중요한 부분이 되어 왔다(Ni and Zhang, 2004). e-폐기물을 고리로 한 미국과 중국의 연결은 생산과 소비가 구성하는 복잡한 네트워크를 통해 한 장소의 소비가 다른 장소 및 사람들과 어떻게 연결될 수 있는지 보여 준다. 이처럼 소비의 과정과 실천은 지리가 생성, 표현되는 방식을 살피는 데에 중요하다.

그림 1. 2 모스크바에서 미국을 먹다(Eat America in Moscow). 균질화로서의 세계화(6장 참고)는 장소와 소비 대상과 실천, 장소의 미국화 같은 개념들을 가져다가 장소들이 서로 비슷해지고 있다고 주장한다.

상품화, 상징적이고 물질적인 관행, 소비의 장소는 경관을 재창조하고 지역문화를 변형시키는 세계화의 일부로 간주된다. "문화 획일화의 행진" 속에서 사회적 다양성과 차이가 삭제되며(Norberg-Hodge, 1999b: 194), 지역의 문화, 관습, 공간이 상품화와 미국화(그림 1. 2 참조), 코카콜라 식민지화Coca-colonization(Norberg-Hodge, 1999a), 맥도날드화(Ritzer, 1993), 디즈니화Disneyization(Bryman, 1999) 과정에 포섭된다.

그러나 여기서 제시하는 소비자 문화에 관한 서사는 일부분에 불과하다. 많은 사람들의 일상에서는 상품과 그 이미지, 소비 관행과 소비 장소가 더 큰 의미를 갖는 반면에, 현대사회에서의 소비 실천과 장소, 지식, 의미는 불균등하고 모순적이며 혼종적 방식으로 드러난다. 지리학은 현대 소비문화 개념으로 함축된 일반화된 설명과 보편적 과정을 덧싸는 완충제foil 역할을 해 왔다. 그러면서 사람과 장소, 사물이 공간을 통해 소비 과정을 촉진시키거나 무력화하는 방법 혹은 소비 과정이 공간을 가로질러 생성되고 실현되며 분화되는 방식을 들여다보는 통찰력을 제공했다. 지리학자들은 소비 연구를 통해 소비의 복잡한 의미와 표현들이 어떻게 다른 장소 및 스케일scale과 차례로 연결되는지를 보여 주고, 경제와 문화 그리고 상징과 물질이 어떻게 그리고 왜 충돌하는지를 설명함으로써 사회와 공간의 관계를 이해하는 데에 비판적으로 기여하였다.

소비의 개념화

소비는 상품의 판매와 구매, 사용을 중심으로 하는 사회관계 및 담론의 복잡한 영역으로 이해될 수 있다. 사회관계는 인간 · 장소 · 사물 사이의 상호작용, 관계, 조우, 실천과 그로부터 발생하는 결과와 사건들로 구성된다. 이러한 관계는 구조와 제도(가족, 국가 혹은 기업)를 형성할 수도 있지만, 개인의 수준에서 작동하기도 한다. 담론은 사람들이 세상을 이해하는 수단으로 사용하는 언어, 물질적 대상, 사회적 관행 속에 각인된 생각, 지식, 의미를 나타낸다. 사람들은 자신의 행동과 해석을 통해 강력한 담론을 구성하지만, 거꾸로 담론이 사회적 사고와 행위를 규제하기도 한다. 소비를 구매 행위 이상으로 개념화하면, 상품과 서비스의 판매, 선택과 구매, 사용, 재사용, 재판매, 폐기를 중심으로 하는 다양한 물질적·상징적 실천과 의미로 요약할 수 있다.

상품은 소비와 교환의 대상이다[Lee, 1993: x]. 재화(유형의 구체적인 물체)이거나 서비스(번지점프, 드라이클리닝), 사람(심지어 신체 일부까지), 사고나 발상(지적재산권과 특허) 등은 상품이 될 수 있다. 이 책에서는 음식, 옷, 여가와 같이 재화를 목적 달성에 사용하는 개인(최종 소비자)에 의한 재화와 서비스의 구매, 사용, 재사용, 폐기를 중심으로 한 소비 과정에 초점을 맞춘다. 이것은 생산공정에 대한 투입으로 발생하는 소비(기업의 법률·금융 서비스 구매 혹은 제조업자가 포장에 쓸 판지를 구매하는 것처럼)와는 다르다. 생산과 소비의 영역은 상호의존적이다. 소비는 단순히 물건의 사용에 관한 것이 아니라 의미와 경험, 지식 혹은 물체(상품 형식을 취하거나 취하지 않을 수도 있는 결과물)의 생산도 포함한다. 마찬가지로 사물, 경험, 가공물artefacts 등의 생산은 보통 사물의 소비를 수반한다.

상품의 개념은 소비를 이해하는 데에 매우 중요하다. 자본주의사회에서 경제 시스템을 통해 교환되는 상품은 사용가치(욕구와 필요를 충족시키는 능력)와 교환가치(다른 상품과 교환할 수 있는 능력)를 가지는 것으로 상정된다. 리Martyn J. Lee는 모든 소비재의 본질이 "다른 무엇보다도 그것이 상품이라는 사실에 있으며"[Lee, 1993: xi], 상품에 고유한 특징이나 정신을 부여하는 것과 관련이 있다고 보았다. 이윤을 위한 생산이 상품에 독특한 의미 혹은 본질을 부여하는 반면, 대상의 의미는 그것이 탈상품화된 순간에 발생한다. 지리학자들은 상품이 외부에서 교환되고 유통되는 방식을 강조한 아파두라이Arjun Appadurai와 코피토프Igor Kopytoff의 영향을 받아, 상품의 자본주의적 시장 교환관계뿐만 아니라 심지어 그와 모순되게 교환되고 순환되는 방식을 조명해 왔다[글상자 1. 3 참조].

1.3 물건의 사회적 삶
상품화 그리고 탈상품화되는 순간

인류학자 아르준 아파두라이는 《물건의 사회적 삶The Social Life of Things》(1986)에서 상품의 순환을 보는 '새로운' 방식을 주창했다. 그는 교환의 기능 및 형식에 초점을 맞추지 않고 상품의 사회적 삶을 연구함으로써 교환과 가치 사이에서 발생하는 연결의 정치에서 중요한 통찰을 얻었다[Appadurai, 1986: 3]. 아파두라이는 상품의 의미와 형식, 사용과 궤적을 이해하는 것이 "상품의 인간적·사회적 맥락을 조명"할 수 있다고 설명한다. 같은 책에서 이고르 코피토프[Kopytoff, 1986]는 물건의 사회적 삶에 대한 아파두라이의 논의를 가지고 시간의 흐름에 따라 물건의 가치와 의미가 변화하는 방식을 보여 주었다. 그는 물건이 상품 상태로 진입하고 거기서 벗어남에 따라 상품화되고 탈상품화되는 방식에 주목했다. 예를 들어, 노예무역으로 붙잡힌 사람이 어떻게 사람이 아닌 잠재적인 상품이 되는지 들여다보았다. 일단 노예로 구매되어 특정한 사회적 환경 속에 다시 편입되면 그/녀는 다시 인간화되지만, 여전히 판매 행위를 통해 가치를 실현할 수 있는 잠재적인 상품으로 남아 있게 된다. 동일한 대상이 어떤 사람에게는 상품으로 간주될 수 있지만, 다른 사람에게는 자본주의 상품교환의 영역과는 동떨어진 것으로 간주될 수도 있다. 아파두라이와 코피토프 모두 상품의 사회적 궤적과 전기傳記의 중요성을 시사했으며, 상품에도 공간적 삶이 있다고 주장하는 지리학자들이 이 논의를 더욱 확장시켰다.

상품화는 기존의 시장 외부에 존재했던 재화 및 서비스로 상품 형식이 확장됨을 의미하지만(Jackson, 1999), 상품은 문화적·상징적 교환의 대상이기도 하다. 인류학자 더글러스Mary Douglas와 아이셔우드Baron C. Isherwood는 상품이 현대사회에서 중요한 의사소통 수단이며, 문화적 의미를 전달하고 구성하는 "인간의 창의적인 능력을 위한 비언어적 매체"라고 주장했다(Douglas and Isherwood, 1978: 62). 두 사람은 "물리적인 필요나 음식, 음료를 공급하는 재화는 발레나 시詩 못지않은 의미 전달체가 된다"고 주장했다(Douglas and Isherwood, 1978: 72). 따라서 소비는 물건을

그림 1.3 상품은 일상에 편입됨으로써 의미를 부여받는다. 여기서 우유병을 사용하는 것은 상품(인형)을 '아기'로 만드는 주술 의식이다.

사용하는 것만큼이나 '상상의 행위'이며, 시공간적 맥락은 사물과 그 의미 사이의 연결 고리를 만든다(Goss, 1999a: 117). 사물에 의미를 부여하는 과정, 그리고 그것이 인간에게 가지는 의미는 물질문화의 관점에서 이해될 수 있다(그림 1.3과 글상자 1.4 참조).

　상품의 의미는 교환(구매 선택과 증정, 선물하기), 소유(청소, 진열, 꾸미기, 대화하기), 투자 회수(제거, 재사용하기, 포기하기 또는 버리기) 의례를 포함한 다양한 소비 관행으로 구성된다(McCracken, 1988). 그러나 상품이 소비되기 이전에 이미 의미는 상품 속에 각인되어 있다. 그리고 곧 있을 구매나 사건을 예상할 때 그 의미는 상품이 쓰이는 실용적인 측

물질문화
왜, 어디서, 어떻게 사물은 중요해지는가

물질문화는 사회가 만들고 사용하고 공유해 온 모든 유형의 창조물로 생각할 수 있다(인공물, 빌딩, 공예품, 실내장식, 예술, 도구, 무기, 가구 등). 물질문화에 대한 이해는 어떻게, 왜, 어디에서 사물이 중요해지는가라는 질문과 관련되어 있다. 궁극적으로는 사물이 권력함축적인 사회적 관계의 구성에 어떻게 영향을 미치는가라는 질문까지 포함하고 있다. 다니엘 밀러Daniel Miller는 1987년에 쓴《물질문화와 대량소비Material Culture and Mass Consumption》에서 사물, 사회, 문화는 서로를 구성하며 현대사회는 점차 사물의 존재에 맞춰 확립된다고 진술한다.

아파두라이와 코피토프처럼[글상자 1.3 참조] 밀러도 상품과 서비스가 오직 상품화된 형식으로만 존재한다는 개념을 버렸다. 밀러는 소비가 본질적으로 부정적이거나 물신적이라거나 인간을 소외시킨다는 시각을 반박하며, 짐멜George Simmel의 객관화된 문화objective culture 연구[Simmel, 1978 [1907]]를* 인용하여 일상에서 타자와의 관계와 자아 표현에 기여하는 소비의 긍정적이고 유의미한 방

---

* 게오르그 짐멜(Simmel, 1978 [1907])은 근대성 논의에서 사회 내 소비의 역할을 논한다. 그는 유·무형적 상품에 해당되는 객관적 문화와 이러한 객체를 성공적으로 다루고 활용하는 인간 능력으로 주관적 문화가 기하급수적으로 성장함에 따라 발생하는 문화의 비극을 보았다. 그러나 이러한 비극에도 불구하고, 상품도 자유와 정체성의 표현에 기여한 미디어처럼 해방적인 기능을 수행할 수 있다고 보았다.

식을 강조한다(Ritzer et al., 2000). 그 결과, 공간은 물건과 서비스를 소비하는 단순한 장소 설정place setting 그 이상이 된다. 한 예로, 밀러(Miller, 2001b)는 처음 만들어졌을 때의 스타일(원래 바랐지만 달성할 수는 없었던)로 자기 집 인테리어를 고치려고 했다가 실패함으로써 어떻게 '괴로워지는지'를 묘사한다. 그는 다른 사람들에게 보여지면서 동시에 자신을 보여 주는 것으로 여겨지는 (자신이 만든) 물질적 환경에 실망감을 갖게 된 것이다.

이러한 의미에서 물건으로서의 상품은 행위능력을 획득한다. 밀러가 말하듯이, "우리가 소유할 수 없는 곳에서 소유될 위험에 처한다"(Miller, 2001b: 12). 물질문화는 누군가가 표출한 행위능력과 무관하거나, 의도치 않은 결과를 불러올 수도 있다(예를 들어 어떤 집의 가구 취향을 사람들이 각자 다르게 이해할 때처럼)(Miller, 2001b: 109-11). 밀러의 개념은 특히 소비 현장 및 이와 관련된 사회성에 관한 민족지적 연구를 통해 지리학에 영향을 끼쳤다.

면보다 그 자체가 상품의 주된 특성을 이루는 경우가 많다(Miles, 1998a).

지금까지의 논의가 보여 주었듯, 소비는 단일하거나 일체화된 혹은 고정된 현상이 아니다. 오히려 능동적으로 (항상 의식적인 것은 아니지만) 만들어지고 복제되며 다양한 방식으로 표현되는 관계와 담론의 복잡한 영역이라고 할 수 있다. 소비의 실천과 대상, 그리고 그 의미는 상이한 사회적·공간적 '순간들'을 차지하고 시간과 장소를 가로질러 변형되며 '유동한다.' 상품의 공간화된 궤적과 일대기 및 지리는 스스로 소비되며 생산된다[Watts, 1999]. 지리학자들은 이러한 일이 일어나는 방식과 그 결과로 나타나는 경관 및 과정에 대한 중요한 통찰력을 제공해 왔다.

비판적 사회과학으로서 소비의 지리

소비에 대한 사회과학자들의 관심은 현대사회에서 일상을 구조화하는 소비자사회의 발전, 상품화, 소비의 지배에 대한 반응으로 나타났다[Edwards, 2000]. 제1세계와 제3세계 사이의 격차를 감안할 때, 소비사회라는 개념을 지지하는 동시에 비판적인 소비에 대한 학문적 관심이 1990년대에 급증한 것은 놀라운 일이 아니다[Jackson, 2002c]. 이 점은 지리학도 마찬가지다.[*] 색Robert Sack이 1992년 출간한 《장소, 모더니티, 소비자의 세계Place, Modernity, and the consumer's World》는 소비 관행과 지리 관계의 확립에 대단히 중요한 문헌이다[3장 참고]. 소비에 대한

---

* 지리학 분야의 주요 온라인 데이터베이스인 '지오베이스GEOBASE' 검색 결과, 1990년대부터 2000년대 초반에 소비와 지리에 관한 저작이 가장 풍부하게 출간되었다. 1990년 이전 13년간 소비와 지리에 관한 저작은 373건에 불과했지만, 1990년 이후 13년 동안에는 1,922건에 이른다. 이 결과는 데이터베이스 수록 자료의 폭에 따라 달라질 수 있지만, 그래도 이 차이는 상당하다.

관심은 그렉슨Nicky Gregson이 1995년《인문지리학의 발전Progress in Human Geography》에 기고한 리뷰 논문 〈이제 모든 것이 소비인가?And now it's all consumption?〉에서도 드러난다.

1990년대에는 소비에 관한 중요한 사회과학 연구물이 다수 출간 되었다(Burrows and Marsh, 1992; Edgell et al., 1996; Miller, 1995). 이 책들은 사회적 삶을 구조화하는 소비의 중요성을 조명하고, 정당하고 가치 있는 학문 분야 영역으로서 소비를 제시하고자 했다. 이 저작들(지리학자 리글리Neil Wrigley와 로Michelle Lowe가 1996년 쓴《판매, 소비와 자본Retailing, Consumption and Capital》과 사회학자 존 어리John Urry가 1995년에 쓴《소비하는 장소들Consuming

그림 1.4 과거 시드니의 부둣가였던 달링하버는 현재 레스토랑, 전시관, 상점이 있는 관광 명소로 재개발되었다. 판매, 레저, 소비가 극적으로 나타나는 공간들은 초기에 다수의 지리학적 작업의 초점이 되었다.

Places》)은 소비를 '단순하고 일차원적인 방식'으로 사고하는 것이 불가능하다는 것을 보여 주면서, 장소·공간·스케일이 소비가 실현되고 경험되는 방식에 차이를 만들어 낸다는 점을 밝혔다.

현대사회의 변화에서 여가와 관광 활동의 중요성[그림 1. 4 참조] 또한 소비에 대한 통찰력을 바탕으로 관련 주제를 다루는 지리학 저작이 늘어나는 계기로 작용했다(Aitchison et al., 2000; Crouch, 1999). 최근 20년 이상 진행된 지리학 내 소비 연구의 핵심적인 특징은, 학제 간 연구 협력과 교류로 새로운 통찰력이 증가했다는 점이다(잭슨Peter Jackson 등이 2000년에 쓴《상업문화Commercial Cultures》, 밀러 등이 1998년에 쓴 책(Miller et al.), 클라크David B. Clarke 등이 2003년에 쓴《소비 읽기The Consumption Reader》등).

지리학자들은 사회과학에서 소비 연구에 핵심적인 이론과 경험적인 기여를 제공해 왔다.* 소비의 장소와 경관을 조사하여 '소비사회가 보여 주는 지도의 공백'만을 채운 것이 아니라(Crewe and Lowe, 1995), 앞서 언급했듯이 특정 장소에서 발생하는 상세하고 복잡하며 상이한 소비의 표현과 함께 공간들을 잇는 이론적 연구를 생산해 왔다. 따라서 지리학은 경제와 문화, 생산과 소비 간의 단절을 극복하려

* 소비의 지리를 광범위하게 검토하고 싶다면, 여기서 내가 인용했던 그렉슨(Gregson, 1995), 잭슨과 스리프트(Jackson and Thrift, 1995), 크루(Crewe, 2000; 2001; 2003)의 논문을 추천한다. 사회과학에서 진행된 소비에 관한 일반적인 논의는 파인(Fine, 2002)과 밀러 등(Miller et al. 1998)을 참고하라.

는 노력의 선두에 서 있다고 할 수 있다(Sayer, 2001).

소비지리학은 여가, 관광, 노동, 쇼핑, 정보기술, 판매, 광고부터 도시 · 농촌 · 산업 · 농업지리학을 거쳐 젠더, 노인, 민족, 섹슈얼리티 연구에 이르기까지 다양한 주제들을 아우른다. 〈표 1.1〉은 지리학의 광범위한 주제를 요약하고 있다. 물론 이 주제들은 상호배제하거나 특정 범주에 고정되어 있지 않다. 소비지리학은 소비와 결부된 공간성, 사회성, 주관성을 통찰하는 다양한 이론적 전통과 관점을 제공한다.

표1.1 소비지리학의 주제들

형식	강조점	연구 핵심
공간성 ↑	가시적이고 소비가 극적으로 나타나는 공간	**사례:** 페스티벌과 카니발의 공간, 테마파크, 백화점, 쇼핑몰, 광고와 브랜드의 경관, 명품 공간, 관광 명소, 도시적·농촌적 소비 공간 • 재현의 공간과 재현적 공간으로서 소비 현장(텍스트로서의 경관) • 공간의 역사적이고 동시대적인 생산 • 상품화와 물신주의(숨겨진 생산관계) • 정치경제학과 인종·계급·젠더 구조 • 장소마케팅과 홍보 • 문화경제
↓	평범하고 대체 가능하며 수명이 짧은 소비 공간	**사례:** 시장, 중고품 매매, 지역 내 물물교환 제도, 인터넷, 가정, 직장 • 일상의 지리 • 관계적 공간과 사회적 공간 • 소비자에 대한 강조, 생산/소비의 역할과 관계에서의 모호함 • 장소 내에서 역사적/동시대적 소비 형식 간의 연속성과 차이 • 가치의 구성 • 수행성

형식	강조점	연구 핵심
↕ **사회성**	사회-공간적 연결성	**사례:** 다국적주의, 전치displacement, 글로벌 상품사슬, 공급 체계, 　　　회로형 접근과 행위자 네트워크 접근법, 상업문화와 상품문화 • 소비-생산관계의 공간적/사회적 구성 • 상품의 이력과 공간적 내력(상품의 사회적 삶) • 생산자와 소비자 간의 사회적-공간적 관계 • 권력의 기하학 • 소비자 행동주의와 정치 • 국가와 소비 관계(소비의 담론적/물질적 형성, 집단적 소비) • 규제 • 세계화 • 공간적 상상 • 문화경제 • 판매지리 • 물질/상징, 문화/경제, 생산/소비의 중첩
	소비에서의 사회적 관계	**사례:** 쇼핑, 구매, 사용, 폐기, 식사, 여가 활동, 주택공급과 리노 　　　베이션 • 소비의 민족지적/사회지리 • 소비의 장소적/(개인적이 아닌)사회적 맥락 강조 • (새로운 기술을 통한) 신흥 사회성 • 문화정치 • 소비의 도덕성 • 소비의 공간, 스케일, 과정, 실천의 관계성 • 물질문화(사회적 삶에서의 상품의 역할) • 탈상품화
주관성	소비하는 주체로서 인간과 신체, 정체성	**사례:** 자아 만들기self-fashioning와 일상적 공급mundane 　　　provisioning에 대한 연구, 소비자 담론의 역할과 주체 형성의 　　　일부로서 소비 실천, 광고 담론, 특정 장소에 어울리지 않는 　　　신체, 주체로서의 소비자, 정체성의 체현과 정착, 소비자 서사 • 후기구조주의적 시각과 소비의 사회적 구성에 대한 강조 • 소비하는 주체의 형성 • 소비와 정체성 형성 • 소비와 젠더, 인종, 계급, 섹슈얼리티의 지리 • 신체의 담론과 지리 • 소비자 행위능력 • 도덕적 의미 부여 • 사회적 배제 • 수행성 • 비재현적이고 체현된 실천 • 문화정치

소비의 공간성

지리학자들은 소비의 '공간성'을 탐구하는 데에 관심을 기울여 왔다. 그 관심은 소비가 가장 가시적이고 또한(혹은) 가장 적극적으로 만들어지는 장소(관광지, 대형 쇼핑몰)에 대한 설명뿐만 아니라, 다소 덜 가시적인 장소(각인된 표면으로서의 신체, 가내 공간)와 그러한 장소 및 공간이 소비를 통해 연결되고 의미 있게 만들어지는 방식에 대한 설명을 포함한다.

장소는 다른 장소와 관련하여 능동적으로 구성되며, 단순히 사회적 과정에 필요한 설정을 제공하는 밀폐된 컨테이너가 아닌 유동적이고 변화하는 실체로 존재한다. 따라서 소비와 상품의 의미, 표현, 경험이 결합되고 변형되는 장소와 공간, 스케일은 그 자체로 특별한 공간성spatiality을 구성한다. 공간성은 소비의 장소와 관련되어 있을 뿐만 아니라, 사람과 사물, 과정(상품 지식 등)이 이동하면서 해당 위치에 있는 사회적 공간 관계의 특정 입지를 변형, 재생, 경쟁, 형성, 해체하는 방법과도 연결되어 있다.

초기의 소비지리학 연구는 소비 장소 안에서 소비지리학 나름의 표현을 모색하며 그것을 가시화하는 것에 초점이 맞춰졌다(Jackson and Thrift, 1995). 지리학자들은 도시의 소비 공간 이외에도 농촌의 '탈생산적인post-productive' 공간, 문화유산과 관광 명소, 테마파크, 페스티벌과 카니발, 부촌, 사이버공간, 여가 공간, 가정과 신체 공간에 이르기까지 광범위한 장소를 조사했다. 또한 행정기관들(지방 당국, 상공회의소 등)이 어떻게 도시와 농촌 공간을 홍보하고 지역주민, 내부 투자자, 관광객을 위한 소비지로서 장소를 개발하는지에 대한 상당한 연구가 있었지만, 해당 현장site의 소비 자체보다는 생산에 중점을 두었다(Ateljevic, 2000). 역사적 장소와 소비 관행에 관한 연구도 현대 소비 행위에 대한 통찰력을 제공했다.

소비 장소에 관한 연구는 소비 현장의 물질적·상징적 구조를 규명하려는 연구들을 통해 더욱 이론화되었다. 1990년대 초반, 소비 공간의 이데올로기적 구성과 중요성에 관심이 집중되었다(Jackson and Thrift, 1995). 여기에는 건축 환경에 내재된 사회적 구성과, 권력을 탐구하기 위해 경관을 읽는 기호학적 접근과 독해 기법이 포함되었다. 이러한 작업 대부분이 마르크스주의 전통과 함께 의미와 소외를 다룬 보드리야르Jean Baudrillard의 저술에서 영향을 받았는데, 이 문헌들은 상품 물신주의의 현장, 쾌락·유흥·초현실·가상적인 '어디에라도 있음elsewhereness'으로 간주되는 스펙타클한 소비 공간을 다루었다(Hopkins, 1991).

1990년대 중반부터 민족지적 연구가 출현하였는데, 그것은 소비 경관의 독해가 소비자를 생산자(사주, 디자이너, 마케팅 담당자, 관리자, 광고인)에 의해 구성되는 소비 담론과 구조를 재생산하는 수동적인 주체로 보게 된다는 우려에 일부 대응하는 것이었다(Gregson, 1995). 이 연구의 대부분은 중고품 장터나 할인 상점, 시내 중심가와 시장(많은 사람들에게 평범하고 일상적으로 주어지는 장소)처럼 초기에 '소비의 대안적 공간'으로 알려진 것들에 초점을 맞추었다(Crewe and Gregson, 1998; Gregson and Crewe 1997a; 1997b). 이러한 연구는 소비의 장소와 관행이 관계 맺는 방식, 예를 들어 쇼핑몰과 번화가가 '안전한' 혹은 '위험한' 인 종화된 쇼핑 환경으로 서로 연관되며 이해되고 있음을 보여 주었다 (Miller et al., 1998).

이 과정에서 주목할 것은, 공간 전반을 아우르며 소비 관행과 의 미가 구성되는 방식에 대한 연구로서 장소 연구가 점점 더 확대되고 있다는 점이다. 자본주의적 축적 과정을 넘어 젠더, 섹슈얼리티, 나 이, 인종, 계급, (비)장애, 탈식민주의와 관련된 구조와 담론의 중요 성도 강조되고 있다. 판매와 쇼핑 지리는 여전히 소비에 관한 지리 학에서 가장 중요하게 다루어지지만, 과거에 주변적인 것으로 간주 되던 다른 공간(공간적으로, 사회적으로, 경제적으로. 예를 들어 LETS와 같이)(글상자 1. 5 참조)과 이동성 및 일시적인 공간(예를 들어 공항, 여행지, 가 상공간)도 소비 연구의 새롭고 흥미로운 길을 열어 주고 있다.

1.5 대안적 경제 공간
지역통화제도 LETS; Local exchange trading schemes

소비의 공간성을 고려하는 것은 단지 장소에 대해서 생각하는 것을 넘어, 소비 과정이 특정한 공간에 걸쳐 어떻게 구성되는지 생각해 보는 것이다. 지역통화제도 혹은 그 시스템은 자본주의의 헤게모니에 맞설 수 있는 대안적인 교환 공간의 일례를 보여준다. 1980년대 이래로 이러한 지역 기반 물물교환 시스템은 공동체 화폐 형식을 제시해 왔다. 캐나다에서 시작된 이 시스템은 현재 영국, 오스트레일리아, 뉴질랜드, 서유럽과 라틴아메리카, 아시아, 아프리카에까지 퍼져 있다. 소비자와 생산자 양쪽을 아우르는 지역통화제도 참여자들은 기술과 서비스(돌보미, 배관 수리, 실내장식, 대안의학 등) 및 공산품과 농작물(수공예품, 직접 구운 빵, 사무용품, 여가용품)을 기부하고 '구입'한다(Pacione, 1997). 서비스나 물건의 생산자는 비상품화된 가상 화폐 잔고로 대가를 지불받고, 이후 다른 기술이나 서비스 혹은 상품을 소비할 때 이 잔고를 사용할 수 있다. 실제 화폐는 교환되지 않으며, 신용/직불 계좌가 유지된다. 신용상 어떠한 이자도 지불할 필요가 없고, 소비에 필요한 계좌 잔액이 없을 때에도 이용할 수 있다.

거래에서 생산되는 가치와 국가적 수준에서 지역통화제도의 중요성은 상대적으로 작을 수 있지만, 중요한 것은 구성원이 느끼는 그것의 가치다(Seyfang, 2001). 지역통화제도는 사회적·금융적 배제라는 문제를 해결하고자 지배적인 소비, 생산, 교환 과정을 재구성했고, 일반적으로 '녹색' 이데올로기 및 분권화, 공동체 만들기와 관련되어 왔다. 사회에서 주변화되었던 사람들의 사회적 네트워크를 확장하고, 비공식적 노동 부문의 가치와 기여를 재인식함으로써, 지역통화제도는 대안적 가치 표출 '공간'뿐 아니라(Seyfang, 2001: 993), 이 가치들이 작동될 수 있는 삶의 정치 형식을 제공한다. 영국의 지역통화제도 참여자 연구는 이러한 네트워크 속에서 소비의 사회성이 그 네트워크의 물질적·경제적 의미를 능가한다는 점을 보여 준다(Purdue et al., 1997: 657-9; Williams, 1996).

지역 내 물물교환 제도는 소비자와 생산자 간의 직접적인 연결을 촉진하고, 수동적인 소비자와 능동적인 생산자라는 기존 결합에 균열을 일으킨다. 소비자는 다른 구성원이 신용을 쌓을 수 있도록 돕는 소비를 함으로써 생산적인 역할을 담당한다. 비록 소비자단체와 지역통화제도가 자본주의적 소비나 생산의 헤게모니에 저항하는 형식을 제공하는 하나의 가능성에 불과할지라도, 그것은 자본주의와 별개로 독립하여 존재하는 것이 아니다. 예를 들어 지역통화제도에 참여하는 구성원들은 자신의 계좌를 적자 상태로 놓아 두지 않으려 한다. 현금경제에서 이동한 부채 개념 때문이다(Aldridge and Patterson, 2002). 역설적으로, 지역통화제도의 '공동체 부활'과 '사회통합' 잠재력은 이 제도가 점차 국가의 규제를 받고, 더 큰 공동체 내부의 젠더 및 계급적 특징이 반영된다면 한계에 부딪힐지도 모른다.

지리학자들은 점점 더 인간, 사물, 이를 둘러싼 다양한 독립체 entities가 특정한 권력의 기하학(글상자 1. 11 참조)과 접속되어 있는 공간 체계와 네트워크 안에서 어떤 방식으로 포착, 형성되는지를 탐구하고 있다. 예를 들어, 연구자들은 생산/소비 체계와 착취적 상품 관계를 밝혀낼 수 있는 공간적인 연결망에 주목해 왔다(Hartwick, 1998). 또한 가정 내 소비정치가 어떻게 다른 스케일과 소비 과정, 관련 제도 등과 강력한 방식으로 연결되는지 고민해 왔다[Leslie and Reimer, 2003]. "상품 일대기의 추적pursuit of commodity stories"―공간을 가로지르는 상품의 사회적·공간적 삶에 관한 연구―은 점차 소비에 관한 지리적 서사의 중요한 주제가 되고 있다[Bridge and Smith, 2003]. 이러한 연구들은 공간을 관통하는 움직임뿐만 아니라, 소비의 공간성이 다음에 다루게 될 개념인 사회성과 깊이 얽혀 있음을 보여 주며, 소비와 상품의 의미가 어떤 형태로 원래 맥락에서 제거되거나 대체되는지를 밝힌다[Cook et al., 1999].

소비 현장에 대한 지리적 연구, 그리고 장소의 소비 행태를 특징짓는 공간성은 생산과정이 소비에 깊이 내재되어 있는 방식과 그 반대 과정이 어떻게 성립되는지를 살피는 데에 유용하다. 이러한 연구는 소비의 실천을 통해 공간적인 관계가 강력히 구성됨을 증명하고, 소비 과정의 구성, 재현, 재생산에서 공간과 장소의 중요성을 보여 준다.

소비의 사회성

지리학의 또 다른 초점은 소비의 사회성, 즉 사람들 간의 연결망, 관계, 사회적 상호작용에 맞춰져 왔다. 비록 소비는 종종 자기중심적이고 자아도취적이며 개인주의적인 진취성으로 묘사되어 왔지만, 지리학자들(특히 민족지적 전통 안에서 작업하는 학자들)은 소비와 결부된 사회성과 친교를 보여 준다. 그들은 또한 개개인의 습관이 다른 사람들과의 관계 속에서 형성되는 방식에 주목한다. 그 다른 사람이 근처에 있는 사람이든(가족 구성원이나 직장 동료처럼), 멀리 떨어져 있는 상상 속의 타자이든(식생활에 대한 인종적 사고방식이나 구호단체에 기부하는 옷을 받을 '저 멀리의' 피구호자처럼) 상관없다. 사회성은 고정되어 있지 않다. 관계는 지속적인 유동 상태에 있다. 사회성과 관련한 새로운 형식의 출현(예를 들어, 인터넷 채팅방의 등장이나 원주민 관광 벤처기업)은 상품의 의미와 가치, 소비 관행 및 소비 공간의 중요성과 본질, 소비의 정치와 소비·생산의 상호의존성에 대한 새로운 시각을 제공한다(Dodge and Kitchin, 2000; Holloway and Valentine, 2001a; Wrigley et al., 2002 등 참고).

 '가정에서의' 소비와 접목된 사회성에 관한 연구는 이분법(예를 들어 노동과 여가, 공과 사, 생산과 소비)을 해체하고 어떻게 관계와 담론이 서로 다른 스케일로 확장될 수 있는지를 밝히는 성과를 거두었다. (가내) 공간 속에서 가부장적이고 성적 담론을 탐색했던 여성주의 지리학은 식사, 식사 준비, 옷 입기와 같은 비교적 평범한 활동들이 어떻게 정치적인 것이 되는지를 규명해 왔다(Banim et al., 2001; Valentine, 1999a; 1999b; 1999c). 상세한 민족지적 연구는 상품 관행이 어떻게 일상 속 사람들 사이의 경계와 관계를 정의하는 강력한 담론을 만들어 냈는지, 이 담론이 물질적인 지리와 어떤 방식으로 관련되는지를 보여 주었다(예를 들어 쇼핑에 대해 말하는 것과 실천하는 것의 차이 연구(Gregson et al., 2002a). 이 연구들 대다수는 의미가 구성되고 협상되는 방식, 지배와 복종의 관계가 설정, 정의defined되고, 저항되는 방식을 보여 주는 '문화정치cultural politics' 개념으로 설명 가능하다(Jackson, 2000: 140-1).

중고품 소비 순환과 인터넷의 사회성을 탐색하는 민족지적 연구는 시장친화적이고 합리적이며 이윤추구적인 기존 가치 및 상품교환 구조에 도전장을 내밀었다. 이 연구는 상품의 사회적 삶이라는 맥락 속에서 상품화된 시장관계 안팎으로 어떻게 가치가 생성되고 전달되며 변환되는지에 대한 통찰력을 제공했다. 이러한 성과에도 불구하고, 물건의 생산과 소비의 노동적 · 쾌락적 · 여가적 · 창의적인 측면은 여전히 연구자의 손길이 닿지 않은 곳에 남아 있다. 따라서 사람들이 상품을 통해 무엇을 하며, 어떻게 상품을 수선하고 복구하며 가치를 부여하고 박탈하는지에 관한 더 많은 연구가 필요하다(Crewe, 2000; Hetherington, 2004 참고). 매우 제한적으로 이루어진 연구 분야는 상품의 획득acquisition 및 이용 관행, 특히 물질적 필요, 가난과 결핍(Cloke and Widdowfield, 2000), 부유층(Beaverstock et al., 2004) 등과 결부되어 있는 사회성과 윤리다(글상자 1. 6 참조).

사회성의 형태적인 특성과 이것이 공간 전반에 걸쳐 나타나는 방식, 즉 사회-공간 관계의 틀과 체계로서 사회성이 어떻게 실천되는지 규명하는 상당한 연구가 이루어졌다. 적어도 초기에 이루어진 소비 네트워크와 시스템, 상품사슬 및 규제 체계 연구는 정치적 · 경제적 맥락에서 직선적 또는 수직적인 연결 고리에서 비롯된 제도적 사회성에 초점을 맞추려는 경향이 있었다(글상자 1. 7 참조). 이러한 연구는 소비자 주권과 권력, 그리고 소비자들이 기업의 도덕적/윤리

1.6 윤리적인 식품 거래 관계
새로운 사회성, 새로운 지리와 윤리

인터넷 기업에 대한 루이스 할러웨이Lewis Holloway의 연구는 상품의 소비가 어떻게 지리적이고 윤리적인 사회성을 뒷받침하는지를 보여 준다. 'My Veggie Patch' 온라인서비스는 런던에 사는 고객에게 (영국 잉글랜드 동부의) 서퍽Suffolk에서 채소를 재배할 수 있는 기회를 제공했다. 소비자들은 그들이 원하는 채소의 종류와 재배 방식 등을 정할 수 있었다. 재배 작업은 (원거리) 소비자의 요구에 맞춰 이루어지고, 농작물은 소비자 집 앞까지 직접 배송되었다 [Holloway, 2002: 73]. 두 번째 지역은 소비자들이 이탈리아의 아브루초주 Abruzzo 산간지역의 양을 입양할 수 있도록 만들어, 소비자들에게 '그들이 먹는 것의 출처와 직접 접촉하는' 기회를 제공했다[Holloway, 2002: 74]. 할러웨이는 행위자 네트워크 관점을 적용해 본 결과[5장 참고], 두 사례 모두 식품 생산물을 바로 집으로 가져오게 했고, 생산자들이 식품 판매업체나 유통업체 같은 전통적인 중개업체 없이도 소비자들에게 서비스를 제공할 수 있도록 했다고 주장했다. 그러나 이러한 역할을 수행하기 위해서는 사람, 객체entities, 장소를 연결해 줄 새로운 인맥 및 모임이 설립되어야만 한다(예를 들어 소비자 간의 연결, 인터넷, 입양된 동물, 채소, 자본 등). 할러웨이의 연구는 사회성과 공간성의 형성이 왜 분리될 수 없는지를 입증하고, 멀리 떨어져 있는 것들 간의 새로운 만남이 특정한 윤리적 관계의 생성과 관계되어 있음을 보여 주었다(예를 들어, 식품 생산과 관련된 참여적 돌봄 개념이나 생산에 영향을 미치는 전염병 등).

적 실천에 결부되는 사례처럼 생산과 소비의 상호의존성 논쟁에 상당한 기여를 했다(Johns and Vural, 2000; Silvey, 2002). 세계화, 지속가능성, 자유무역, 초국적기업의 권력에 대한 소비자들의 저항은 생산과 소비의 사회적 관계를 조정하는 국가와 더불어 비정부기구 및 다국적기업의 영향력에 주목하게 만들었다(Klein, 2000). 예를 들어 판매, 규제, 소비 사이의 접점에 관한 연구는 소매 자본retail capital의 공간적 조직을 밝히고, 생산과 소비를 연결하는 과정, 구조와 그 메커니즘을 설명하는 중요한 힌트를 제공했다(Wrigley and Lowe, 1996; 2002).

행위자 네트워크(Whatmore and Thorne, 1997)와 회로 접근법(Du Gay et al., 1997)은 정치경제적 관점에서 형성되는 사회성의 선형성linearity과 생산주의적 편견에 대한 우려를 해소하고자 등장했다. 이러한 접근 방식은 '공간'을 그 자체로, 즉 "복잡한 네트워크와 회로, 흐름으로 다양하게 뿌리내리고 특화된" 곳으로 생각할 가능성을 제공한다(Crang et al., 2003: 441). 그러나 상품의 네트워크, 사슬 혹은 회로를 따라 존재하는 다양한 현장에 대해(Jackson and Thrift, 1995), 그리고 (탈물질화되거나 단명하는 상품으로서) 소비자 서비스와 연관된 공간, 사회성, 주관성에 관한 연구가 여전히 더 필요하다.

이제 관심사는, 문화적으로 민감한 이야기들을 등한시하는 경제주도적인 해석 방식에서 벗어나고 있다(Crewe, 2000: 276). 두 영역(경제와 문화)의 상호의존성에 초점을 맞춘 문화경제학적 작업이 상품과 상업문화 연구를 비롯해(Crang et al., 2003; Jackson, 2002a) 최근 5년 동안 급증했다

소비를 볼 것인가, 생산을 볼 것인가

상품 공급 체계에 관한 벤 파인Ben Fine과 엘런 레오폴드Ellen Leopold 의 저작(Fine and Leopold, 1993; Fine, 2002)은 생산과 소비의 상호의존성, 그리고 이와 관련된 사회성과 공간성을 규명하려는 지리학자들의 소비 연구에도 큰 영향을 미쳤다. 수평적 접근은 광고 부문이나 판매 또는 유통에서 일어난 변화와 같이 소비와 사회 전체에 적용되는 요소들과 관련이 있다(Fine, 1993: 599). 파인과 레오폴드는 생산·유통·마케팅·소비를 둘러싼 다양한 과정(및 현장)과 상품의 생산·소비를 둘러싼 물질문화를 탐색하는 대신에, 수직적 연결망에 기반한 공급 접근 방식에 주목했다. 두 사람은 수직적 시스템이 상품 및 그것에 내재된 구조와 역사에 따라 어떻게 변화하는지에 주목하고(4장 참고), 이를 통해 생산–소비 과정의 시공간적 맥락을 설명하였다. 수직적인 접근은 상품이 공간을 가로질러 어떻게 만들어지고 변형되고, 사회의 관습과 지식이 상이한 공간적 맥락을 거쳐 어떻게 연결되는지 보여 주는 상품사슬의 중요한 개념이다. 그러나 지리학자 폴 글레니Paul Glennie와 나이절 스리프트Nigel Thrift(Thrift, 1993)는 이러한 수평적 접근과 수직적 접근 간 구분이라는 환원주의를 비판하고, 소비/생산의 사회성과 공간성을 개념화하는 순환적 접근 및 네트워크적 접근 방식과의 간극을 극복해야 한다고 지적했다.

(Du Gay and Pryke, 2002; Scott, 2000). 이러한 연구들은 두 영역이 서로 굴절된다기보다는 (문화산업이나 소비자문화의 생산에서처럼) 중첩되어 있는 모습을 조사하려는 시도로 볼 수 있다. 상업문화에 관한 작업은 사람과 사물이 초국가 네트워크 내에서 포착되는 방식을 이해하고자 상품을 둘러싼 맥락 및 서사의 구성과 변형에 결부된 특정한 사회성에 초점을 맞춰 왔다(Dwyer and Jackson, 2003). 소비 관행과 관련하여, 이러한 네트워크들을 도덕적·윤리적 관심사 및 환경적 관점으로 보려는 연구 의제들도 증가하고 있다(Hobson, 2003; Wilk, 2002).

지리적 연구는 사회성을 개인의 사회적 관계뿐만 아니라 제도적·집단적 상호작용으로 보는 것에 초점을 맞추지만, (유감스럽게도) 최근 몇 년간 집단적 소비 연구는 쇠퇴한 것으로 보인다(Fine, 2002). 물론 상품과 서비스의 직접적이거나(예를 들어, 주택공급) 간접적인 (지역경제 발전과 장소마케팅 전략 수단으로서 관광·레저) '생산자'와 그 규제자로서 국가와 지역 당국의 역할에 대한 연구는 지속되고 있다. 예를 들어 뉴질랜드의 지리학자들은 탈규제화와 신자유주의적인 뉴질랜드 경제 하에서(Barnett and Kearns, 1996; Kearns and Barnett, 1997) 보건 부문 내 소비주의의 출현과, 뉴질랜드와 캐나다의 고등교육 상업화를 추적하여 규제 체계 및 상품화 그리고 국가의 역할 변화 간의 연관성을 탐구했다(Berg and Roche, 1997). 그러나 사회적 관행과 소비의 관계가 사람들에 의해 어떻게 규제되고 합법화되며 유지되고/거나 경쟁하는지에 대한 연구는 상당한 공백으로 남아 있다. 예를 들어 '소비자 선택' 담론이 어떻게 국가 및 다른 행위자들에 의해 형성되고, 소비를 통해 협상되는지에 대해서는 거의 알려진 바가 없다[Pawson, 1996].

소비의 주체성

지리학에서 중요한 세 번째 개념은 '주체성subjectivities'이다. 지리학자들은 소비자를 범주화하거나 분류하는 것을 지양하면서 소비 주체들이 개인 혹은 집단적 행위, 담론, 관계, 상상을 통해 형성되고 수행하는 방식을 연구해 왔다.

인문지리학 내에도 주체와 관련한 여러 시각이 존재하며 각기 다른 서사를 만들어 낸다. 예를 들어 인문주의적 시각은 주체의 형성을 인간 주체의 자율적인 능력에 위치시키는 데에 반해, 주체 형성에 관한 마르크스적 이해는 구조 속에서 주체가 차지하는 위치를 중시한다. 본문에서 언급하는 '주체subject' 개념은 포스트구조주의적 이론에서 끌어왔다. 포스트구조주의는 '자아self'와 분리된 타자와의 관계 속에서 집단 및 개인, 신체, 정체성이 사회적으로 형성되는 방식을 강조한다.* 주체 형성을, 담론의 작동을 규제함으로써 수립되

---

* 주체는 세계(타자, 주체와 떨어진 객체)와 그 자신 간의 관계를 통해 존재한다 [Rodaway, 1995]. 주체는 물질적·담론적으로 구성되는 재귀적이고 물질적인 실체로 간

는 권력관계의 표현으로 보기도 한다.

지리학을 바탕으로 한 많은 소비 연구들은 포스트구조주의 관점에서 주체성을 탐구해 왔는데, 여기서 담론은 규율에 의해 작동하는 의례들로 확립된 권력관계의 표현이다. 이 담론들은 자아와 타자를 가르는 배제의 과정 및 경계 만들기로 작동한다. 그러나 주체성은 담론에 영향을 받지만 반드시 그것으로 결정되는 것은 아니다. 그러한 차원에서 지리학 연구는 특정 공간에서 주체성의 능동적인 구성을 밝히고, 그 주체가 윤리적으로 귀속되는 방식을 조명하였다.

지리학자들은 소비의 물질적 · 상징적인 구성을 강조하며, 사람들이 각자의 생활세계에서 상품을 의미 있게 경험하고 통합하는 방식을 해석하는 데에 기여했다. 많은 연구가 일상에서의 실천에 중점을 두고(de Certeau, 1984), 소비자가 그러한 공간의 생산자가 의도한 것과는 다른 방식으로 상품과 관행을 사용하는 데에 능동적으로 참여하는 방법(저항적 하위문화의 형성처럼(Hebdige, 1979))을 탐구했다. 이러한 연구에서 중요한 발견이라 할 수 있는 것은, 대다수 상품의 사용과 의미가 불확실한 불안이나 정체성보다는 물질적 · 사회적 · 가족적

주될 수 있다. 주체는 행위능력을 소유하지만, 주체의 행위는 권력의 작동을 생산할 수도 그것에 종속될 수도 있다. 예를 들어, 인문주의자들은 주체 형성을 인간 행위자의 자율적인 힘 내부에 위치시키지만, 마르크스주의자들은 주체 형성이 그 사람의 구조적인 지위와 관련하여 발생한다고 이해한다.

관계와 근거에 초점을 맞추고 있다는 것이다(Valentine, 1999c).

소비자 주체성 연구는 광고와 미디어 그리고 장소 기반 경관의 재현 및 텍스트적 해석의 쟁점을 넘어, 소비 주체의 역할과 소비 관행 및 상품에 부여되는 의미를 탐구한다(Stevenson et al., 2000). 이 작업은 '보편적이고 수동적인 소비자' 개념을 뒤흔들며, 소비자의 행위능력agency에 초점을 맞춰 상품의 선택과 구매, 사용에 쓰이는 '노동work'과 기술 및 소비 관행에 각인된 해석, 사회성, 긴장, 의미, 감정, 지식을 검토한다(Crewe, 2001; Williams et al., 2001). 연구의 또 다른 중요한 영역은 생산의 정체성과 소비 정체성 사이의 전통적인 구분을 문제시하고, 장소에 기반한 사회적 정체성 구성에서 소비가 맡는 역할을 살피는 것이다(McDowell and Court, 1994).

소비와 정체성 형성에 대한 지리학적 연구들은 특정한 소비 패턴에 기반한 동질적인 소비문화 개념에 이의를 제기하고, 공간 생산의 핵심이 되는 부분이 소비가 체현embodiment되고 자리잡으며emplacement 수행되는 과정을 통해 의미 있게 만들어지는 방법과 관련이 있음을 보여 주었다(Skelton and Valentine, 1998). 포스트구조주의 연구는 그동안 지리학자들의 관심을 차지했던 화려한 소비 경관 못지않게 소비가 각인되는 표면이자 강력한 공간으로서 신체를 강조했다. 예를 들어, 늙거나 '뚱뚱한' 몸을 부적절하다고 낙인찍음으로써 소비를 통해 신체가 어떻게 훈육되고 대상화되는지를 보여 주었다(Gamman, 2000; Gibson, 2000).

소비 관행이 젠더, 섹슈얼리티, 나이, 인종, 계급 담론 및 관계와 교차하는 방식은 사람들(주로 어른에 국한되긴 하지만)이 어떻게 소비 주체로서 형성되는지를 보여 준다(글상자 1. 8 참조). 문화정치학은 주체가 상품의 의미를 소비 과정과 실천에 귀속시키는 방식을 다룬다. 중고의류의 소비와 결부된 주관성을 탐구하면서 그렉슨 등은(Gregson et al., 2000) 소비자가 자신의 신체와 상품의 잠재적 이력을 협상하는 방식에 주목한다. 그래서 여타 개인화된 상품(책, 전자기기, 도자기류)들이 신체적인 담론을 취약하게 만들 수도 있음을 발견했다. 인간이 소비에 의미 있게 참여하고 수행하는(Thrift, 2000c) 신체 관행, 움직임, 감각 및 습관(그것이 꼭 담론에 종속된 것이 아니더라도)의 역할을 강조하는 것은 소비 주체에 대한 담론적이고 재현적인 해석이 지닌 시각적 오류에 도전한 것이라 할 수 있다. 결과적으로, 지리학자들은 주체성 연구를 통해 소비 관행의 물질적이고 재현적이라는 양면적 특성과 소비자와 생산자 간의 종종 모호한 구분, 소비를 둘러싼 정체성과 관행이 수행되고 재생산되며 실천되는 방식에 중요한 시사점을 남겼다.

소비의 공간성, 사회성, 주체성은 상호배타적이지 않다. 그것들은 함께 소비의 지리─사회와 공간 간의 복잡한 관련성과 인간, 물질적·상징적 실천, 객체, 사물들이 공간을 가로질러 움직이고 이동하여 서로 연결되고 수행되며 변형되고 표현되는 방식에 관한 지리─를 구성한다. 공간성, 사회성, 주체성에 관한 논의가 암시하는 것은, 권력이 장소의 물질적이고 담론적인 실천을 통해 형성되고 행사되며 실천된다는 점이다.

1.8 프랭크 모트
소호의 소비문화 배열과 남성성

프랭크 모트Frank Mort는 장소와 남성성에 관한 연구에서, 소비가 실천되고 표현되고 경험되고 저항되는 방식의 핵심적인 부분인 권력관계를 탐구했다(Mort, 1998). 《도시 생활의 고고학Archaeologies of city life》(1995)에서 모트는 1980년대 런던 소호 지역의 역사적·공간적 변화를 둘러싼 담론과 물질적 실천에서 남성적 주체성이 만들어진 방식을 조사했다. 소호에서 동성애 남성의 사회적·성적 정체성은 소비 관행과 소비 장소에 의해 형성되었다. 모트는 1980년대의 미디어와 문화산업이 "서로 상이한 역사적 순간들에 기록된" 성적·문화적 불일치dissidence, 청년 스타일, 문학과 예술문화로 이루어진 보헤미안 지역의 어휘를 어떻게 끌어들였는지 기술했다(Mort, 1995: 577). 이 수사는 새롭게 출현한 전문화된 주체들과 더불어 쇼핑, 레저, 엔터테인먼트 시설이 함께 엮여 발전한 지역의 상업적 변형이라는 지점에 위치해 있다. 이러한 사회적 공간의 구축은 젠더의 중요성을 무시하고, 이질적인 도시 생활을 중심으로 (그것에서 벗어난) 사람들과 관습을 주변화시켰다. 1990년대에 수많은 카니발과 게이 벤처회사들은 게이를 위한 소비 공간과 동성애적 사회관계를 위한 장소를 만들어 이 지역의 르네상스를 이끄는 데에 기여했다. 모트는 "그들이 지리와 정체성 간에 꽤 다른 해석을 환기시키긴 했지만, 양쪽 모두 남성성이 지배적이 되어 버린" 방식에 주목한다(Mort, 1995: 581). 모트는 소호의 소비문화 배열이 어떻게 다양한 공동체를 주변의 인접한 사회 공간으로 끌어들였는지를 증명하고자 했다. 그의 연구는 장소가 주체의 구성에서 수동적인 역할에 머무르지 않고 강력한 역할을 수행하며, 또 소비 관행이 다양한 장소를 생산하고 담론을 만들어 낸다는 것을 보여 준다.

권력 문제

공간성, 사회성, 주체성을 연구하면서 지리학자들은 권력의 작동에 관한 중요한 통찰을 이끌어 냈다. 그들은 소비 과정과 관행상 당연시되던 것을 조사하고, 인간·정체성·신체가 특정한 맥락 속에서 어떻게 훈육되고 구별되는지를 밝히는 데에 기여했다. 많은 정치·사회·경제·문화지리학자들이 소비를 이해하고자 광범위한 사회 이론을 끌어왔지만(보드리야르의 사물 및 기호체계에서 시작해 바흐친의 카니발 이론에 관한 역사적 분석에 이르기까지, 또 부르디외의 문화자본에서부터 고프먼과 버틀러의 수행성 이론을 아우른다),* 권력과 소비의 정치가 개념화되는 방식에 관한 논쟁은 대개 두 가지 지적 전통에 지배되어 온 듯하다. 즉, 정치경제학적 접근을 바탕으로 한 마르크스

---

* 이 이론가들의 개념은 책의 다른 부분에서 논의될 것이다.

이론의 활용과 포스트구조주의에 근거한 관점이다.

초창기 소비 연구는 소비를 경제적 생산의 필연적인 결과로 위치시키는 경향이 있었다(Jackson and Thrift, 1995). 1980년대 이전에는 경제지리학과 산업지리학의 관심이 상품의 공급 방식에 집중되었다(상품의 소비 측면이 아니라). 그중에서도 카를 마르크스의 저작에서 끌어온 정치경제학적 접근법을 활용하는 것이 주를 이루었다.

마르크스주의와 정치경제

마르크스의 이론과 여기서 유래한 정치경제학적 접근법은 소비를 일으키는 경제적인 힘에 초점을 맞춘다(글상자 1.9 참조). 정치경제학적 접근은 제도적 설정에서 행위자의 역할을 강조하며, 국가와 경제가 역사적·물질적 구조를 통해 어떻게 사회적 변화를 생성하는지에 주목한다. 학자들은 마르크스의 지배 이데올로기 개념을 개량한 안토니오 그람시의 헤게모니hegemony 개념(Gramsci, 1971)을 적용하여 권력이 생산과 소비를 통해 어떻게 이데올로기적으로 작동하는지 확인하였다. 헤게모니적 사회관계는 다른 집단을 통제하는 능력이 권력의

---

* 이것은 젠더 간의 차이, 가부장제, 불공평하게 구조화된 젠더 관계, 차이와 다양성의 지리학을 이해하는 데에 중요하게 공헌해 온 페미니즘적 시각을 부인하는 것이 아니다. 그보다는 페미니즘이 대표적인 급진적·사회주의적 이론인 마르크스주의의 영향을 지나치게 받아 왔고, 최근 들어서는 포스트구조주의 및 탈식민주의 이론의 영향을 과도하게 받고 있다는 점을 말하려는 것이다.

전체주의적 행사에서 생기는 것이 아니라, 제도(국가, 미디어, 광고, 판매업 등)를 통해 미묘하게 숨겨지고 당연시되는 방식으로 작동하여 시민들이 권력의 효과를 무의식적으로 수용하고 재생산하는 관계이다. 마르크스의 물신주의 개념은 대량소비(특히 문화산업)가 자본주의사회를 이데올로기적으로 지속시키는 하나의 축이라고 본 (Edwards, 2000) 아도르노와 호르크하이머의 저작(Adorno and Horkheimer, 1944)에서 더욱 발전했다. 그들의 비관적인 시각에 따르면, 문화산업은 "끊임없이 약속하고 다시 끊임없이 그것을 빼앗는" 선전propaganda과 조작의 방식으로 소비자를 속인다(Adorno and Horkheimer, 1944: 11).

마르크스는 상품화 개념을 발전시키면서 사회변화를 위한 메커니즘을 제시했다. 그의 저작은 생산과 소비의 상호의존성과 '소외된' 개인을 위한 소비의 구원적 속성을 밝혀내고자 하였다. 또한 상품의 상징적인 가치와 그 이데올로기적 기능에 초점을 맞췄다. 지리학자들은 소비에서의 자유와 한계 개념에 대해 사고하고, 상품사슬과 공급 체계에서 은폐된 상품관계를 탐구하며, 소비 경관의 헤게모니적 구축을 검토하는 데에 마르크스의 사상을 사용했다(예를 들어 Goss, 1999a). 마르크스의 물신주의 개념은 쿡Ian Cook과 크랭Philip Crang에게 수용되었다(Cook and Crang, 1996). 그들은 현대 자본주의사회가 이중의 물신주의에 구속되어 있다고 했는데, 이는 상품의 의미 구성에서 상품과 결부된 상상적 지리가 사물에 은폐된 상품관계만큼이나 중요해진다는 것을 뜻한다(Castree, 2001도 함께 참고).

카를 마르크스
상품화와 상품물신주의

마르크스는 사회변혁에 관한 역사유물론적 분석을 발전시켜 생산과정의 관점에서 상품을 해석했다. 마르크스는 잉여가치 축적을 통해 자본주의적 생산양식이 생존하려면 반드시 소비를 통해 상품의 교환가치가 실현되어야 한다고 보았다. 《요강 Grundrisse》에서 마르크스는 생산이 지배적인 시기일지라도, 그것은 '특정 순간moments'에 의해 좌우된다고 했다(Marx, 1973: 96). 그는 생산과 유통, 교환과 소비가 "전체성을 이루는 일원"이기에 분리될 수 없으며, 생산과 소비는 스스로를 완성시키는 과정에서 서로를 만들어 낸다고 믿었다(Harvey, 1982: 80).

지리학자들은 (사회관계의 집합으로서) 상품 생산에 내재된 착취적인 관계를 은폐하는 방식을 이해하는 데에 마르크스의 물신주의 개념을 이용했다. "상품의 가치가 인간의 결정과는 무관한 가치로 포장되며, 그렇게 만들어진 가치가 상품 자체의 본질적 속성으로 여겨지게 된다"(Lee, 1993: 14). 따라서 자본주의적 생산관계에 내재된 착취적 노동관계가 시장교환 과정에 반영되는 동안, 노동의 생산물이 사회적인 동시에 감각적인 상품이 되면서 상품 형식의 사회적·상징적인 성격이 중요해진다.

마르크스 이론에 따르면, 사람들의 사회적 관계는 물건들의 관계로 대체된다. 상품화 과정으로 인해 사람들은 어쩔 수 없이 소비자가 되고, 그들과 다른 사람들이 일터에서 만든 물건을 구입하게 된다(Miles, 1998a: 17). 상품이 그 자체로 직접적이고 실용적인 가치를 위해서가 아니라 시장에서의 교환가치를 위해 생산되면서, 상품화 현상은 시간이 경과하면서 교환가치가 사용가치를 대체하는 결과를 낳는다. 그로 인해 사람들은 자신의 노동이 생산한 물건으로부터 소외되거나 멀어지게 되고, 생산과 소비 사이에 공간적이고 사회적인 단절이 초래된다(Lee, 1993). 소비는 소외 과정을 배상하고 보완하는 일시적인 처방이 되지만, 결코 실질적인 해결책은 될 수 없다. 왜냐하면 개인은 거짓된 인식의 복합적인 과정(물신주의)에 사로잡혀 있기 때문이다(Edwards, 2000).

마르크스적 접근법은 소비를 생산에서 일어난 역사적 · 공간적 · 사회적 변화의 결과로 보고, 소비자가 (소비를 통해) 쾌락을 추구하지만 수동적으로 (소비에) 관여하고, (소비로 인해) 공격적으로 착취당하는 (일종의) 억압적 성취라는 측면으로 접근했다는 비판을 받았다(이에 반대하는 시각으로는 Shammas, 1993과 Fine, 2002 참고). 또한 생산/소비관계의 구조화에서 계급과 노동관계를 최우선으로 여기기 때문에 여타 사회적 차별 구조들(섹슈얼리티, 인종, 젠더, 나이)을 가리는 효과를 낳았다.

그럼에도 불구하고 영감을 주는 마르크스의 저작들은 소비의 복잡하고 모순적인 본성을 강조했다. 그 본성이란, 소비의 실용적이고 이데올로기적인 측면과 더불어 물질적이고 상징적 체현을 뜻하며, 또한 (개인적인) 소외와 구원, 사회적인 분열과 결합을 동시에 포괄할 수 있는 사회관계의 재생산 과정에서 나타나는 상품의 역할이다. 다음 절에 나오는 '신문화지리학'의 포스트구조주의적 시각 및 접근법은 '생산', '소비', '소비주의'와 같이 예전에 당연시되던 개념들의 의미와, 사회 및 공간의 특정 개념화 속에 내재된 헤게모니 형성에 대한 재검토를 이끌어 냈다.

포스트구조주의

포스트구조주의Poststructuralism는 단일한 이론이 아닌 기호학, 문화이론, 정신분석학에서 이끌어 낸 많은 접근법들로 이루어져 있다. 이 접근법들은 세계가 구조화되고 조직되어 나타나는 물질적 형식뿐만 아니라, 그것이 다른 사물과의 관계 속에서 재현되는 방식도 중요하게 다룬다(Ward, 1997). 기호체계로서 언어의 역할은 사회세계에서 의미가 생산되고 표현되는 방식에 핵심적이라고 할 수 있다. 포스트구조주의는 권력함축적 관계가 여타 유형의 관계(예를 들어 경제적 관계) 외부에 있는 것이 아니라 내부에 있다고 보았다. 또한 의미에 안정적이고 일관된 토대가 있다는 개념과 보편적이거나 중심적인 진리가 있다는 생각을 거부했다. 의미와 정체성은 차이로부터 지속적으로 창조되는 (자아와 타자 간, 또는 텍스트들 사이의) 관계적 구조물이다. 그리고 그 창조 행위는 현존하는 것들뿐만 아니라 금지되거나 부재하거나 배제된 것들을 포함한다. 담론은 언급할 수 있거나 언급할 수 없는 것들의 한계를 인식하게 하고, 행위하도록 하며, (특정 공간에) 위치시키는 방식으로 정의된다.

일부 포스트구조주의자들은 사회세계에 접근할 때 당연시되는 담론 속의 숨겨진 가정을 밝히는 데에 '해체deconstruction' 개념을 사용했으며, 이 중 푸코의 개념[글상자 1. 10 참조]은 포스트구조주의적 접근에 지대한 영향을 미쳤다.

미셀 푸코
생산적 권력

푸코는 권력이 사람들에게 나타나는 것이 아니라 개인들을 포섭하여 내적 메커니즘이 만들어 내는 신체의 움직임, 시선의 배치·분배를 통해 드러난다고 보았다[Foucault, 1979]. 감시 개념은 현대사회의 징후로 여겨지는 원격통치의 자발적 작동 방식을 묘사하는 데에 사용된다. 푸코[Foucault, 1979]는 일상생활 속에서 권력을 만들어 내는 '감시'가 어떻게 작동하는지를 보여 주고자 벤담의 판옵티콘 개념(관찰자가 자신을 드러내지 않은 채 다른 모두를 관찰할 수 있는 감시탑)을 사용한다. 푸코는 감옥, 정신병원, 성性에 관한 역사적 연구들을 통해, 사람들이 권력을 제약하는 책임을 전제로 판옵티콘적 시선의 규율을 반영하고 재생산하는 권력게임에 참여함으로써 어떻게 스스로 권력의 대상이 되는지를 보여 주었다[Ward, 1997]. 이를 통해 푸코는 권력을 단순히 억압적인 것이 아니라 생산적인 것으로 개념화하고, 이 과정에서 인간이 권력 담론을 만드는 주체이자 담론에 종속되는 대상이 된다고 설명했다. 권력은 그것이 행사되는 대상의 어떤 것이 아니라, (서로 다른) 제도(국가, 병원, 학교, 가족)와 통치조직(경찰, 행정부, 가족관계)에 의해 탈취가 일어나는 과정이다. 권력은 합법적 혹은 비합법적인 진술·서사·실천이 무엇인지를 정의하면서, 진리로 여겨지는 담론을 통해 자신을 드러낸다. 결과적으로 담론은 지식과 권력을 생산하는 규제의 체계로서 작동한다.

인간 주체는 담론을 재생산하거나 그것에 저항함으로써 권력을 행사하지만, 동시에 담론에 복종하는 모습을 보인다. 주체성은 자아와 타자 사이의 차이에 의해 발생하고, 아울러 사회적으로 구성된 정체성에도 영향을 받는다. 그러한 정체성은 유동적이고 맥락적이며, 시공간적 맥락을 구성하는 방식의 일부인 담론 체제와 관계를 맺으며 형성되고 변화한다.

소비의 영역 내에서 만들어진 담론적인 힘에 초점을 맞추는 경향은 소비의 문화정치에 관심이 있는 지리학자들에 의해 증폭되었다. 이와 같이 문화정치는 일상의 일부를 이루는 문화적 구조가 권력의 불평등에 영속되는 방식을 중요하게 다룬다(Jackson, 2000a: 141). 이러한 작업은 주관성, 정체성 형성 및 재현에 관한 연구와 결부되어 있지만, 갈수록 문화적·물질적 실천의 교차 지점을 탐색하는 방향으로 가고 있다. 전통적인 정치경제적 접근은 구조화된 경제적 요인에 의해 행위behaviour가 결정된다는 것인데, 이와 대조적으로 포스트구조주의자들은 담론적/물질적 영역 사이를 상호연결한 접점에 의해 권력의 행동이나 실천, 전략, 기술이 생산된다고 본다(W. N. Pritchard, 2000). 결과적으로 소비의 문화정치에 대한 연구는 사람·장소·사물의 재현에 대한 생각을 넘어, 권력이 현재적인 맥락과 역사적 맥락 양쪽에서 어떻게 포함과 배제의 사회적·물질적·도덕적 지리를 만들어 내는지를 강조하는 방향으로 옮겨 갔다.

파인(Fine, 2002)은 소비를 생산의 특정한 체현이 아닌, 그 자체로서 독립적으로 탐구해 보려는 시도가 문화 영역에서 지나치게 강조된 나머지 경제 및 물질 영역을 상대적으로 등한시하는 결과를 낳았다고 비판했다. 그러나 상업문화와 상품문화(7장), 포스트구조주의적 정치경제학(5장), 민족지적 사회지리학(3장과 4장)을 다루는 연구들은 모두 담론적·물질적인 맥락을 통해 권력이 어떻게 드러나는지를 설명한다.

앞서 서술한 두 가지 접근법이 서로 다르게 권력을 개념화하긴 하지만, 양자 모두 소비지리consumption geographies가 장소에서 어떻게 형성되고 표현되는지에 대한 귀중한 통찰력을 꾸준히 제공하였다. 지리학자들은 권력의 영향력이 막연하게 (공기처럼) 부유하는 것이 아니라, 소비지리를 구성하는 사회공간적 네트워크에 착근하여 '자리 잡고' 관계화된다는 점을 강조한다. 즉, 권력은 공간적으로 생산되는 것이다[글상자 1. 11 참조].

1.11 권력의 기하학
권력의 사회적·공간적 행사

도린 매시Doreen Massey(1999)의 '권력기하학power geometries' 개념은 공간, 장소, 생산, 소비가 어떻게 연결되어 있는지를 사고하는 데에 유용하다. 매시는 권력이 모든 스케일과 각각의 단계level에서 행사되고, 시공간의 흐름 및 상호접점과 관련해 상이한 사회집단과 개인이 어떻게 별개의 방식으로 장소화되는지와 관련해 이를 '기하학'으로 이해해야 한다고 제안한다(Massey, 1993). 차이는 단순한 변이의 관점에서뿐 아니라, 다른 집단이 동일한 조건으로 소비에 참여할 능력을 제한하거나 가능하게 하는 상관적 권력의 관점에서도 볼 필요가 있다. 사람과 지식과 사물은 흐름 및 상호접점 속에서 위치하게 된다(교통, 금융 흐름, 통신, 지식과 사회적 상호작용 등). 장소들은 사회관계의 네트워크 속에서, "권력으로 가득한 사회적 관계의 생산품인 공간들"과 연계되고 혼종된 순간들로 간주된다(Massey, 1999: 41). 따라서 권력기하학 개념은 개인과 집단이 불평등 속에서 작동하고, 이러한 흐름과 영향 그리고 권력-지식 체계 속에서 그들이 생성하는 다양한 궤적 아래 배치됨을 함축한다. '권력기하학'은 소비의 공간성·사회성·주관성이 진공 속에서 발생하는 것이 아니라 공간을 통해 구성되고 변형된다는 것을 상기시키는 중요한 개념이다.

각기 상이한 이론적 틀에서 나온 소비에 대한 접근법들은 쉽게 어우러질 수 없지만, 그 각각이 소비 과정에 대해 다른 통찰력을 제공한다. 문화, 경제, 생산, 소비, 물질과 상징의 접점은 이 책에서 되풀이되는 주제이다. 이와 비슷한 관점에서 나는 (소비의) 사회성, 주체성, 공간성을 갈라 놓으려고 하지 않았다. 이 성격들은 책의 각 장을 형성하는 주제와 상호연결되는 측면에서 논의될 것이다. 책의 각 장은 역사, 공간성, 정체성, 연결, 상업문화, 윤리에 이르는 소비에 관한 지리적 연구의 실질적인 영역들을 검토한다.

각 장의 개요

첫 번째 장에서는 소비가 어떻게 개념화되는지를 검토하고, 소비의 지리가 사회과학에 기여한 핵심적인 부분들을 짚는다. 사회성, 주체성, 공간성에 대한 연구와 이를 뒷받침하는 권력에 대한 연구를 통해, 지리학자들은 소비가 지리에서 어떻게 문제시되고, 또 지리가 소비에서 어떠한 중요성을 갖는지를 유의미하게 밝혀내었다.

역사를 다룬 2장에서는 소비의 지리와 관련한 역사를 검토하면서, 현대의 소비를 둘러싼 논쟁 및 포스트모던적 조건과 연관된 이론을 다룰 것이다. 이 논의는 시공간 내에서의 소비를 단일하고 무차별적인 과정으로 여기는 것이 왜 불가능한지를 조명할 것이다.

시공간을 가로지르는 연속성과 차이를 검토하는 것은 (소비의) 연대기를 작성하는 한 방식을 제공하고, 소비의 지리가 내포하는 역사적인 특수성을 조명한다. 그것은 또한 현대 소비 관행과 장소를 이해하려면 왜 기존의 사고를 재검토해야 하는지를 보여 줄 것이다.

공간을 논하는 3장에서는 소비의 현장과 공간성을 탐색한다. 장소는 사회적·공간적 관계의 변화무쌍한 집합체로 간주된다. 소비는 지리가 생산되고 경험되는 방식과 소비 관행이 체화되고 정착되며, 정치화·이슈화되고 수행되는 방식에 부수적이 아니라 필수적인 것으로 여겨진다. 이 장은 소비 공간이 어떻게 소비되고 생산되는지를 실증하고자 현대 소비의 공식적·비공식적 현장을 모두 탐구한다. 지리학의 전통적 개념인 장소, 공간, 스케일 등에 소비가 도전할 수 있는지도 살펴볼 것이다.

정체성 형성이 상품의 구매 및 그와 관련된 실천에 가장 중요하다는 생각은 정체성을 다룬 4장에서 검토된다. 이 장에서는 소비 주체의 행위, 경험, 상상에 기반한 소비와 특정한 사회적·공간적 맥락에서 주체성이 구성되는 방식을 강조한다. 육체와 소비 이슈는 체현과 적응 과정과 관련하여 논의된다. 수행성 개념으로 신체 활동과 소비 관행이 권력관계와 얽히는 순간, 그것이 어떻게 생산적으로 작동하는지를 설명하고자 한다. 궁극적으로는 소비가 피상적이고 개인적이며 수동적인 행위라는 관점을 반박하는 것이 4장의 목표이다.

연결 양식은 5장의 주요 주제로, 이 장에서는 공간에 걸쳐 소비와 생산을 연결하는 세 가지 주요 접근법을 탐색한다. 상품의 이동과 이때 경유하는 공간성 및 사회성을 고려할 은유로서 상품사슬, 상품회로 모델, 행위자 네트워크를 검토한다. 이는 소비가 제한적인 영역bounded sphere이라는 개념과 이로부터 유래된 소비자와 공간에 관한 본질주의적 개념에 이의를 제기한다.

6장은 일련의 사례 연구를 통해 상업문화를 검토한다. 이 장은 소비의 공간성, 주체성, 사회성을 구축하는 문화적/경제적 과정이 서로 분리될 수 없다는 점을 강조한다. 나아가 세계화 논쟁을 검토하고, 문화적/경제적 변화의 동질성이나 보편성보다 상황구속성 situatedness에 중심에 둔 접근법을 옹호한다. 이 장에서는 혼종성, 초국가주의적 관점으로 공간에 걸쳐 있는 상품과 주체의 연결을 살피고, 공간 그 자체가 사람과 사물의 복잡한 집합체를 통해 어떻게 특화되고 의미화되는지를 설명한다.

윤리를 다루는 마지막 장은 소비지리의 수행적 · 윤리적 본질이 암시하는 가능성과 한계를 탐구한다. 이 장은 서로 다른 접근법들이 꾸준히 상이한 주체와 객체를 만들어 내고, 결과적으로 상이한 권력기하학을 산출해 내고 있음을 보여 준다. 윤리의 지리는 소비의 주체성, 공간성, 사회성과 지리학의 실천 및 산물에 이미 내포되어 있다. 소비윤리 가운데 소비를 본질적으로 부정적인 것이라고 못 박는 의견은 비판의 대상이 된다. 클록Paul Cloke[2002]과 마찬가지로,

나는 타인에게 민감하게 반응할 뿐만 아니라 타인을 위한 소비의 정치, 즉 변혁의 가능성을 지닌 숙고와 실천의 공간이 되는 정치의 공간을 주장하고자 한다.

소비와 지리의 문제

소비는 지리를 이해하는 데 중요하다. 소비는 지리가 현대사회에서 어떻게 생성되고 경험되는가 하는 문제에 핵심적이라 할 수 있다. 신체에서 국가에 이르기까지, 전 세계적으로 또 지역적으로, 현실과 가상 세계를 경유하여, 소비는 장소와 공간을 통해 구성된다. 소비는 일상의 (부수적인 것이 아니라) 필수적인 부분인 만큼, 장소를 만드는 과정으로서 그 중요성을 가진다. 상품이 귀하든 흔하든 상관없다. 결과적으로 지리는 소비의 문제를 다루는 데에 필요불가결한 것이다. 소비의 지리는 장소 내부에서 불균등하게 나타나고, 소비 관행·주체·경험이 구성되는 방식의 차이를 만들어 낸다.

　지리학자들은 이론적으로 다루어진 다양한 방법론을 사용하여, 장소에서 소비의 관행과 의미의 창조·표현·본질·다양성에 관한 중요한 통찰력을 제공해 왔다. 그들은 제도, 정체성, 관계, 실천이 공간에 걸쳐 강력히 생산되고 복제되며 재현되는 방식을 입증하고자 소비정치를 깊이 있게 연구해 왔다. 아울러 생산과 소비, 경제와 문화, 물질과 상징이 이분법적이고 대립적인 범주로서 형성된다는 주장에 이의를 제기하며, 이것들 간의 상호연결을 연구했다. 소비에 관한 지리적 작업들은 공간과 가치, 스케일, 정체성 같은 개념들이 특정한 맥락 안에서 어떻게 개념화될 수 있는지에 관한 깊이 있는 통찰을 제공해 왔다. 지리학자들은 사람, 장소, 실천, 주체 간의 연결을 탐구하면서, 상품, 실천, 경험, 지식이 창조되는 방식과 시공간을 가로질러 이동하고 해석되는 방식을 이해하기 시작했다.

이 책은 현대 인문지리학의 관점에서 소비를 다룬 책이기 때문에, 이 책에서 소비에 관한 모든 지리학적 연구와 논의를 다 제시하기란 불가능하다. 다음 장에서는 소비에 관한 다양한 접근법 사례와 지리학자들이 검토한 주제들이 등장할 것이다. 소비는 현대사회에 만연한 강력한 과정으로 볼 수 있지만, 탈장소화된 것이 아니다. 지리는 매우 중요하다! 나는 이 책의 독자들이 어떻게, 왜 그러한지에 대한 통찰력과 더불어 사회와 공간에 대한 비판적 이해를 함축하고 있는 다양한 가능성들을 확인하기를 바란다.

더 읽을거리

Ridge, G. and Smith, A. (2003) 'Guest editorial. Intimate encounters: culture-economy-commodity', *Environment and Planning D: Society and Space*, 21: 257-68.

Clarke, D. B., Doel, M. A. and Housiaux, K. M. L. (2003) 'Introduction to Part Two: Geography', in D. B. Clarke, M. A. Doel and K.M.L. Housiaux (eds), *The Consumption Reader*. London: Routledge. pp. 80-6.

Crewe, L. (2000) 'Progress reports. Geographies of retailing and consumption', *Progress in Human Geography*, 24 (2): 275-91.

Crewe, L. (2001) 'Progress reports. The besieged body: geographies of retailing and consumption', *Progress in Human Geography*, 25 (4): 629-41.

Crewe, L. (2003) 'Progress reports. Geographies of retailing and consumption: markets in motion', *Progress in Human Geography*, 27 (3): 352-62.

Goss, J. (1999a) 'Consumption', in P. Cloke, P. Crang and M. Goodwin (eds), *Introducing Human Geographies*. London: Arnold. pp. 114-21.

Jackson, P. and Thrift, N. (1995) 'Geographies of consumption', in D. Miller (ed.), *Acknowledging Consumption: a Review of New Studies*. London: Routledge. pp. 204-37.

Jackson, P., Lowe, M., Miller, D. and Mort, F. (2000) 'Introduction: transcending dualisms', in P. Jackson, M. Lowe, D. Miller and F. Mort (eds), *Commercial Cultures: Economies, Practices, Spaces*. Oxford: Berg.

현대사회에서 소비 경관의 가시성은 소비주의consumerism〔소비자주의, 소비자중심주의, 소비지상주의 등 다양하게 번역된다〕가 최근의 현상이라고 믿게끔 한다. 이 장에서는 산업혁명 이전에 근대적 소비의 출현으로 시작되어 현재 '포스트모던 시대'로 표현되는 소비의 연대기를 살펴봄으로써 이러한 생각에 도전한다. 그동안 지리학자들은 시간이 경과됨에 따라 소비 관행이 연속되는 양상을 살피고, 장소에 따라 다양한 소비 과정과 때로는 양면적인 소비의 궤적을 추적해 왔다[그림 2. 1 참조].

도시화, 산업화 그리고 '근대 소비'의 등장

소비는 인간이 처음으로 물건을 창조하고, 교환하고, 사용한 이래로 사회의 본질적이고 필수적인 부분이 되었다. 소비주의의 형태는 서구적인 형태로 나타나기 (훨씬) 전부터 아시아와 아프리카에 존재했다. 소비주의의 오랜 존재에도 불구하고, 그것의 내용적 변화는 (새로운 형태로) 끊임없이 등장했다. '현대적 소비modern consumption'는 일반적으로 물질적 욕구를 충족시키는 소비가 처음 등장한 때보다는 대다수 개인의 일상생활을 구조화하고 유지하는 데에 소비가 지배적인 시대에 적용되는 개념이다(Ackerman, 1997: 109). 보통 현대 소비 또는 '소비자 혁명'의 출현과 연결되는 시기는 18세기다(Campbell, 1987; McKendrick

그림 2.1 잉글랜드 배스의 '로마식 목욕탕'. 지리학자들은 이곳에서 소비 과정의 역사적 연속성과 차이를 찾아가기 시작했다. 로마제국 시절에 이러한 공중목욕탕은 향락뿐만 아니라 비즈니스에도 중요했다. 현대사회에서는 이러한 '유적지'가 상품화된 관광 공간이 되었다. 그 결과, 상업문화는 새롭지는 않지만 시간이 지나면서 매우 다른 방식들로 표현되고 사용되었다.

et al., 1982). 1750~1850년경 영국에서 시작된 산업혁명은 (주로 최종소비를 위한) 산업자본의 형성과 (장인이 만든 것이 아닌) 상품의 대량생산을 통한 생산과 소비의 분리에 기반한 자본주의 체제를 성립시켰다. 공장에 기반한 노동력의 고용과 그에 따른 공장 생산품의 가용성 및 접근성은 소비주의의 발흥에 기여했다.

그러나 "근대화 자체를 하나의 상품으로, 그동안의 경험과 스킬이 값이 매겨진 광경으로, 자연의 지배가 국가의 안락함으로, 근대적인 지식들이 이국적인 복장으로, 마지막으로 하나의 상품이 근대화의 목표로 전환되는 것"은 대량생산과 소비가 도래하기 훨씬 전에도 이미 나타나고 있었다[Slater, 1997: 14-15]. 지리학자 폴 글레니 나이절 스리프트[Glennie and Thrift, 1992]는 소비가 공장산업화 이전에 존재했던 장인과 원래의 산업 생산의 핵심적인 특징이라면서 그 이유를 설명했다[글상자 2. 1 참조].

2.1 근대 소비는 언제 등장했는가?

폴 글레니와 나이절 스리프트는 소비 관행이 초기 산업혁명 이전에 이미 영국의 일상에서 중요했다고 주장한다. 1650년 이후 (특히 1700년 이후) 영국의 도시화는 생산자와 소비자 사이의 물리적·상대적인 거리를 줄이고, 주요한 사회적·경제적 실천으로서의 소비를 만들어 내는 데에 기여했다[Glennie and Thrift, 1992]. 새로운 소비 행위는 도시 생활의 밀접한 연관성과 상호작용에서 발전한 새로운 사회성에서 시작되었다. 이러한 도시 환경에서 소비 상품과 행위 그리고 경험에 대한 새로운 지식이 등장했다. 예를 들어, '새로움'에 기반한 담론의 출현은 다양한 소비자가 선택적으로 상품을 소비하고 해석하며, (재)생산하는 방식에 영향을 주었다. 새로움의 담론은 친근한 물건(직물, 가구, 금속 제품)과 새로운 물건(차, 커피, 초콜릿, 도자기)에 모두 적용되었다. 물론 대량생산도 단순히 18세기 후반의 현상이 아니었다. 담배와 설탕 제품은 17세기 후반에, 차는 18세기 초반에 광범위하게 소비되고 있었다(Shammas, 1993).

실제로 소비는 사치를 추구하는 엘리트가 증가하면서 자본주의 기업이 그 수요를 충족시키기 위해 발전했지만, 또한 '다른 계급'에 의한 최종소비품을 제공할 목적으로도 확장되면서 〔상품을 제공하기 위해 발달한 자본가 사업으로서〕 산업화 과정에 기여하였다(Ackerman, 1997: 111).

그렇다면 산업혁명은 소비에 어떠한 영향을 끼쳤을까? 글레니와 스리프트(Glennie and Thrift, 1992)의 견해에 따르면, 18세기 후반의 공장 생산품은 기존의 (그리고 발전하는) 소비 담론에 통합되었다. 상품의 산업 생산은 상품의 가격, 유용성, 시장 조건에 영향을 주었으며, 생산자와 소비자, 유통업자, 소매업자, 구매자 간의 사회적·경제적 관계의 급속한 변화를 초래했다. 현대 소비는 대중들의 더 넓은 범위의 상품 접촉 기회 확대, "걷잡을 수 없는 소비자 행동", 정치·레저·스포츠·상품 생산 영역으로 확장된 소비주의적 태도의 수용으로 특징지을 수 있다(McKendrick et al., 1982: 11-14).

18세기 중반까지 영국과 프랑스, 북해 연안의 저지대 국가 및 독일과 이탈리아 일부 지역에 소비사회가 존재했지만(Stearns, 2001), 유럽과 세계 전체로 볼 때 '현대 소비'의 등장은 불균등하게 나타났다. 18세기 영국에서도 전자본주의pre-capitalist 관습이 여전히 교환에 대한 대중적 이해를 형성하고, 소비의 헤게모니가 완전히 확립되지 않은 상태였다. 예를 들어, 곡물은 '도덕적 정의'에 따라 공개적으로 합의된 가격으로 지정된 날짜에 현지 시장에서 구입할 수 있었고, 마을의 가난한 사람들은 종종 특혜를 받았다(Ackerman, 1997). 대량생산과 도시화, 소비의 관계 역시 상품별로 차별화되어 나타났다(Fine, 1993).

18세기부터 가사 영역용 상품을 조달하는 여성의 역할이 강조되었고, 19세기와 20세기에 발생한 가정 예찬(숭배) 분위기는 가정과 가족을 위한 상품 구매의 주요 소비자로서 여성(특히 중산층)을 등장시켰다(글상자 2. 2와 3. 9 참조). 새롭게 등장한 부르주아 가정을 통해 소비주의는 새로운 존경심을 얻었고, 엘리트 계급의 과시적인 여가 추구와 노동계급의 과도하고 위험한 행위가 관련 있다는 논쟁에서 해방되었다(Slater, 1997). 한편 소비주의의 증가는 개인의 본질을 표현하는 수단으로서 개인주의, 감정, 탐미주의, 도덕성과 신체적 아름다움에 기반한 일련의 사상과 가치 집합인 낭만주의와 연결되었다. 낭만주의는 연극, 승마 경주, 소설, 시, 패션과 같은 다양한 여가 활동과 상품에서 나타났다(Campbell, 1987).*

현대 소비는 물질적 진보와 합리성, 생산성을 찬양하는 계몽주의적 사고를 반영하고 강화시켰다(Stearns, 2001). 새로운 기술과 관련된

---

* 캠벨Campbell(1987: 201) 역시 낭만주의가 현대문화의 변화를 논할 맥락을 제공한다고 주장한다. 현대사회에서 자기표현과 자기실현에 대한 강조는 근본적으로 영감의 낭만화에서 비롯되었다는 것이다.

문화적 변화, 출판물의 생산과 보급, 문맹 퇴치의 증가와 (새로운 기술과 문화적 변화, 생산과 출판물의 보급 및 생산과 연관된 읽고 쓸 줄 아는 능력의 증가와 더불어) 신문의 출현은 '현대적' 세계관을 고취시키고 소비주의의 지리적 확산에 영향을 미쳤다[Cressy, 1993]. 슬레이터Don Slater[1997]에 따르면, 현대성은 서양 사회의 지배적인 문화 재생산 방식으로서 소비문화 그리고 신중과 규제에서 벗어나 과시와 사치, 새로움에 가치를 두는 태도와 불가분의 관계이다[Edwards, 2000: 34].

계몽주의 사상은 종교적 담론보다는 세속적 담론에 기반을 두면서, 소비 과정과 행위에도 영향을 주었다. 예를 들어, 이슬람 신앙은 초기에 무엇인가를 얻고, 소비하고, 소유하는 행위를 금지했던 불교와 기독교보다 소비주의에 더 호의적이었다[Stearns, 2001]. 따라서 소비에 대한 태도와 관행은 특정 생산방식과 관련해 단순히 또는 단독으로 발생하지 않고, 시민적 가치, 개인과 사회적 정체성 개념, 정치경제적 전통, 사회경제적 집단 간의 관계가 역동적으로 변화하는 맥락에 따라 구성되는 것이라 할 수 있다.

---

* 밀러[Miller, 2001c]는 '도덕적으로' 적절한 형태의 소비 및 윤리적 소비 관행과 타인과의 관계를 정의하면서, 부정의한 도덕이 현대 소비 관행을 계속 뒷받침하고 있다고 지적한다. 7장 참조.

19세기와 20세기 소비주의: 소비의 공간적·사회적 확장

새로운 공장 생산품의 가용성은 상품의 지속적이고 추가적인 산업적 생산으로만 충족되는 수요를 창출한다고 가정된다[Cross, 1993]. 19세기와 20세기 초에 대량 시장과 대량 소비가 북아메리카로 광범위하게 확산되고, 생산과 소비의 자본주의적 관계가 식민지 '전초기지'로 침투했다. 상품은 상품화 과정을 통해 시장 시스템에서 사용 및 교환가치를 획득했다. 점점 더 많은 경제가 이러한 관계에 따라 조직되었고, 소비와 생산의 순환로에 묶여 자본주의 세계 시스템과 다양한 규모의 불균등한 지리 발전에 기여했다[Wallerstein, 1983].

'소비자 사회'가 형성되기 전에는 대량생산된 상품을 구매할 수 없거나 일반 대중이 손에 넣기에는 너무 비쌌다. 시간이 지나면서 재화와 서비스는 더 이상 부유층의 영역으로 존재하지 않고 저소득층도 접근 가능한 것이 되었다. 사회의 하위계층은 패션, 여행, 음식 취향으로 상류층 및 중산층의 라이프스타일 선택을 모방emulate하고자 했다[McKendrick et al., 1982]. 하지만 이 모방emulation〔경쟁, 시기, 질투〕 개념은 상당한 비판에 직면했다[글상자 2. 2 참조]. 대중 시장에 서비스를 제공하고자 만들어진 광고와 디자인으로 유혹된 상품에 대한 수요 및 욕구와 함께, 모든 계층에서 생활양식style이라는 것이 중요해졌다[Glennie and Thrift, 1992]. 아이들 역시 부모의 소비 행위이자 광고주의 목표물인 '대상objects'으로서 소비자가 되었다[Plumb, 1982: 286].

2.2 소스타인 베블런
과시적 소비와 모방

소스타인 베블런Thorstein Veblen(1857~1929)의《유한계급론The Theory of the Leisure Class》[1975 [1899]]은 소비에 대한 설명에서 문화의 역할을 인정했다. 베블런은 경제적 이해만으로는 현대 생활의 복잡성을 설명할 수 없다고 보았으며, 능동적인 소비자 개념을 주장했다[Mason, 1998]. 베블런은 19세기 후반 북아메리카 중산층 사회를 비판하면서, 부자들이 자신의 권력과 지위, 차이를 남에게 알리고자 과시적인 소비 행위를 한다고 보았다. 사회의 풍요 수준 변화에 따라, 소비주의적 관행을 중심으로 중산층 또는 '유한계급'이 등장하게 된 것이다[Edwards, 2000]. 베블런의 이론에서 여가는 비생산적인 시간 소비였다. 소비주의와 쾌락은 유한계급을 노동 세계와 분리시켰고, 계급의 경제적·물질적 (재)생산의 필수 부분이 되었다. 따라서 외모 유지는 역사적인 생존 투쟁의 일부가 되었고[Mason, 1998], 베블런은 사회 하층계급이 유한계급의 소비 관행을 모방하는 것을 소비에 일어난 역사적 변화의 주요 메커니즘으로 보았다. 예를 들어, 맥켄드릭Neil McKendrick은 이를 두고 "부자가 앞장서서" 현대의 소비 관행을 발전시켰으며 소비의 난교, 즉 "모방과 계급 경쟁 과정을 통해 사회 하층민이 모방한 소비의 난교에 탐닉했다"고 표현했다[McKendrick et al.,1982: 10].

에드워즈Tim Edwards(2000: 26-7)는 베블런의 유한계급론이 소비를 이해하는 데에 세 가지 주요한 기여를 했다고 말한다. 첫째, 상품의 (실용주의적 가치나 교환 기반 가치보다) 상징적이고 간접적인 성격을 강조했다.[*] 둘째, 소비자 관행이 사회적 결속과 분열의 원천이 될 수 있음을 입증했다. 셋째, 여성에 대한 논의에서 의도치 않게 여성에 대한 억압과 소비의 젠더화를 강조했다.[**] 기능적이지 않은 사치스러운 지출에 대한 강조는 소비와 낭비, 게으름과 비생산성의 연관성을 보여 주었다(글상자 2.4에서 다루는 뉴욕 여성들에게 귀속된 '도덕'에서처럼).

베블런이 주장한 사회변화의 핵심 메커니즘으로서의 모방 emulation 개념은 종종 비판을 받았다. 경험적으로 확인되는 증거들은 소비의 선택과 관행이 물질적 · 문화적 요인의 복잡한 영향에 의해 구성된다는 것을 보여 주지만 모방 경향이 반드시 작용하는 것은 아니다. 예를 들어, 노동계급은 중산층의 예절 개념을 모방하기보다 선택적으로 사용했고(Glennie and Thrift, 1992), 18세기에 가정용품이나 의류를 구매한 대부분의 일반 소비자들은 실제로 귀족 스타일을 모방하지 않았다(Stearns, 2001). 모방 경향은 최신 유행과 패션을 순종적으로 따르는 아무 생각 없는 개인으로 소비자를 보는 경우가 많다.

그럼에도 불구하고, 베블런의 작업은 소비를 구조 그 자체(드물게 인용되기는 하지만 소비의 사회적 및 민족지학적 지리를 뒷받침하는 것으로 보이는 개념)보다는 인간 행위성agency의 역할을 강조하는 개인과 집단의 중요한 사회적 실천으로 보고 문화와 경제의

---

[*] 다음 장에서 다룰 발터 벤야민과 피에르 부르디외의 사상도 소비의 문화 생산과 상업문화 창출 측면에 대한 통찰을 제공할 것이다.

[**] 베블런은 여성을 남성에 종속적인, 불필요하고 값비싼 소비자로 보았다는 이유로 비판받아 왔다(Edards, 2000).

교차점에 주목했다는 점에서 중요하다. 게다가 베블런이 제시한 상징적 실천으로서의 소비 개념은 재현의 공간으로서 소비 경관을 설명해 온 지리학자들에게 변함없이 중요한 주제로 다루어지고 있다.

19세기 후기와 20세기에 걸쳐 그리고 21세기 초까지, 소비는 많은 나라에서 일상생활의 점점 더 가시적인 측면이 되었다. 이는 광범위한 소비자 관행(쇼핑, 외식, 영화 관람그림 2.2 참조), 소비재(자동차, 가전제품, 통신 장치, 컴퓨터 등) 및 소비자 서비스(세탁에서 여행상품에 이르는 모든 것)의 확장 및 생성을 통해, 그리고 이미 전부터 자본주의적 교환관계 외부에 존재했던 사물(스포츠, 미디어 이미지, 심지어 개별 주체 및 신체와 같은)의 상품화를 통해 발생했다.

대량 상품의 대량 소비, 생산과 소비의 분리 증가(주로 직장과 가정의 분리를 통해), 상품화, 유통의 증대, 상품의 마케팅과 광고, 그리고 개인정보와 소비 행위의 연관성 증가 등 20세기 소비 변화와 관련된 수많은 과정이 있었다. 이러한 과정의 많은 부분이 '새로운 것'이 아니라 이미 공간적·질적으로 확장되어 온 결과이다(Glennie and Thrift, 1992). 예를 들어, 마케팅과 브랜딩 및 광고는 17세기와 18세기 현대 소비의 등장에서 선례를 찾을 수 있지만(McKendrick et al., 1982), 19세기에 들어서는 이러한 기법들이 상품의 사회적 구성에 부수적인 것이 아

그림 2. 2 지난 두 세기 동안 여러 나라에서 다양한 형태의 소비활동이 일상생활에서 점점 더 가시화되었다. 최근 수십 년간 뉴질랜드 파머스톤 노스 일대에서 카페문화가 대중화되었다.

니라 필수가 되었다[글상자 2. 3 참조]. 크로스Gary Cross[1993: 164]는 이 기간 동안 상품 소비가 여가(크로스는 자유 시간으로 정의)의 본질적인 부분이자 자아실현 수단이 되었다고 본다.[*]

---

[*] 노동–여가, 생산–소비의 이분법은 소비에 내재된 생산을 가리고 그 반대의 관계 역시 가리는 문제를 발생시킨다. 예를 들어, 특정 장소(가정 영역, 집, 스포츠 분야)에만 즐거운 소비를 위치시켜, 암시적으로 특정 집단(무급자, 여성 등)의 소비를 무가치한 것으로 규정한다. 또한 여가를 일하고 남는 시간에 하는 행위라고 간주하거나 소비를 활동적이고 생산적이며 일상생활에 관여하는 강력한 수단이라기보다는 가벼운 쾌락 추구(유급 노동으로 정당화된)로 본다.

광고와 상품의 맥락
상품으로 나타난 인종차별

소비의 연대기가 내포하고 있는 위험은, 그것이 소비 변화와 교차하여 소비자의 다양한 경험과 지리를 생산하는 섹슈얼리티, 인종, 연령, 성별, 종교, 건강, 장애, 제국주의의 구조와 담론을 뒤섞어 버린다는 것이다. 매클린톡Anne McClintock은 저서 《제국주의의 가죽Imperial Leather》(1995)에서 초기 광고가 상품의 바람직한 특징을 홍보하고자 어떻게 가정을 인종화하고, '인종'을 규율하고, 제국 문화를 물신화하고, "제국의 **시대**를 소비 **공간**으로 변화시키는" 과정에 상품 인종차별을 이용했는지를 보여 준다(McClintock, 1995: 216). '부드러운 비누 제국Soft-Soaping Empire'이라는 제목의 글에서 그녀는 19세기 중반에 생산 기술의 변화, 식민지 비누 오일 공급에 대한 요구 및 급성장하는 중산층 소비자 집단으로 인해 비누가 어떻게 더 쉽게 구할 수 있는 상품이 되었는지를 설명한다. 19세기 중반 빅토리아 시대의 비누 광고는 사적 공간과 공적 공간의 이미지를 혼동하도록 만들고, 위생과 가정이라는 사적인 세계를 공적인 영역으로 끌어들여 제국의 장면을 가정 세계로 불러들였다. 광고를 통한 비누의 물신화는 '검은색blackness'과 '색colour'(1880년대 중반의 피어스Pears사 비누 광고는 흑인 아이의 피부가 비누와 접촉하면서 밝아진다고 묘사했다)을 씻어 내는 마법으로, 본성을 문화로 변화시키고, 식민지 주체들을 소비자로 탈바꿈시키는 제국의 인종차별적 관념에 기대어 "상품 소비를 통한 영적 구원과 재생"을 약속했다(McClintock, 1995: 211). 상품 문화가 어떻게 사회-공간적인 관계와 장소에 기반한 특정 제국, 젠더 및 인종화된 담론과 연관되어 구성되는지를 추적한 매클린톡의 논의는 지리학자들의 지속적인 관심을 받았다. 도모쉬Mona Domosh(2003)는 하인즈Heinz사의 젠더화되고 문명화된 인종적 담론이 소비자의 '식민지'로 이루어진 상업 제국의 설립에 어떤 방식으로 기여했는지 탐구한 한편, 현대의 '슈퍼마켓 서사'를 다룬 홀랜더Gail M. Hollander(2003)의 글은 현대의 제품 구성을 가져온 상품의 도덕주의적 표현과 생산의 정치·경제 변화를 둘러싼 역사적인 선례를 보여 주었다.

떠오르는 '공공' 소비 공간

소비의 변화는 사회-공간 관계에 변화를 가져왔다. 현대성과 대량 생산 및 소비의 등장은 특히 도시지역에서 새로운 유사 공공공간을 만들어 냈다.[*] 이 새로운 시민 공간과 개인 소유의 '공공'공간은 개인이 '과시적인' 소비에 참여할 수 있는 장소를 제공했다. 뮤직홀, 극장, 레스토랑, 연회장 및 댄스홀, 박물관, 관광지, 박람회장 명소 및 쇼핑 구역은 19세기와 20세기 초반에 인기 있었던 소비 공간의 일부에 불과했다. 이러한 공간들은 일상생활의 구조화 영역으로서

---

[*] 'pseudo-public'이라는 단어는 이 공공공간이 실제로 사적으로 소유되고 상품화되었기 때문에 사용한다.

여가의 출현을 알렸다. 미디어, 마케팅 및 광고산업은 이러한 공간에서 등장하는 즐거움과 상품 구매를 연결하는 내러티브를 만들어 냈다.

백화점은 그 새로운 소비 공간 중 하나로서, 20세기 초에 서구의 도시 대부분에 세워졌다(Nava, 1997). 이 매장들이 많은 소비자들에게 '일상적인' 쇼핑 경험을 만들어 낸 것은 아니지만, 백화점은 쇼핑을 쾌락(실용이 아닌)과 연결시키고, 소비의 상징적 속성을 강화시키는 극적인 단계dramatic 'staging'를 거치면서 소비자 문화를 형성하는 데에 중요한 역할을 담당했다(Laermans, 1993).

백화점은 "19세기 중반까지 사적인 영역으로 활동 영역이 국한되었던" 중산층 여성들에게 "지루한 가정생활에서 벗어날 수 있는 기회"를 제공했다(Laermans, 1993: 94). 상점은 합법적인 방종의 공간이자, 쇼핑이 쉽고 즐겁고 여유롭고 낭만적이며 감각적인 공간으로 홍보되었다(Rappaport, 2000). 백화점이 가정 이데올로기와 광범위한 젠더 담론을 강화하고 재생산했다는 점에서 여성에게 부여된 자유는 역설적이었다. 이 공간들은 여성에게 소비의 민주화 가능성을 제공함과 동시에, 여성이 가정을 위해 구매를 할 수 있는 공간을 제공함으로써 가정 개념을 강화하는 데에 목적이 있었다(Bowlby, 1985).

그러나 블롬리N. Blomley(1996)는 파리의 백화점을 역사적으로 다룬 에밀 졸라의 소설《여인들의 행복 백화점Au Bonheur des dames》을 통해, 이러한 상점들 또한 남성적인 공간이었음을 지적한다. 남성들도 쇼핑을 했고, 대다수의 노동자는 남성이었으며, 매장의 공간적 논리는 남성의 섹슈얼리티와 정체성을 중시하는 자본주의적·가부장적 담론과 일맥상통했다.* 그럼에도 불구하고, 백화점을 미화된 부르주아 가정으로 표현한 것은 〈글상자 2.4〉에서 보듯이 뉴욕 여성과 중산층 여성 좀도둑이 야기한, 공공의 쾌락에 빠져드는 여성이라는 (잠재적이면서도 급진적인) 메시지와 관련이 있었다[Rappaport, 2000: 42].

 부적절한 '소비적' 여성
2.4 뉴욕 여성과 중산층 좀도둑

공공공간에서의 여성의 경험은 "근대성의 본질적인 구성 요소"였다[Nava, 1997: 58]. 1860년대 뉴욕에서는 새로운 공공공간이 공원, 레스토랑, 호텔, 극장, 박물관 등의 형태로 등장했다. 이 공간들은 신흥 상인 계층과 엘리트들이 계급적 신분과 시민들의 헌신을 반영해 만든 소비와 전시를 위한 '여가와 쾌락'의 공간이었다[Domosh, 2001]. 그러나 이 새로운 소비자 공간 속 부르주아 여성들의 존재는 불안을 야기했으며, 모나 도모쉬[Domosh, 2001]는 이것이 '뉴욕 여성'을 구성하고 있다고 보았다. (도모쉬에 따르면 1880년대

---

* 블롬리[Blomley, 1966]의 매력적인 에밀 졸라 해석 역시 소비의 경제적·문화적 논리가 불가분의 관계를 맺는 방식을 보여 주었다.

의 파리지앵과 비슷한 유형의) 1860~1870년대의 뉴욕 여성은 이 새로운 도시 소비 공간을 차지했지만, 역설적으로 여러 가지 면에서 그 공간에 '어울리지 않았다'.

뉴욕 여성은 매력적이고 스타일리시했으며 패셔너블한 복장을 하고 자신의 쾌락과 열정을 추구하는 역할을 부여받았다. 그녀는 믿을 수 없을 정도로 아름답고 겉모습은 존경받을 만했으나, "속은 다 가짜"(도모쉬의 인용에 따르면, *The New York Times*, 2001: 584)였고, 천성적으로 경박했다. 뉴욕 여성의 하루는 대중에게 보여지는 이미지의 치장과 게으른 쾌락 추구로 가득 차 있었다. 집에 있을 때에는 아이도, 화로도, 남편도 돌보지 않고 꾸미기와 옷장 정리에만 몰두했다. 그러한 여성들의 외관에서는 여성의 진정한 본성이나 고상한 분위기, 존경심이 쉽게 '읽히지 않았기에' 대중의 불안을 야기했고, 위험한 존재로 여겨졌다(Domosh, 2001). 도덕은 과거 남성의 영역에서 열정을 소비하는 데에 시간을 보낸 여성이 아니라 가정 내 응접실에 있는, 제대로 된, 부르주아 백인 여성에 의해 구현되었다.

도모쉬(Domosh, 2001: 588)는 관대하고 쾌활하며 여가 시간을 연상시키는 소비가 현대 산업사회에서 생산에 필요한 공리주의, 부지런함 및 근면과 대조된다고 지적한다. 이 두 가지 상충되는 가치 체계는 생산 세계를 남성과 일치시키고 소비 세계를 여성과 일치시킴으로써 조화를 이루었다. 그런데 뉴욕 여성은 과도하게, 지혜나 자제력 없이 소비함으로써 이 자연스러운 도덕적 질서를 전복시켰다. 뉴욕 여성은 19세기 젠더 이데올로기뿐만 아니라 "생산과 소비, 자제와 방종 사이의 불안정한 균형"을 뒤엎었다(Domosh, 2001: 590). 따라서 뉴욕 여성에 대한 도모쉬의 지리적 연구는 공간과 정체성이 도덕적으로 어떻게 생성되고 코드화되는지 들여다보는 매혹적인 통찰력을 제공한다. 도모쉬의 연구는 현대 소비와도 관련이 있다. 도모쉬는 소비와 방종에 대한 불신, 과도한 소비와 여성의 연관성이 쾌락과 구경거리의 피상적인 장소로서 포스트모던 이후 소비자 공간 설명에 녹아 있다고 믿는다(이 장의 뒷부분 참고).

소비의 모순적인 성격은 빅토리아 시대의 백화점에서 중산층 좀도둑을 처리한 태도에서도 분명히 나타났다(Abelson, 2000). 아벨슨 E. Abelson은 미국의 여성 좀도둑 사례를 살피며, 노동자계급 여성과 달리 중산층 여성은 좀도둑질을 하고도 기소를 피할 수 있었다고 지적한다. 종종 종업원들은 중산층 "좀도둑 숙녀들"(특히 좋은 고객으로 인식되는 사람들)을 "보고도 못 본 체했다". 붙잡히더라도 상점 주인은 기소를 꺼렸다. 사건이 법원까지 가면, "여성의 약점" 혹은 (질병으로서) 도벽이 종종 권리 침해에 대한 방어 수단으로 받아들여졌다. 도벽증 환자는 "소비 욕구를 합리적으로 통제하지 못하는 히스테리 환자"로 간주되었다(Roverts, 1998: 818). 이러한 여성적 약점에 대한 이데올로기는 미디어와 판매상 및 여성 자신이 만들어 내기도 했고, 이는 때로 법정을 거쳐 강화되었다.

이처럼 중산층 여성과 노동계급 여성(필요한 것을 훔쳤을 가능성이 더 높은)에 대한 대우 사이에 불일치가 발생한 이유는 '좀도둑 숙녀'라는 용어가 모순으로 여겨졌기 때문이다. 물건을 훔친 중산층 여성은 계급-젠더-범죄를 연결하는 방식에 대한 기존의 고정관념을 흔들었다(Abelson, 2000: 310). 중산층 고객을 상대로 하는 행동이 문제였다. 이 여성들이 백화점을 떠받치고 있었기 때문이다. 상품의 풍부함, 매혹적인 진열, 쇼핑객의 증가된 자유와 익명성은 마치 상점 주인 자신이 좀도둑을 초대하는 것 같은 환경을 만드는 데에 공모했다고 여기게 만들었다. 많은 치안 판사가 "계급 기반의 (불공평하고 불합리한) 여론이 반영되는 상황에 공개적으로 분개"했음에도 불구하고, 공소는 오히려 영업에 해를 끼쳤다(Abelson, 2000: 313).

"좀도둑 여성"에 대한 아벨슨의 논의는 생산과 소비 간의 긴장을 보여 준다. 소비 자본주의 지지자들은 중산층 좀도둑 여성에 대한 더 호의적인 대우로 모순을 은폐할 수 있었다. 여러 면에서 "좀도둑질하는 여성"은 '뉴욕 여성'만큼 "부적절한" 존재였다. 다만, 중산층 여성 좀도둑들의 범법 행위는 젠더화된(그리고 계급화된) 소비 구조의 이데올로기적 헤게모니를 유지하고자 가볍게 다루어졌지만, 뉴욕 여성은 유사한 이유로 공개적으로 비난받았다.

포드주의 생산과 소비

이러한 변화를 이해하는 주요 방법 중 하나는 마르크스주의 작업을 확장시켜 산업자본주의 발전에 내재된 구조와 메커니즘을 상세히 들여다보는 것이다. 근대성 아래 자본주의는 18세기와 19세기에는 자유주의에서 자유방임주의 모델로, 포드주의에서는 국가가 관리하는 조직화된 자본주의로 변화했다(Las and Urry, 1987). 포드주의적 축적 체제는 제2차 세계대전 말부터 1970년대까지 선진 자본주의국가에서 생산-소비 관계를 지배했다. 포드주의는 소비자의 지출을 생산 증가와 일치시키고, 국가가 종종 격려하고 개입하는, 자본과 노동 및 국가 간의 (비교적) 안정적인 동맹으로 구성되었다(Lee, 1993). 의료, 교육, 에너지 및 교통 서비스는 주state와 지방정부가 공동으로 관리하고 촉진했다. 예를 들어, 뉴질랜드에서는 1930년대부터 1984년까지 복지국가 기간 동안 정권들이 연이어 '자택 소유'를 이상理想으로 공표한 후 정부가 주도적으로 주택을 건설하고 예비 구매자들에게 대출을 제공하여, 결과적으로 국내 소비주의와 물질적 소유를 조장했다.

과학적 관리와 합리화*에 기반한 테일러주의 작업 관행과 조립라인에 기반한 대량생산 형태 역시 포드주의적 축적의 발전을 뒷받침했다. 포드주의를 동반한 기술, 운송 및 통신의 발전은 자본 순환 속도를 촉진하여 생산 및 유통망의 확장 및 심화를 가능하게 했다(5장 참고). 일상생활의 더 많은 측면과 공간을 포괄하는 상품화가 점진

---

* '테일러주의Taylorism'는 프레더릭 테일러Frederick W. Taylor의 《과학적 경영관리법 Taylor's Principles of Scientific Management》(1967 [1911])에서 나온 용어로, 여기에는 작업을 가장 단순한 구성 요소로 나누고 생산성과 효율성 달성을 목표로 하는 '엄격한 시간 및 동작 연구 표준'에 따라 이 단편화된 요소를 구성하는 작업이 포함된다(Harvey, 1989: 125). 산업 생산 방법으로서의 포드주의는 이 방법을 새로운 생산 및 기계화 기술과 통합했다.

적으로 진행되면서 대중 시장에서 표준화된 상품의 소비가 널리 확산되었다.

하지만 포드주의적 축적 체제에 기반한 소비와 관련된 설명은 소비를 생산의 효과로 상정하는 경향이 있다. 포드주의 자체는 공간을 가로질러 불균등하게 나타난 분열되고 논쟁적인 개념이다. 포드주의적 설명은 또한 사회적 · 공간적 변화에서 소비문화의 중심성을 모호하게 하는 경향이 있다(Lee, 1993). 리는 포드주의가 대량 상품소비에 기반한 사회 의식의 확립에 초점이 맞춰져 있었으며, 이러한 사회 의식은 미디어에 의해 광고 언어로 표현되고 조작되었다고 보았다(Lee, 1993: 88). 미학화, 브랜드화 및 표준화는 새로운 상품미학 개발을 촉진했고, 그중 많은 부분이 과학적 진보와 기술 지식('기능주의'와 '유선형' 디자인 같은)에 대한 모더니즘 개념을 기반으로 했다. 결과적으로, 소비문화의 발전은 생산의 중대한 변화(자본주의사회의 부상, 포드주의적 조직)와 관련되어 있지만, 20세기 후반 서구에서 발달한 근대성의 결과가 아니라 결정적(critical)인 부분으로 이해해야 한다(Slater, 1997).

---

* 근대성modernity은 17세기 유럽에서 기원했으며 진보, 낙관주의, 합리성, 절대 지식 추구 및 다른 지식의 토대가 되는 진정한 자아에 대한 믿음의 소위 '계몽주의적 이상'에 기반을 둔다(Ward, 1997). 20세기 중반까지 근대성이 전 세계적으로 지배적인 사회질서가 되었다는 가설이 성립했다.

소비의 연대기를 논할 때 조심해야 할 것은, 소비가 단순히 변화율, 지리적 범위, 시간의 측면에서 구별되는 단일하고 보편적인 궤적을 따랐다고 가정하기 쉽다는 것이다(Glennie, 1995). 그러나 소비는 오히려 장소에 기반을 둔 사람, 사물 및 과정 간의 복잡한 사회적·정치적·경제적 상호작용과 연동되어 있다. 소비를 구성하는 담론과 실천은 보편적이지 않고 공간적·시간적으로 불균등하다. 초기 자본주의 영국에서 곡물이 필요의 원칙에 따라 어떻게 제공되었는지는 앞에서 언급했다. 자본주의적 소비 및 생산 체제의 헤게모니는 자본주의 교환 체제(사회주의 및 물물교환 체제 같은)[글상자 1. 5 참조]와 함께 이미 존재하고 있는 소비의 '대안적인' 형태와 경쟁을 벌여 왔다. 〈글상자 2.5〉는 19세기 유럽에 등장한 그 대안적인 소비 형태에 대한 논의이다.

 소비자 사회
소비주의의 헤게모니에 맞서 싸우다

마틴 퍼비스Martin Purvis(1998)는 《역사지리학 저널Journal of Historical Geography》에 실린 논문에서, "소비자 사회의 출현"이 어떻게 '대중'에게 직접적으로 수용되지 않고 유통 및 생산의 대체 기반시설 구축에 어려움을 주었는지를 설명하였다. 1850년에서 1920

년 사이에 영국과 유럽에서 소비자 사회의 형성은 단순히 국가 자원의 소비에 대한 더 많은 몫뿐 아니라 생산과 분배에 대한 더 큰 통제, 즉 잠재적으로 공급과 고용주에 대한 더 큰 통제를 바라는 노동자들의 증가하는 욕구를 반영했다(Purvis, 1998: 149).

소비자에게 집단적으로 권한을 부여하려는 협동적 시도로서 소비자 사회는 대중 시장을 만들고 규율하는 유통업자와 생산자의 힘에 대항하는 방어 수단이 되었다(Purvis, 1998: 155). 그러나 경쟁적 자본주의의 대안으로 협동조합 원칙이 존재했지만, 이 집단들도 소비주의나 자본주의적 축적 체제에서 완전히 분리될 수 없었다. 특정 집단이나 개인의 이익을 위한 사회적·재정적 자원의 제공, 이념적 다양성 및 지역적 특수성은 "공유적 정체성으로서의 소비"라는 이데올로기적 신념으로 완화되었다(Purvis, 1988: 164). 소비자 사회가 (법적 보호에 대한 대가로) 활동과 재정財政의 투명성에 대한 국가의 요청을 점차적으로 수용하면서 사회경제적 변혁의 대리인으로서 협동조합이 가졌던 힘도 약화되었다.

자본주의적 생산과 소비·교환 메커니즘의 지배에 대한 소비자 사회의 저항은 제한적이었어도, 지역 소매시장(경우에 따라 30퍼센트 이상)에 진출한 성과와 교역, 교육복지, 사회활동 등을 통해 회원들에게 제공한 혜택은 결코 적지 않았다(Purvis, 1988: 164).

포스트모더니티와 틈새소비

1970년대 중반 정치, 경제, 사회생활에 나타난 일련의 변화는 대량 소비 시장보다는 틈새시장을 겨냥한 새로운 소비 시대를 예고했다. 가장 최근에 이르러 미디어와 광고주가 기호와 이미지 표현에서 중요한 역할을 담당하게 되고, 소비의 상징적 성격이 상품 형태보다 우선시되었다(Jackson and Taylor, 1996). 집단적인 형태의 소비보다는 개인 소비가 우세해지면서, 소비자의 선택과 정체성은 포스트모던 시대나 그 조건의 일부로서 상품 소비와 연관되고, 이전 시대와는 구별되는 것으로 이해된다. 포스트모던적 조건은 사회와 공간 모두에서 재생산되는 "유연하고, 다양하며, 차별화된" 새로운 인간 세계를 나타낸다(Cloke et al., 1991: 179).

'포스트모더니즘'이라는 용어는 세 가지 의미로 사용되어 왔다. 우선 시대와 사회의 실제 상태 또는 조건을 설명하기 위해, 두 번째는 예술적 또는 건축적 스타일을 정의하기 위해, 세 번째는 앞선 두 가지 의미와 관련된 일련의 사상과 태도(또는 방법)를 지칭하기 위해서다(Ward, 1997). 〈표 2.1〉은 학자들이 근대와 포스트모던 시대의 차이를 논의할 때 초점을 맞춘 몇 가지 주요 주제를 요약한 것이다.*

---

* 이런 표를 만드는 것은 그 자체로 '위험'하다. 왜냐하면 일련의 변화를 '포스트모던'이라고 명명하는 단순한 행위는 무엇이 포스트모던 시대를 구성하는지에 대한 본질적

그러나 포스트모던 시대의 특징을 식별하는 것은, 사회생활의 한 영역으로서의 포스트모더니즘이 묘사characterization를 거부하고 수많은 모순된 현상을 은폐하기 때문에 대단히 어렵다.

포스트모던 조건이 실제로 존재하는지(Slater, 1997)와 〈표 2.1〉에서 나열된 특성이 단순히 이전 과정[소비 행태와 정체성 형성, 쾌락과 사회성 담론 사이의 관계: Glennie and Thrift, 1992; 1996]의 연장인지, 아니면 질적으로 다른지에 대해서는 상당한 논란이 있다. 하비David Harvey(1989)는 포스트모더니티가 자본주의의 또 다른 국면을 나타낸다(그렇게 읽혀져야 한다)고 주장한다. 그는 마르크스의 작업을 확장하여, 탈근대적 장소와 과정을 소비의 실질적 주제로 보지 않는 독점자본주의의 새로운 표현이라고 설명하였다(Jackson and Thrift, 1995).

포스트모던 시대의 식별은 소비와 관련된 세 가지 주요 과정인 상품화, 사회적 분배, 새로운 형태의 일상생활과 관련이 있다(Glennie and Thrift, 1992). 〈표 2.1〉에 담긴 주제들은 이러한 과정을 차례대로 보여준다.

인(그리고 합의된) 진실이 있고, 이러한 변화가 그 변화를 알리는 탈근대적 태도 및 아이디어와 어떻게든 분리될 수 있음을 암시하기 때문이다. 일부 포스트모더니즘 사상가들은 〈표 2.1〉에 담긴 대립적인 범주화를 근대적 아이디어에 기초한 지식의 합리적 구성으로 보았다. 따라서 이런 변화의 형태와 성격은, 포스트모던적 태도에서 영향을 받은 것이나 다른 철학적 전통에서 영향을 받은 것과는 매우 다르게 볼 수 있다. 그러므로 표에 '모던' 또는 '포스트모던' 꼬리표를 붙이는 것은, 특정 조건이나 상황이 이 단계에서 저 단계로 옮겨지고 어디에서나 같은 방식으로 경험되고 있음을 시사한다.

표 2.1 포스트모던 시대의 특징

모더니티(1750~1970년대)	포스트모더니티(1970년대 이후)
기술우월주의와 개척(진보)의 숭배화	기술우월주의와 도전 받는 진보
동일함, 보편성	다름, 다양성, 불연속성, 단편화
절대적 지식의 추구	상대적 지식에 대한 믿음
깊이와 본질	외연과 초현실성
규칙과 스타일의 규제	모방, 콜라주, 스펙터클
우리의 지식 밖에 존재하는 진짜 세계에 대한 믿음	독립적이고 진정한 실재에 대한 도전: '실재'와 이것이 표현되는 방식 간의 관계는 단순하거나 간단하지 않다.
대량소비시장 소비용 상품의 대량생산(즉, 대량 일괄처리와 실행)	단기 및 소량 일괄처리로 발생하는 차별화된 시장 소비용 상품의 틈새 생산
경제적이고 정치적으로 중요한 물건의 생산	(소비 패턴과 연결된 사회적 흐름의 증가와 관련한) 경제적이고 정치적으로 중요한 이미지의 소비와 재생산
국가권력, 복지국가주의, 중재	국가권력의 감소, 개인주의와 기업
물질적 소유를 통한 욕구 충족	소유의 상징적인 의미와 이미지를 통한 욕구 충족
특징의 강조	자아와 신체적 재현의 강조
생산 영역과 관련하여 형성된 정체성(예를 들어, 일) 그리고 집단적으로 근거한 안정적인 정체성	소비 영역과 관련하여 형성된 정체성(예를 들어, 여가)과 개별화, 파편화, 다중화, 변화하고 모순된 주체의 정체성들

출처 drawn from Cloke, 1993; Cloke et al., 1991; Featherstone, 1991; Glennie and Thrift, 1992; Harvey, 1989; Lash and Urry, 1987; Rojek, 1995; Shurmer-Smith and Hannam, 1994; Ward, 1997.

상품화와 상품물신주의는 포스트모던 시대 일상생활 지리의 사실상 거의 모든 측면에 침투한 것으로 여겨진다. 기호와 이미지는 그 자체가 상품이 되기 시작하면서 상품의 논리를 취한다. 장 보드리야르(Baudrillard, 1983)는 사물이 상품의 기호 네트워크에서 차지하는 위치를 통해 의미를 얻는다고 믿는다. 다시 말해서, '사물'은 다른 상품과의 관계에서만 이해될 수 있다. 일상생활에서 기호와 이미지의 침투, 문화적 매개체의 증식(텔레비전과 인터넷, 광고판, 스포츠 경기장 등에서 나타나는 전자적으로 매개된 기호, 이미지, 광경과 시뮬레이션 같은)은 이전보다 상품 가치와 정체성 가치 간의 더 강한 연결의 징후로 읽힌다. 정체성은 사람들이 구매, 사용, 전시하는 방법과 연결되어 있으며, 이는 상품 관행과 관련이 있기 때문에, 상품은 개별 주체에 의해 각자의 개성과 집단적 속성을 반영하는 신호로 사용된다(비록 로지악Conrad Lodziak(2000)은 이 연결이 과장되었다고 주장하지만).

포스트모던 시대에 소비는 도구적 활동이라기보다 상징적 활동으로 간주된다(Campbell, 1995: 99). 예를 들어, 보드리야르(Baudrillard, 1983)는 새로운 시뮬레이션 체제가 포스트모던 시대를 특징짓는다고 주장한 반면, 드보르Guy Debord(1994)는 삶이 일련의 스펙터클로 경험된다고 보았다. 판타지와 스펙터클, 시뮬레이션은 테마파크나 도시, 그리고 항구 재개발 같은 건축 환경에서 잘 보이지만, 일상의 평범한 활동(텔레비전을 보거나 은행에서 줄을 서는 동안 '즐거움을 느끼는' 것과 같은)에서도 나타난다.

개인과 집단 간 분화의 심화는 포스트모던 시대 소비 변화의 또 다른 주요 결과이다. 생산자는 다양한 소비자와 소비 행위에 서비스를 제공하고자(물론 창조도) 판매 상품을 만든다. 사회적 분화를 유지하기 위해(그리고 시장의 지속적인 성장을 보장하고자) 패션, 광고, 디자인은 적절한 취향 구조와 소비 관행의 재생산을 촉진하고 상품의 의미를 안정시키는 데에 기여한다(Glennie and Thrift, 1992). 포스트모던 시대에 "소비 공동체는 실제 공동체를 대체하고, 공공 생활은 조직화된 상업 광경에 자리를 내주게 되며", 익명의 거래가 일상화된 환경에서, 삶은 상품 획득을 통해 극복해야 할 도전으로 표현된다(Goss, 1999a: 114에서 인용한 Bauman, 1990: 204). 복고풍 음악의 인기(예를 들어, 아바와 비지스 음악의 컴백)와 진정한 경험(〈그림 2.3〉속 관광 같은)과 진정한 장소에 대한 욕망은 진짜 세계(보드리야르가 실제로 존재하지 않는다고 주장한)로 간주되는 집착의 대상물fetish을 만들어 이 가상 세계를 탈출하려는 시도로 보인다. 따라서 포스트모던 시대에 소비 경험은 재현 그 자체의 현실을 반영하는 초현실적인hyper-reality 형태를 취한다고 주장된다. '장소감a sense of place'을 유지하는 것은 포스트모던적 상황에서 존재의 불안정성과 불확실성에 대처하는 수단으로 볼 수 있다.

이와 관련하여 포스트포드주의적 축적 체제의 형성은 제품 및 생산 시스템의 유연성에 중점을 둔다. 틈새 소비자의 욕구를 충족시키고자 특정 문화 집단, 라이프스타일, 노동시장 및 장소에 맞게 조정된 소규모 단위의 상품 생산을 선택한다.

포스트모던 시대에 사회적 분열은 ('농부'나 '가정주부'라는 특정 직업, 또는 중산층이나 노동자계급과 같은 집합적 집단 같은) 생산 영역과는 관련이 적고, 소비 영역과 여가, 쾌락, 패션 및 욕망의 영역과 더 밀접하게 연결되어 있다고 가정된다. 정체성에 더 이상 안정성은 존

그림 2. 3 (태국 정글에서 코끼리를 타는 것과 같은) 관광 경험을 추구하는 것은 포스트모던 시대에 진 정성 추구의 일환으로 간주된다.

재하지 않는다.[*] 탈근대 사회는 한때 존재했던 안정성, 연관성, 본질주의를 더 이상 제공하지 않는 '위험사회'이기 때문이다[Beck, 1992]. 선택할 수 있는 정체성은 다양하기에, 영화, 광고, 패션, 잡지나 피트니스 프로그램에 묘사된 정체성과 자신의 구성을 분리하기란 불가능할지도 모른다[Ward, 1997]. 소비는 자기성찰적인 구별과 자기실현 및 소속[Shields, 1992a]의 수단이 되고, 상품은 다양한 신체 이미지, 생활 방식 또는 사회적 유형을 확립하는 중요한 수단이 된다[글상자 2, 6 참조]. 페더스톤Mike Featherstone[1991]은 포스트포드주의post-Fordism가 자기애적이고 자의식적이며 양식화된 소비 관행을 선호하는 새로운 중산층을 형성했다고 주장한다.

글레니와 스리프트[Glennie and Thrift, 1992]가 주장한 세 번째 변화는, 시각적 경관 및 건축 환경 방식으로 표현되는 새로운 형태의 일상이다. 인터넷의 기하급수적인 성장과 전자적 수단에 의한 정보 유통이 소비와 통신에서 중요해졌다[3장 참고]. 일상생활은 인간 주체가 자기 존재의 사회적 조건을 반성하는 능력이 향상되면서 더 성찰적이고 미학적으로 변했다고 간주된다[Glennie and Thrift, 1992: 436]. (〈글상자 2.1〉에서 소개한 연구를 수행한) 글레니와 스리프트[Glennie and Thrift, 1996]는 더 큰 성찰성reflexivity이 반드시 더 큰 불안과 소외 또는 진정성의 부재를 의미하

---

[*] 일부 포스트모던 저자들은 '진짜' 일관된 자아는 절대 존재하지 않는다고 믿는다[Ward, 1997].

② 포스트 모더니티와 라이프스타일 쇼핑

롭 쉴즈Rob Shields의 편집 컬렉션 《라이프스타일 쇼핑Lifestyle
Shopping》(1992b)은 새로운 양식의 주체성이 어떻게 포스트모던 조
건의 일부로 등장했는지를 보여 준다. 쉴즈의 주장은 장소의 재
현적인 측면보다는 "주체성, 미디어 및 상품 소비의 사적 공간,
일상적인 공적 생활의 변화하는 공간적 경쟁"에서 소비자 문화
의 역할을 찾는다(Shields, 1992b:1). 축제 공간 같은 장소에서 행하는
라이프스타일 쇼핑은 새로운 주관성을 시험하고 전시하며 폐기
할 수 있는 수단을 제공하는 것으로 여겨진다. 쉴즈는 특정 장
소에서 일어나는 여가와 소비 활동의 결합을 근대성으로의 전
환으로 보았다. 그는 쇼핑을 행위와 치장, 취향, 습관으로 구성
된 라이프스타일을 선호하는 소비자 부족tribe의 구성원으로서
소비자에게 다중적인 페르소나와 정체성을 제공하는 수단으로
보았다[글상자 4. 1 참조]. 따라서 소비는 "단순한 라이프스타일 수단
이 아니라 라이프스타일의 제도화"로 이어진다(Shields, 1992b: 16). 지
리학자들이 '라이프스타일 쇼핑' 개념을 논의할 때 쉴즈의 저항
resistance 논의는 자주 언급된다. 쉴즈는 여가, 카니발, 축제 공간
으로서 소비 장소의 존재가 어떻게 상업적인 면과 긴장을 빚으
며 존재하는지에 주목했다. 이 긴장은 이 공간의 관리자가 제한
및/또는 통제해야 할 필요성, 축제의 분위기, 쇼핑은 하지만 구
매는 하지 않는 사람들이 발생시키는 어려움, 소비자 저항의 가
능성만으로는 쉽게 극복되지 않는다.

지는 않으며, 그 대신에 인간 존재 의미의 재구성 가능성을 불러일으킬 수 있다며, 상품이 점점 더 일회적이고 무의미한 것으로 간주되는 '포스트모더니즘 테제'에 도전했다. 그들은 특정 소비 패턴에 몰두하는 사회집단의 수와 규모 및 권한이 증가했다면서(예를 들어, 식품 및 다이어트 관련 소비자운동의 확산같이) 소비자의 파편화가 아닌 문화적 세분화가 진행되고 있다고 보았다.

소비 변화의 '위치짓기': 추정과 해석의 문제들

이 장에서 살펴본 세 단계 모델(근대적 소비의 등장, 통합 및 대량 소비, 탈근대적 소비)은 그 실행 가능성을 두고 상당히 논쟁을 일으켰다. "소비에 대한 역사적 관점이 근대 소비를 개념화하는 데에 사용"되면(Glennie and Thrift, 1992: 423), "과거와 현재의 소비를 부정확하게 범주화"하여 현대 소비의 어떤 측면이 "이전 관행과 연속되는지, 혹은 완전히 새로운지"를 명확하게 이해하지 못할 수 있다(Thrift and Glennie, 1993: 33). 글레니(Glennie, 1995)에 따르면, 진정한 도전은 서로 다른 시기에 소비되는 것이 무엇인지 생각하는 것이다. 여기에 제시된 소비 연대기의 또

◆ 이 책의 강조점은 소비가 행동, 관행, 관계, 공간의 무의미한 영역이 아닌 그것들이 가진 '충만한' 의미에 있다.

다른 어려움은, 근대와 탈근대 소비의 관계와 소비주의 자체를 정의하는 특징으로서의 근대성modernity을 설명하는 것이다. 트렌트만Frank Trentmann(2004: 374)은 이러한 결과가 "서로 다른 시대에 다른 사회에서 서로 다른 유형이 어떻게 출현하고, 발전하고, 관계를 맺었는지"에 문제를 제기하는 데에 실패한 것이라고 주장한다. 소비주의가 물질적 재화의 획득을 지향하는 일종의 정신 또는 행동으로 개념화될 때, 그것이 서구 근대성의 근본적인 특징이 되는 것은 놀라운 일이 아니다(Trentmann, 2004). 트렌트만이 보기에, 이러한 소비주의의 구성은 다른 형태의 소비와 사회성(서비스 및 경험에 기반한 관행과 같은)을 부정하고 비상업화된 소비 활동의 중요성을 무시한다.

이 장에서 설명한 3단계 모델은 주로 서구 국가와 그 소비자의 경험을 중심으로 공식화되었다. 따라서 제3세계 국가나 아시아의 이른바 신흥 산업국가들(NICs)의 경험은 유사한 궤도로 흘러왔다고 할 수 없다. 〈글상자 2.7〉은 (구소련의 일부였던) 러시아 연방이 지난 10년 동안 중앙계획적 사회주의경제에서 국가관리 자본주의경제로 전환하며 어떻게 소비를 빠르게 재구성해 왔는지 보여 준다.*

---

* 소비에트 이후 시대의 소비 변화를 문서화하고 설명 및 분석하는 것은 나의 의도가 아니며, 간단한 사례 연구의 범위에서 할 수 있는 일도 아니다.

2.7 러시아의 자본화, 상업화 그리고 소비

베를린 장벽이 붕괴된 1989년 이후, 동유럽의 사회주의국가들은 자본주의 시스템의 영향과 운영 방식으로 직접 경제를 개방하려 했다. 그러나 1980년대와 1990년대 러시아의 경제 개방은 18세기와 19세기에 새로 등장한 자본주의경제 경험을 반영하지 못했다. 카푸신스키R. Kapucsinski가 언급하기를, "모스크바에 도착한 자본주의 선봉대는 투기꾼 군대, 암시장 업자, 마약상 갱단, 공격적인 무장 공갈범, 잔인하고 무자비하고 강력한 마피아들로 이루어져 있었다"(Kapucsinski, 1996: 55). 사회주의에서 시장경제로의 이행을 도울 새로운 제도나 구조가 마련되지 않은 채 낡은 국가계획 생산과 소비 체계가 해체되면서 사회적·경제적 문제들이 더 부각되었다(Nelan, 1991). 1991년 6월까지 물가가 48퍼센트나 올랐고, 소비재는 더 부족해졌으며, 이에 따라 도시 내 기본 물품을 사려고 기다리는 줄은 길어졌다(Nelan, 1991: 18). 1993년에는 그나마 상황이 나아졌으나, 느리지만 불안정한 기간이 이어졌다. 1998년 러시아의 통화위기와 만성적인 비효율적 유통 구조는 사용 가능한 소비재의 범위와 수량 및 품질을 심각하게 제한했다. 역설적으로 블라디미르 푸틴 체제 하에서 최고 17퍼센트의 인플레이션이 유지됐지만(*Moscow Times*, 2001: 6), 경제성장은 개선되었다(8% in 2001: Binyon, 2002a: 8). 생산자 서비스는 크게 성장했고, 러시아의 많은 회사는 이제 외국 소유가 되었다. 예를 들어, 서양의 다국적기업이 러시아의 광고 대행사를 지배하고 있다(Scholfield, 2001: 7).

마피아와 공적 부패의 증가는 높은 수준의 범죄, 돈세탁, 마약과 알코올 남용이 여전히 해결하기 어려운 문제(러시아나 공산주의 유산이 있는 나라들만 겪는 어려움이 아닌)로 남아 있는 등 시민들의 사기를 떨어뜨렸다. 산업 생산의 성과에도 불구하고 1995년 인구의 약 26퍼센트가 공식 빈곤선 이하의 총소득을 기록했는데, 이는 개혁 이전의 2~5퍼센트와 비교된다(Tikhomirov, 1996: 1).

현재 러시아 경제는 국가, 시장 및 그림자 또는 비공식적인 경제 형태가 공존하는 기이한 혼합체이다. 멜로우C. Mellow(1997)는 러시아 안팎에서 광범위한 소비재와 서비스에 접근할 수 있는 소득과 영향력을 가진 새로운 자본가계급, 주로 젊은 금융가 집단이 등장했다고 지적한다. 새로운 러시아 중산층은 1996년에만 100억 달러어치의 수입 식료품을 포함하여 그 어느 때보다 많은 서구 제품을 구입하고 있다(Mellow, 1997: 54).

모스크바에서는[*] 1990년대 초반처럼 상품 부족 현상과 이에 따른 대기 행렬이 더 이상 만연하지 않는다. 그러나 상당수 농촌과 외진 지역에서는 소비재와 새로운 소비 공간에 대한 접근성이 크게 개선되지 않았으며, 많은 러시아인이 기본적인 상품 구매에 여전히 어려움을 겪고 있다. 반면에 '신흥 중산층'으로 떠오른 수천 명의 쇼핑객들은 그동안 "올리가르히(과두제 집권층의

---

[*] 많은 점에서 모스크바는 도시 정치 시스템의 정점에 있는 주요 도시로서 다른 러시아 도시들과는 다른 양상을 보인다(Bater et al., 1995). 1996년에 모든 외국인 투자의 3분의 2가 모스크바로 갔고(같은 기간에 상트페테르부르크는 4퍼센트), 금융자본의 80퍼센트가 이 도시에 유입된 것으로 보고되었다(Argenbright, 1999: 4).

일원)의 부인과 외국인들로 채워졌던 화려한 쇼핑센터의 새로운 주고객"이 되었다(Binyon, 2002a: 8). 하지만 이 공간에서 제외된 약 30만 명의 사람들이 모스크바에서 노숙자로 살고 있으며, 그중 5만 명은 어린아이들이다(Binyon, 2002b: 28). 모스코비치Muscovites〔모스크바 사람들〕를 대상으로 한 설문조사(Bater et al., 1995: 686)에 따르면, 개혁 과정이 정서적인 측면은 아니지만 물질적인 면에서 삶을 더욱 어렵게 만들고 일상생활에서 깊은 좌절을 겪게 했으며, 소비재를 자유롭게 획득할 수 있는 자유가 오히려 큰 분열의 원천이 되는 것으로 나타났다(Kapucsinski, 1996).

정부가 거리의 공공공간에서 물러나면서 주요 도시 지역의 경관에서 극적이고 빠른 변화가 일어났다. 아르겐브라이트R. Argenbright(1999)는 최초의 맥도날드(1990년 모스크바에 개점)의 개방적이고 친소비자적인 디자인이 수많은 소비자 매장에서 복제되었다고 주장한다. 소비에트 연방의 해체 이후, 서양의 상업문화가 점점 더 가시화되고 있다. 패스트푸드점과 키오스크, 노천카페와 영화관, 신축 호텔은 도시 경관의 아주 흔한 부분이 되었다(Baker, 2001: C16). 모스크바에서는 상품 광고가 일상화되었고(그림 2. 4 참조), 지하철 입구와 보행자 터널은 소매상과 행상인에게 점령당했다(Argenbright, 1999).

소비에트 이후 러시아에서 확인된 가시적인 변화는 그 자체로는 러시아 소비자가 소비를 구성하거나 경험하는 방법에 대한 이해를 제공하지 않는다. 공산주의 시대에 존재했던 노천시장은 배급 체제의 역기능을 보완하는 역할을 계속하면서 형식경제를 보완하고 대체하는 중요한 역할을 하고 있다(Sik and Wallace,

그림 2. 4 러시아로의 전환 후 모스크바에서는 이제 광고가 도시 경관의
중요한 특징이 되었다.

1999). 새로운 소비 공간과 관행은 춤추고 파티를 여는 밤문화와
청소년 하위문화의 발달(Wallce and Kovacheva, 1996) 및 동물이 사회적 지
위와 정체성의 표상이 되는 '애견문화'(Barker, 1999)와 같은 새로운
형태의 상업문화를 창출하는 '생산적인' 역할에 반영되었다. 소
비에트 지역의 경험과 '상상'은 소비 관행과 기대에 지속적인 영
향을 미치고 있다(Oushakine, 2000). 한 예로, 시베리아의 고등학생과
대학생을 대상으로 한 오우샤킨Serguei A. Oushakine의 연구에서 응답

자들은 구 소련의 생활 방식이 비록 제한적이고 한계가 있었지만 다양한 소비 활동(극장, 박물관, 신문 읽기 등)을 포괄하였고, 새로운 러시아식 소비는 더 편안하고 즐겁지만 쇼핑에만 한정되어 있다(Oushakine, 2000: 101)고 답했다. 이러한 경험은 서양의 소비주의와 관련된 경험을 복제하기보다는 소련 전후 러시아의 소비주의와 관련하여 구성되었다고 볼 수 있다. .

소비와 생산의 사회적 변화는 절대 '백지상태'에서 일어나지 않는다(Kollantai, 1999). 러시아의 사례는 현존하는 소비 형태와 관행, 소비 구조의 혼종성, (소비로 인해) 발생할 수 있는 (다양한 형태의) 분열, 그리고 표준적인 역사적 틀이나 궤적에 따라 재생산되지 않는, 소비의 능동적인 형성과 상상 방식을 잘 보여 준다.

역사와 연대기: 특별함의 요구

소비의 역사적 변화는 기원과 완료점이라는 구체적이고 합의된 궤도를 의미하는 용어인 '연대기chronology'로 논의되어 왔다. 이 장에서 제시하는 세 부분으로 된 연대기의 광범위한 특징은 17세기와 18세기의 '근대적' 소비의 등장, 19세기와 20세기의 이것의 공고화와 강화, 그리고 20세기 후반에 나타난 포스트모던 조건의 일부로서 일상생활의 유지에서 소비가 차지하는 중요성의 증대로 정리할 수 있다. 이 도식에서 소비의 변화는 이 시기의 주요한 경제적 변화(산업화와 도시화, 자본주의적 교환관계의 지리적 확장, 포드주의적 대량생산과 복지국가, 포스트포드주의의 유연한 축적)와 종종 연관된다. 그러나 소비의 변화가 단순히 생산 영역에서 일어난 변화의 결과라고 가정하는 것은 잘못이다. 포스트모던 시대에는 소비와 소비문화를 서로 바깥에 위치한, 일관성이 없는 분리되고 단편적인 내러티브로 보는 경향이 있다. 이는 소비 행동을 일상생활에서 분리시키고 "경제적 · 정치적 · 사회적 맥락과 상관없이 문화에 지나친 자율성을 부여하는" 결과를 초래했다(Glennie, 1995: 191).

일반화된 모델은 변화의 윤곽을 포착하는 데에 유용하므로 제시한 세 가지 연대기는 소비 장소 및 과정에 대한 질문을 던지는 토대로 사용될 수 있다. 이러한 연대기를 조사하여 서로 다른 수용성, 소비 시스템 및 상업문화, 소비 담론, 다양한 공간적 · 시간적 맥락에서의 소비자 관행 및 경험에 대한 헤게모니와 관련성을 탐구할 필요가 있다. 소비가 다양한 스케일(예를 들어, 가정, 농촌, 도시, 커뮤니티, 국가) 및 특정한 시기적 · 장소적 맥락에서 어떻게 표현되는지 조사하고, 그러한 변화가 어떻게 다른 집단과 개인에 의해 일상에 적용되고, 의미 있게 받아들여지고, 구체화되고, 일상에 영향을 미치는지, 그리고 그러한 행위들이 어떻게 구조화되고 제한되며 활성화되는지를 살피는 것은 중요하다.

소비 실천에 대한 유의미한 분석은 장소, 맥락, 환경의 특징이 다양한 소비 유형과 소비자 관행을 형성한다는 점에 초점이 맞춰져 있다(Glennie and Thrift, 1993: 605). 역사학자, 인류학자, 사회학자, 경제학자들에 의해 소비의 역사적 변화를 분석하고 이론화하는 상당한 양의 연구 자료가 만들어졌지만, 의외로 지리학자의 기여는 적어 보인다. 특정한 사회 공간적 맥락과 과정에서 소비를 조사하는(일부 역사적 작업과 현대적 환경을 주로 분석하는) 방대한 양의 지리학적 연구를 고려할 때, 역사적 변화에 관한 지리적 연구의 상대적 부족은 놀랄 일이 아니다. 지리학자들은 각기 다른 공간에서 어떻게 소비 행태를 경험하고 재생산하며, 소비 과정과 관행이 어떤 방식으로 특정한 지리를 형성하는지를 강조해 왔다. 이러한 논의들은 다음 장에서 검토한다.

더 읽을거리

Blomley, N. (1996) '"I'd like to dress her all over": masculinity, power and retail space', in N. Wrigley and M. Lowe (eds), *Retailing Consumption and Capital*. Harlow: Longman. pp. 235-56.

Domosh, M. (2001) 'The "Women of New York": a fashionable moral geography', *Environment and Planning D: Society and Space*, 19: 573-92.

Glennie, P.D. and Thrift, N.J (1992) 'Modernity, urbanism, and modern consumption', *Environment and planning D: Society and Space*, 10 (4): 423-43.

McKendrick, N., Brewer, J. and Plumb, J.H. (1982) *The Birth of a Consumer Society: the Commercialization of Eighteenth-Century England*. Bloomington, IN: Indiana University Press.

Purvis, M. (2003) 'Societies of consumers and consumer societies', in D. B. Clarke, M. A. Doel and K. M. L. Housiaus (eds), *The Consumption Reader*. London: Routledge. pp. 69-76.

Shields, R. (ed.) (1992b) *Lifestyle Shopping: the Subject of Consumption*. London: Routledge.

Trentmann, F. (2004) 'Beyond consumerism: new historical perspectives on consumption', *Journal of Contemporary History*, 39 (3): 373-401.

1장에서 살펴본 바와 같이, 공간에서 소비가 발생할 뿐 아니라 공간이 소비를 통해 생산되기 때문에 소비에서 지리는 중요하다. 지리학자들은 장소와 과정이 상호 구성되는 방식을 이해하기 위해 소비의 장소, 스케일, 맥락 및 공간 구성에 초점을 맞추었다. 이를 통해 소비가 발생하는 장소가 어떻게 사회적 관계 및 주체성 형성에 영향을 미쳐 사회적 공간을 만들어 내는지를 연구했다. 이 장에서는 소비 공간, 스케일, 장소가 형성되는 방식 및 이와 관련된 권력의 기하학적 구조를 이해하는 방법으로 사회적 · 문화적 · 정치적 · 경제적 과정 간의 상호관계를 탐구한다.

공간, 장소, 스케일

지난 몇 년간 지리학자들이 인문지리학에서 '장소', '공간', '스케일' 같은 개념을 사용하는 방식을 두고 여러 논의가 있었다.* 매시Doreen Massey(1984), 하비(Harvey, 1982), 소자Edward Soja(1989) 등의 지리학자들은 공간을 사물이 "놓이고placed" 사건이 발생하는 보편적이고 절대적이며 중립

---

* 예를 들어, 미국지리학자연합회 저널Annals of the Association of American Geographers (91(4), 2001)에서 다룬 '장소가 중요하다Place Matters' 포럼과 인문지리학에서 진행 중인 스케일의 사회적 구성에 대한 토론 참고(Marston, 2000; Marson and Smith, 2001).

적인 수용체로 보아서는 안 되며, 사회적 관계도 단순히 공간적 관계로 간주되거나 이해해서는 안 된다고 주장했다. 공간은 사회적으로 생산된 것으로, 인간의 노력으로 만들어진 의미로 이해되어야 한다(글상자 3. 1 참조). 공간이 사회적 생산물이라면, 매시(Massey, 1993)의 말처럼 장소는 단순한 지도상의 영역이 아니라 권력관계의 행사로 유지되는 끊임없이 이동하는 사회적·공간적 관계의 집합체라 할 수 있다.

스케일은 공간을 구분 짓는다. 스케일은 공간 자체가 아니며, 기존 공간 위에 배치된 정적인 층위도 아니다. 이는 권한 부여와 권력

 3.1 르페브르와 소자
물질적인 공간의 사회적 생산

앙리 르페브르Henri Lefebvre(1991)는 상징적이고 물질적인 공간이 어떻게 사회적으로 생산되는지를 살핌으로써 공간성을 설명하고자 했다. 르페브르는 자본주의적 공간 생산에 초점을 맞추었다. 그는 세계화와 근대화가 일상생활의 '구체적' 공간을 추상적인 공간(사회적 실존이 없는 시각화된 공간)(Gregory, 2000)으로 식민화하는 결과를 낳았다고 주장했다. 르페브르의 논리에 의하면, 공간은 백지가 아니라 사회적 관계 및 새로운 형태의 공간 생산에 적극 개입한다.

지리학자 에드워드 소자(Soja, 1996)는 르페브르의 사회적·공간

적 삼단 관계 개념을 확장시켰다. 소자의 '삼단 변증법trialectic'은 상호 연결된 세 영역, 즉 공간적 실천, 공간의 재현, 재현의 공간으로 구성된다. 공간적 실천은 공간성을 재생산하고, (쇼핑 같은 개인적 실천부터 의료 서비스 및 판매에 대한 국가 규정 같은 집단적·제도적 실천에 이르는) 인간 활동의 매개물이자 결과물인 사회적 과정을 지칭한다. 공간의 재현은 디자이너, 기획자, 예술가, 건축가(지도, 디자인, 그림 같은)의 비전에 담긴 사람들의 관념적이고 이념적인 공간인 상상의 공간으로 이루어진다. 공간의 재현은 공간적 실천(상품화와 같은)으로 강화되며 실제 지리적 현상으로 실현되는 경향이 있다.

삼단 변증법의 세 번째 요소는 재현 공간이다. 이는 (살아 있는 세계를 '식민화'할 수 있는) 공간의 재현을 해석하고 수행해야 하는 거주자 및 사용자가 살아가는 현실인 동시에 상상의 지리이다. 소자(Soja, 1996)는 공간의 재현이라는 관점에서 인종차별주의, 가부장제, 식민주의와 같은 대립적인 사회적·공간적 관계(및 공간 자체)를 극복하거나 (차별을) 중단할 수 있는 현실이자 상상의 공간으로 제3의 공간을 저항, 해방, 변화의 가능성이라고 보았다.

경관을 독해하는 지리학자들은 이러한 공간의 사용자와 생산자 모두를 위해 소비 공간에 내재된 재현의 중요성을 분석하고 탐구해 왔다. 이들의 작업은 상품의 맥락(Sack, 1992)과 이러한 공간을 자주 찾는 사람들이 소비 지역을 어떻게 소비하는지를 설명하는 데 영향을 주었다(글상자 3. 2와 3. 5 참조).

박탈 간의 관계를 구현하는 "공간, 장소, 환경을 포함한 혼합 복합체 내의 상관적 요소"로서 유동적이고 변화하는 것으로 이해되어야 한다(Marston, 2000: 221). 따라서 스케일의 생산은 공간 생산의 필수 요소이며, 공간성은 장소 간 차이의 함수이다. 이런 차이는 경관의 정서적 · 담론적 · 물질적 · 기술적 · 교육적 차원의 형태로 나타난다(Amin, 2002).

마스턴Sallie A. Marston(2000)의 관점에서, 장소와 스케일 생산에 관한 논의는 지방적 · 지역적 · 국가적 · 세계적 규모에서 국가, 자본, 노동, 비국가 정치 대리인의 구조와 활동에 기반한 생산 담론을 중심으로 구성되는 경향이 있다. 이때 소비는 서구 사람들의 일상 경험을 중심으로 하는 "강력하고 흡인력 있는 장소 구축 과정"으로서 스케일의 생산에 필수적이다(Sack, 1988: 643)[글상자 3. 2 참조].

3.2 로버트 색과 소비자 세계
"소비는 장소를 만들고 바꾼다"

로버트 색Robert Sack은 1992년 발간된《장소, 현대성, 그리고 소비자 세계Place, Modernity, and the Consumer's World》에서 소비가 장소를 형성하고 변화시키는 행위임을 강조했다. 색은 소비자 세계 형성을 베틀에 비유하여, '관계적 틀relational framework'이라는 용어를 만들어 냈다. 소비자는 실(상품에 들어 있는 자연, 의미, 사회적 관계의 요소)을 짜며, 상품 소비를 통해 소비의 맥락인 '직물'을 만들어 낸다. 색의 관점에서 광고는 소비자로 하여금 "제품이 우리 삶에 미치는 영향을 보여 주고", "광고의 메시지가 실제 장소에서 일어나는 실제 제품에 대한 사람들의 태도의 일부분으로 바뀌는" 이상적 세계라는 옷을 짤 수 있게 하는 언어로서 작동한다 (Sack, 1988: 643).

색의 소비자 세계는 주로 백화점, 소매 체인점, 쇼핑몰, 관광지, 일터, 테마파크, 박물관과 같이 대량 소비를 위해 생성되거나 대량 소비를 위해 생성된 경관으로 구성된다. 이것들은 현실과 환상, 진짜와 가짜 사이의 긴장을 만들어 내는 상품의 전시와 구매의 배경으로 기능하는 일종의 방향감각을 상실하게 하는 장소로 여겨진다. 상품은 사람들이 탈근대의 조건으로 소외와 방향감각 상실이라는 특성을 극복하면서도, 동시에 자신을 표현할 수 있는 무대나 설정으로 장소를 변형시키고자 사적(주관적이고 색다른) 공간을 공적(객관적이고 이질적인) 공간에 결합시킨다(Sack, 1992: 134). 소비되는 상품이 많을수록 "더 많은 자아가 표현된다"(Sack, 1992: 153). 그러나 장소에서 자신을 표현하는 데에는 한계가 있다. 상품의 의미는 '소비의 무대 뒤'에 숨겨진 재료 추출, 생산과정, 유통, 쓰레기와 오염물질과 함께 '무대 위'의 소비자에게는 보이지 않는 경우가 많다(Sack, 1992: 104).

색은 광고가 일상의 장소가 어떠해야 하는지에 대한 의미를 만들어 낸다고 주장한다. 광고가 "단순히 상품을 파는 것이 아니가 광고 자체를 판매하는 3차원 광고"로서, "상품이 어떻게 장소를 창조하는지를 보여 주는 청사진"이라고 주장한다(Sack, 1992: 133). 그러나 색은 소비의 언어로서의 광고의 역할을 지나치게 강조하고, 그가 전제하고 있는 (추상적·객관적 공간인) 미지의 장소는 실제로 존재할 수 없다는 점 때문에 비판을 받았다(Warf, 1994).

하지만 색의 주장(Sack, 1992)에 대한 비판에도 불구하고, 지리학 문헌이 주로 공간과 장소에 대한 '생산'지향적 설명에 지배되던 시기에, 그의 논문은 일상생활과 경관에서 공간적 실천과 소비 재현의 중요성을 명확하게 보여 주었다. 그는 또한 도덕적 행위로서의 장소 소비와 구성, 그리고 지리학적 관점에서의 도덕성 사이에 중요한 연결 고리가 있다고 보았다(17장 참고). 무엇보다 색은 도덕적이고, 책임감 있게 행동하는 인간의 능력을 약화시키는 소비 효과에 대해 잘못된 이해가 남아 있음을 지적하기도 하였다.

스펙터클한 공간

소비 공간에 대한 초기 연구들은 대부분 호텔 단지, 쇼핑몰, 테마파크, 역사적 장소, 카지노, 카니발과 축제 장소 등 시각적이고 화려한 공간에 초점을 맞추었다. 여가, 소비, 시뮬레이션을 중심으로 하여 더 넓은 사회적 영역으로부터 폐쇄되고 분리되며 감시와 검열, 군중과 같은 규율적 기술에 규제되는 이러한 공간은 방향감각 상실, 파편화, 불안을 만들어 내는 특징이 있다(Woodward et al., 2000). 재현 공간으로서 이러한 경관은 상품의 아우라 뒤편에 있는 자본주의적 생산관계를 모호하게 한다(Goss, 1999a). 리처George Ritzer(1999)는 점점 이성적rationalized 공간(및 이 공간이 작동시키는 시스템)이 더 매력적인 공간으로 보이도록 "마법에 걸린 공간",* 즉 진짜가 아닌 가짜 소외 경험이라는 마법으로 만들어 낸 공간이 여가 및 소비 경험으로 대체된다고 주장한다. 워런Stacey Warren은 파리 디즈니랜드에 대한 논의에서, 이러한 공간이 포스트모던의 징후처럼 보일 수 있으나 오히려 맥락적이고 의미가 부여된 경관으로 이해해야 한다고 강조한다[글상자 3. 3 참조].

3.3 테마파크
파리 디즈니랜드의 문화 충돌

테마파크는 소비 연구자들의 관심을 끈 화려한 여가와 소비 공간의 예이다(Sorkin, 1992). 스테이시 워런(Warren, 1999)은 방문객과 직원들이 이야기한 내러티브를 활용하여, 이러한 '화려한' 공간조차도 균질한 경험이나 의미의 장소로서 간주되어서는 안 된다고 주장한다. 파리 디즈니랜드에서의 문화적 경쟁을 연구하며, 워런은 의미와 실천의 문화적 · 윤리적 층들이 어떻게 프랑스에서 가장 인기 있는 관광 명소인 파리 디즈니랜드에서 "프랑스와 유럽, 미국적 가치가 충돌하며 흥미로운 혼종체가 되었는지"를 주

---

* 리처(Ritzer, 1993)는 장소가 맥도날드화되면서 공간의 합리화가 일어났다고 말한다. 여기에는 효율성, 예측 가능성, 계산 가능성 및 비인간적 기술로 인간을 대체하는 생산과 유통 및 소비 시스템이 포함된다.

목했다[Warren, 1999: 110].

파리 외곽 디즈니랜드의 공간적 재식민화는 비서구 국가 담론의 논쟁 가능성이 차단되도록 장소성 없는 환경을 조성하고, 유럽 소비자를 겨냥한 미국 디즈니사의 식민지적 환상을 새롭게 포장하여, 방문객이 공원에 들어서면 현실 세계를 잊게끔 설계되었다[Warren, 1999: 114]. 워런은 디즈니가 공원의 환경을 조성하며 미국식 '마법'을 유럽식으로 제작했지만, 공원의 운영 방식과 지적 능력, 취향은 그대로 '디즈니'로 유지했다고 지적한다[Warren, 1999: 117]. 그럼에도 불구하고, "프랑스 테마파크의 현실은 의도한 이미지에서 벗어나는 경우가 많"으며 디즈니 식민 프로젝트의 안정성을 훼손하고 있다[Warren, 1999: 118]. 직원 교육, 행동, 복장 규정 및 언어적 해석에 대한 회사의 승인은 이러한 공간에서 지역 소비자와 직원이 어떻게 "기업문화 우위에 성공적으로 도전"할 수 있는지를 보여 준다[Warren, 1999: 123]. 파리 디즈니랜드에 대한 워런의 이야기는 공원 개장 이래로 문화적 갈등이 소위 현실 세계의 포스트식민적 투쟁에 반향을 일으켰는지를 보여 준다. [1999: 112].

소비의 경로? 소비 장소의 선택?

지리학자들은 다른 많은 종류의 일상적인 소비 공간을 조사하기 시작했고, 여기서 얻은 통찰력은 소비가 일어나는 곳이 구성적이고, 살아 있는 공간임을 설명할 수 있게 해 주었다. 지난 2세기 동안 아케이드, 백화점, 쇼핑몰이 '중요한' 소비 장소로 구체화되면서, 소비 장소는 역사적 궤적을 따라 다루어지는 주제가 되었다[글상자 3. 4 참조].

3.4 벤야민과 아케이드 프로젝트
응시와 소비의 스펙터클로서의 공간

발터 벤야민Walter Benjamin은 여러 저작[1970; 1983; 특히 Buck-Morss, 1989 참고]을 통해 19세기 유럽의 아케이드 문화를 탐구했다. 벤야민은 이러한 미학적 공간을 특히 중산층 여성이 쇼핑과 더불어 소비재와 공간의 상징적 측면에 참여할 수 있는 "꿈의 세계"로 보았다[Edwards, 2000: 21]. 벤야민은 대량생산된 상품의 세계는 환영에 관한 것이고, 그 가치는 재현 안에 가려져 있다고 주장했다[Nava, 1997]. 상품의 재생산은 개인의 진정성과 현실감을 무너뜨렸는데[Benjamin, 1970], 이는 계몽주의 이후 '근대' 세계가 무의식(꿈꾸는)의 잠재력과 연결되기 위해 인식해야 했던 근대성의 어떤 것이라고 볼 수 있다[Edwards, 2000]. 벤야민의 아케이드 민족지학의 중심에는 산책자flâneur* 개념이 있었다. 19세기 말부터 20세기 초반에 여

---

* 래퍼포트[1000: 39]는 산책자 개념이 여성을 남성적 시선의 대상으로 만든다고 제안한다. 산책자는 눈과 발로 소비하며 상품과 여성을 모두 쇼핑할 수 있었다. 다른 이들은 현대 소비 공간에서 이 용어를 사용하는 것을 주의해야 하며, "상점을 돌아다니는 사람dope은 플라뇌르flâneur(능동적이고 즐거운 관찰자)보다는 배도badaud(수동적이고 취해 있는 관찰자)에 더 가깝다"고 지적한다[Woodward et al., 2000: 352].

성들은 낯선 이들을 바라보고 그들과 시간을 보내는 산책자의 남성적 역할로 공공(도시)생활을 경험하도록 장려되었다. 벤야민의 아이디어는 재현의 장소, 개인적이고 집단적인 꿈의 장소, 응시되고 소비되는 스펙터클로서의 공간에 초점을 맞춘 백화점과 쇼핑몰에 관한 그의 글에 반영되었다.

19세기 후반부터 20세기 초반 백화점의 형성은 2장에서 논의된 바 있다. 벤야민의 아케이드와 같이, 백화점은 (특히 중산층 단골들의) 개인적·집단적 꿈의 장소였다. 그러나 쇼핑객을 이런 공간에서 산책하고 응시하는 남성적 산책자flâneur〔플라뇌르. 한량, 빈둥거리며 걷는 자〕로 구성하는 것과, 쇼핑 그 자체를 지식 기반의 사회적·기술적 활동으로 구성하는 것 사이에는 모순이 존재한다(Glennie and Thrift, 1996: 225). 이 모순은 특히 백화점을 여성적인 공간으로 구성할 때 명백히 드러난다(그림 3. 1 참조). 2장에서도 언급한 것처럼, 백화점은 여성에게 소비자가 되는 법을 가르치고 상품과 '일상적으로' 마주치는 공간을 제공했다(Bowlby, 1985). 백화점은 여성들이 안전하고, 힘을 얻고, 자유롭게 (꿈꾸고) 느끼고, 가정(핵가족과 여성을 엄마와 부인으로 귀화시킨)이 요구하는 역할이 아닌 다른 새로운 역할을 맡을 수 있는 장소였지만(Fiske, 1989: 20), 근대성(과학적 합리성, 기술, 기능이 중시되는)의 관점에서 여성은 계속해서 가정용품 구매자로 위치 지어졌다(Dowling, 1993). 따

그림 3. 1 1920년대 뉴질랜드의 백화점 내부. 이러한 상점은 여성에게 쇼핑하고 사교할 수 있는 사회적으로 용인되는 공적 공간을 제공했다(Alexander Turnbull 도서관, Gordon Burt Collection의 뉴질랜드 웰링턴).

라서 백화점 연구는 상점이 어떻게 재현 공간의 역할을 수행하는지에 대한 이해와 더불어, 소비 담론과 주체가 어떻게 특정 장소와 시간에 연관되고 그 효과가 물리적 경계를 넘어 확장되는지에 대한 통찰을 제공했다(Dowling, 1993; Winshhip, 2000).

쇼핑몰: 마음을 빼앗는 만능 공간?

시각적이며, 종종 장관을 이루는 건축 환경으로서 쇼핑센터는 소비 지리학자들의 흥미를 끌기에 충분한 장소이다. 쇼핑센터 또는 쇼핑몰*은 주로 개인이 소유하고 관리하는 밀집 공간 내의 다양한 소매점과 오락 시설로 구성된다. 1956년 미국 최초로 건축학적 설계가 적용된 쇼핑몰이 건설된 이후, 쇼핑몰은 선진국과 개발도상국 어느 곳에서든 찾을 수 있는 도시 전경으로 자리 잡았다(Hedman and Sidel, 2000).

초기 쇼핑몰은 번화가에 위치한 상점과 직접 경쟁하거나 백화점의 원스톱 상점 형식을 확장하여 교외 부지에 세워진 독립형 현대적 '쇼핑 기계machines for shopping'인 경우가 많았다(Bowler, 1995: 16). 지난 20년간 더 많은 쇼핑몰이 시내 중심에 지어졌고, 향수를 자극하는 다양한 형태의 현대적 건축양식으로 재창조되었다.

쇼핑몰에 대한 지리학자들의 초기 연구는 쇼핑몰 경관에 대한 비판적인 기호학적 해석을 기반으로, 이 공간들이 어떻게 소비주의의 표상 공간으로 작동하는지 조사했다. 쇼핑몰은 '판매'라는 드라마를 홍보하고자 고안된 세트가 있는 소비극장(Hopkins, 1992: 270), 여가 공간과 관광 명소(Butler, 1991), 집단적인 꿈, 즐거움과 기분전환 장소(Backes, 1997) 그리고 산책자flâneur의 '산책' 장소로 이해되었다. 쇼핑몰의 재현적 공간은 상품화의 징후를 보이며, 스펙터클과 환상 그리고 도피주의가

---

* '(쇼핑)몰'과 '센터'라는 용어는 문헌에서 호환적으로 사용되는 것처럼 보인다. 계획된 대형 박스, 또는 창고형 쇼핑센터 및 사람들이 쇼핑 단위 사이를 걷거나 운전하는 소매 공원의 등장과 중앙에서 계획관리하는 전문 야외 쇼핑센터의 존재에도 불구하고, '쇼핑센터' 및 '쇼핑몰'은 보통 단일 운영자가 소유 및/또는 관리하는 통제된 물리적 환경을 갖춘 폐쇄된 쇼핑 공간을 설명하는 데 일반적으로 사용된다.

도시 경관에 점점 더 많이 침투되고 있음을 보여 준다(Hopkins, 1990). 쇼핑몰은 향수(과거의 장소와 시대 그리고 '진정성'), 카니발(Bahktin 논문 참고), 마법과 환상의 생산에 연루되어 있다. 이렇게 구축된 환경은 "다른 곳elsewhereness"에 대한 신화를 제공한다(Hopkins, 1990). 즉, "일상의 외부에" 존재하는 세계의 환상을 만들어 다른 장소의 이상화된 경험을 불러일으키기 위해 시간 및/또는 공간을 노골적으로 조작하는 것이다(Goss, 1999b: 45). 존 고스John Goss의 연구는 소매retail 환경의 '당연시되는 것'과 그것의 영향력을 강조하는 데에 상당히 기여했다[글상자 3.5 참조].

3.5 존 고스와 쇼핑몰의 마법
소비를 조장하는 건축 환경

고스(Goss, 1993)는 '쇼핑몰의 마법magic of the mall'이라는 논문에서, 쇼핑몰 개발자와 설계자가 어떻게 소비(더 구체적으로 구매)를 조장하는지를 이해하고자 쇼핑몰의 형태와 기능 및 의미를 탐구했다. 고스는 논문에서 북미의 쇼핑 경험을 바탕으로 쇼핑몰 건설자가 "과시적 소비에 대한 집단적 죄의식을 완화"시키도록 쇼핑센터 건축 환경을 설계했다고 주장했다(Goss, 1993: 19). 이는 쇼핑과 구매 간의 연결 고리를 신비화하는(판단을 흐리는) 방식으로 이루어졌다. 상품은 생산관계로부터 분리되고, 잠재적인 변형(그리고 상징적인) 가치의 관점에서 제시된다. 생산관계와 상품을 통한 자본주의 축적 논리를 모두 모호하게 하여 교환가치를 실현시킨다. 건축과 인테리어 디자인 및 다른 시간과 장소를 끌어들이는 테마를 통해 쇼핑센터의 경관에서 느끼게 되는 즐거움과 환상, 마법을 촉진시킨다. 이벤트(패션쇼, 카니발 같은 엔터테인먼트) 및 소비를 촉진하는 서비스(푸드코트, 탁아 시설 같은)의 연출은 일상이 중단되더라도 비난 받지 않는, 표현의 자유(상품을 소비함으로써)가 실현되는 한계 공간을 만들어 낸다. 고스는 소비자들이 엄격한 감시 대상임을 의미하는 배제의 정치와 함께 소비의 자유가 상징적으로 나타나는 방식을 강조했다. 그의 작업은 비판을 받았지만[글상자 3. 6 참조], 그럼에도 불구하고 쇼핑몰 경관 연구는 권력이 담긴 소비의 본성과 (상상과 현실, 근거리와 원거리를 모두 포함한) 쇼핑몰 주인, 설계자, 소매업체의 관행으로 장소가 능동적으로 구성되는 방식을 조명하는 데에 중요한 역할을 했다.

소비자의 욕망과 목적이 소매 공간에 '반영'되는 특별한 경영, 판매 기술, 관행에도 관심이 집중되었다(Hopkins, 1990: 15; Wincherster, 1992). 예를 들어, 볼거리, 냄새, 소리와 음악은 쇼핑 공간에서 즐거운 소비를 연상시키는 중요한 역할을 한다(De Nora and Belcher, 2000). 보울러Susan M. Bowler[1995]는 호주와 뉴질랜드 쇼핑센터 관리자들과의 인터뷰를 통해, 전문가의 공간 전략이 개인적 · 사회적으로 구성된 장소로 쇼핑몰에 대한 이해, 소비자 스스로의 전문가적 역할, 광범위한 규제 및 구조와 분리될 수 없음을 입증하였다. 보울러의 연구는 자신과 다른 지역 소매 환경에 대한 관리자의 해석과 경험의 중요성, 그리고 (현지 소비자 연구를 통해 종종 발견되는) 소비자의 욕구를 이해해야 한다는 필요성을 강조하여 쇼핑몰 생산자와 소비자, 쇼핑 경관을 만들어 내는 자와 그것을 읽는 자 간의 단순한 구분을 와해시켰다.

민족지적 연구Ethnographic research는 쇼핑 공간 및 관행에 대한 일반적인 소매 환경의 분석과는 다른 통찰력을 제공한다. 민족지적 연구는 소비 환경을 해석하는 소비자의 정교함과 자율성 및 능력을 강조한다[Jakson and Holbrook, 1995][글상자 3. 6 참조]. 한 연구는 런던 중심부인 브렌트 크로스Brent Cross와 우드 그린Wood Green 주변 근린과 커뮤니티로 쇼핑하는 과정을 추적하여(Miller et al., 1998), 쇼핑 공간이 다른 쇼핑 공간과 관련하여 어떻게 이해되고 해석되는지를 추적했다. 이 연구는 쇼핑 습관과 만족도는 생활 방식의 선택이나 상품의 상징적 구성에 기인하는 것이 아니라, 상품이 (가족, 인종, 성별이라는 더 넓은 구조와 연결된) 사회적 관계를 협상하는 수단인 장소와 더불어 공동체의 상상 및 두려움과 관련이 있다는 결론을 도출하였다.

소비를 종교에, 쇼핑몰을 "소비의 대성당"에 비유하는 것은 부분적인 진실을 가리기 때문에 매력적으로 여겨진다(Fiske, 1989). 또한 경관을 텍스트로 읽는다고 생각하는 사람이나 민족지적 전통을 따르는 사람이나, 건축 환경에서 특정한 의미를 창조하려는 건축가와

소비자가 의미를 만든다?

소비 공간(특히 쇼핑몰)에 대한 텍스트적(기호학적) 해석은 일부 비판을 받아 왔다(Glennie and Thrift, 1996; Gregson, 1995). 이 비판은 텍스트 읽기의 암묵적 남성성, 소비자 행위성의 제한된 귀속, 학문적 해석의 (비)대표성, (특히 대형 쇼핑몰 등) 스펙터클한 공간에 대한 편견, 사회적 불평등과 소비의 물질적 현실을 구성하는 맥락의 부족에 중점을 둔다(Gregson, 1995). 이러한 비판은 소비자의 경험과 특정 장소의 사회적 관행을 통해 소비가 어떻게 발생, 수행, 강요, 제한되는지를 강조하는 사회·문화지리학자들에게 적극 옹호되었다.

이러한 비판에 대해, 고스(Goss, 1999b)는 쇼핑몰 경관에 대한 자신의 해석이 소비자 집단의 일반화를 의도한 것이 아니며, 오히려 이렇게 구축된 환경이 어떻게 작동하고 '우리'가 이에 어떻게 대응해야 하는지를 이해하는 한 가지 방법이었다고 주장한다(Goss, 1993: 18). 그는 연구자로서 자신의 임무는 그릇된 의식을 폭로하는 데에 있지 않다고 주장한다. 자신의 임무는 이러한 공간의 "구원적 의미"를 탐구하고, 숨겨진 진실의 내용을 인식하며, "현실과 환상의 놀이 사이에서 발견되는 즐거움"을 추구하는 것이다(Goss, 1999b: 49). 고스는 민족지학적 연구자들이 인터뷰와 표적집단, 관찰을 통해 텍스트를 읽는 것도 (현실과 환상 간의 경계를 설정하며) 현실에 대한 특권적인 읽기라고 간주한다. 그러면서 물질주의에 대한 비평가들의 우려와 사회의 지배적 이데올로기를 유포하는 의식산업의 유혹에 소비자의 의지가 굴복되는 것은 그들이 신체에서 정신을, 자연에서 문화를, 과거에서 현재를, 가품에서 진품을 분리하려는 현대의 내러티브와 문화적 욕망에 사로잡혀 있음을 보여 준다. 고스의 가장 도발적인 주장은, 민족지학적 접근이 의미의 정치학에 대한 긍정적이거나 부정적인 비판에 참여하지 않고 소비자가 자신의 의미를 만든다는 뻔한 발견을 재생산함으로써 진부함에 빠질 위험이 있음을 짚었다는 데에 있다(Goss, 1999b: 48).

이러한 논쟁을 이해하는 한 가지 방법은, (존재에 존재, 행위, 관찰이라는 각기 다른 방법을 가져와 행하는) 수행적 방법으로 민족지학적 연구와 텍스트 연구를 바라보는 것이다. 이 두 관점은 '소비하는 주체'를 각기 다르게 위치 짓는다.

민족지학적 접근법은 개인의 상품과 개인적(소비자/사용자)·사회적(물질과 정체성 선택 및 사회공간적 관행과 관련된) '소비 주체'에 집중하는 경향이 있는 반면, 경관을 읽는 접근법에서는 소비 주체를 주로 설계자나 건축가 및 (시각적 이미지의 수동적 수신인recipient이거나 저항적 소비자로서의) 소비 공간의 소유자와 관련시킨다. 모리스Meaghan Morris(1988: 206-7)는 소비자 공간을 개인(소비자/사용자)과 전문가(디자이너/관리자/소유자)로 분리하여 이해하는 것은 위험하다고 지적한다. 결론적으로, 쇼핑몰에 대한 텍스트적 연구와 민족지학적 연구 간의 차이를 조화시키려면, 소비 연구의 주체와 대상이 어떻게 만들어지는지 반드시 살펴야 한다.

설계자의 의도가 이 공간을 사용하는 사람들에 의해 다르게 해석되거나 저항 받거나 심지어 전복될 수 있다고 본다(Urry, 1995; Shields, 1989). 예를 들어, 상품을 구입하지 않고 쇼핑몰을 '놀고', 사교하고, 말장난하는 장소로 사용하는 사람들은 소비주의 담론과 특정 공간 사이의 연결에 도전하는 것이라고 볼 수 있다(Hopkins, 1991).

쇼핑몰은 사람들이 (다양한 정도로) 상호작용할 수 있는 사회적 중심 장소로서, 자신의 새로운 변형을 시도하고, 타인과 만나며 수행할 수 있는 곳이다(Glennie and Thrift, 1996). 사적으로 소유된 공공 쇼핑 공간의 존재는 그 공간에 영향을 미치는 이질적 관계들과 네트워크, (상업적 목적이 아닌) 비상업적 활동이 반영된 결과일 수 있다. 예를 들어, 아바자Mona Abaza(2001)는 동남아시아와 이집트의 쇼핑몰이 판매 이외의 다른 기능을 수행하는지 주목했다. 공공 공원이 부족한 이집트에서는 쇼핑몰이 젊은이들의 사교 공간이 된 반면에, 말레이시아에서는 쇼핑몰이 중산층의 산보 장소이자 교통혼잡으로 어려워진 야외 공간의 활동을 대체하는 장소가 되었다. 〈글상자 3. 7〉에서 얼킵Feyzan Erkip은 '현대' 세계를 사는 많은 터키 시민의 정체성의 필수적인 부분이 된 쇼핑몰에 대해 연구했다.

공공공간을 규제하는 방법(공식적 또는 감시 형태로)은 종종 사적 소유 '공공'공간에서 순응하지 않는 고객을 제거하는 방식으로 저항 시도를 막고 행위를 제한하기도 한다. 역설적으로 피스케John Fiske(1989)는 개인이 사물에 대한 통제 수단을 행사할 수 있는 방식은 구매 행위를

3.7 터키의 쇼핑몰
새로운 주체성과 사회성을 반영하고 구성하는 장소

소비 공간은 사회성과 주체성의 장소이다. 쇼핑몰은 1980년대 이후 터키 도시 생활의 급격한 변화의 일부가 되었다(Erkip, 2003). 페이잔 얼킵(Erkip, 2003)은 앙카라 교외에 있는 빌켄트Bilkent 쇼핑몰 연구에서, 쇼핑센터에 의해 조성된 환경이 터키 도시 시민들의 정체성 선택에 어떠한 시기적절한 역할을 수행했는지를 조사했다. 자본가를 위한 새로운 투자 영역 물색, 공공장소에서 여성의 출현 증가, '외국' 제품에 대한 수요 증가는 터키 내 쇼핑몰의 성장을 촉진했다. 그러나 터키의 쇼핑몰화는 인구의 사회적·공간적 분리 및 지역-세계 관계 탓에 순조롭지 못했다. 예를 들어, 세계경제 및 문화 통합의 역사가 앙카라보다 긴 이스탄불에 쇼핑몰이 더 많다. 사회 각계각층의 방문객을 유치하고자 빌켄트 쇼핑몰은 새로운 형태의 공공공간으로서 기존의 지역 중심 쇼핑 공간과 달리, 이질적이고 민주적인 소비 공간을 제공하였다. 사용자와 표적집단을 상대로 한 설문조사를 통해, 많은 이들이 가족이나 친구와 함께 쇼핑몰을 방문하고 구경하면서 쇼핑몰이 중요한 사교 및 여가 기능을 수행한다는 사실이 확인되었다. 쇼핑몰에서 쇼핑을 하는 다차원적인 특성이 사회적 분리를 모호하게 하는 것처럼 보이지만, 쇼핑객 연구는 쇼핑객들이 긍정적 또는 부정적으로 타인을 대하는 태도를 드러내어, 협상과 갈등의 새로운 장으로서의 잠재성 그리고 새로운 형태의 배제(특히 도시 빈민)가 출현할 가능성을 보여 주었다. 그러나 얼킵은 쇼핑몰이 "터키 사회의 모든 부문이 표현하는 새로운 근대성에 대한 요구"를 충족시키고, 도시 중심지의 대체재로서 쇼핑몰의 "현대적이고 깨끗한 환경"을 사용하는 도시민이라는 새로운 주체 위치를 반영한다고 보았다(Erkip, 2003: 1088-9).

얼킵의 연구는 쇼핑센터가 새로운 '현대적' 주체성과 사회성을 반영하고 구성하는 장소임을 강조한다. 유의미한 소비 공간으로서 쇼핑몰은 특정 시간 및 공간 맥락과 관련하여 이해될 필요가 있다. 소비 패턴의 변화는 현대화를 재건하려는 도시 지역 시민의 요구가 세계 문화/경제에 통합되려는 터키 도시의 노력과 맞아떨어지면서 생겨났다. 이처럼 공간과 상품의 물질적·상징적 의미, 사회적 태도, 욕망, 포용과 배타성의 틀은 사람과 장소의 복잡한 관계 속에 존재한다.

통해서라고 주장한다. 상품에 대한 거부는 권리일 수 있으나, 피스케에 따르면 "쇼핑은 결코 급진적이고 전복적인 행동이 될 수 없다. 그것은 결코 자본주의-소비주의 경제 시스템을 바꿀 수 없다"(Fiske, 1989: 27). 쇼핑몰과 쇼핑센터의 인기는 다양성을 관리하고, 사회적 차이의 위험을 줄이며, '친숙함'의 미덕을 홍보하며 거둔 성공에 기인한다(Jackson, 1999).

소매retail 지리학자들의 연구(예를 들어, Wrigley and Lowe, 1996; 2002를 참고)는 또한 소비를 촉진하기 위해 각각의 쇼핑 공간이 어떻게 구성되어 있는지, 이런 소비자 공간의 조성이 생산의 정치적·경제적·사회적 관계에 어떻게 내재되어 있는지를 살핌으로써 쇼핑몰 연구를 확장시켰다. 그러나 세계화의 균질화 과정의 일부로서 지역적 특이성을 약화시키는 현대 쇼핑 공간의 확장은, 소매업에 대한 미시 지리학의 연구에 걸림돌이 되기도 하였다(Bridge and Dowling, 2001; Crewe and Lowe, 1995) [글상자 3. 6 참조].

'대체' 소비지 탐색

아케이드, 백화점, 쇼핑몰을 진화적 경로에 위치시킬 때의 어려움은 각 형태가 기존의 것을 능가하는 것처럼 보일 수 있다는 점에 있다. 그러나 아케이드, 백화점, 쇼핑몰은 많은 현대 도시 공간의 특징으로 남아 있고, 그것의 문화적/정치적/경제적 중요성에도 불구하고 역사적 등가물로 한정하기 어렵다(그림 3. 2 참조).

이 책의 또 다른 관심은 할인창고나 시장, 트렁크 세일 같은 중산층 아래 단계의, 더 평범한 소비 공간에 있다(글상자 3. 8 참조). 이 작업은 재현과 라이프스타일 쇼핑 공간으로서의 쇼핑몰 조성에 문제를 제기한다(글상자 3. 6 참조). 이러한 소비 장소를 연구하는 지리학자들은 소비가 소비 관행과 경험의 연극성theatricality, 수행성, 예측 불가능성, 기술, 절약, 즐거움, 욕구를 인식하는 사회적·물질적·신체적 경험임을 강조하고자 했다(Gregson and Crewe, 1887a; Crewe and Gregson, 1998). 이러한 '대안적' 공간에서 쇼핑하는 것은 위험할 수도 있으나(예를 들어, 옷을 쇼핑하며 기존의 체형과 협상해야 한다거나 구매한 상품이 쓸모없어질 수 있다는 점)(그림 3. 3 참조), 반드시 혼란스러운 정체성을 야기하는 것만은 아니다(Gregson and Crewe, 1997a).

그림 3. 2 시간이 흐르면서 용도가 변하는 것은 시드니의 퀸빅토리아 빌딩 사례에서도 볼 수 있다. 이 건물은 원래 1898년 도시시장 용도로 지어졌으나 이후 콘서트홀, 시립도서관으로 쓰이다가, 1930년대에는 시의 사무실이 되었다. 1984년 새 단장을 거쳐 현재는 내부에 200여 개의 상점이 입점한 상업용 건물이 되었다.

그림 3. 3 상점의 이름(Robin B'stard, 의적 로빈후드의 사생아, 훔쳐 온 물건을 판매한다는 은유적 표현)에서 볼 수 있듯이, 대안적 소비 공간에서의 소비는 위험한 일이 될 수도 있다.

3.8 소비의 대안적 공간

지리학자 니키 그렉슨Nicky Gregson과 루이스 크루Louise Crewe는 소비 연구가 물질적 문화나 사회의 구조적 불평등(예를 들어, 성별, 계급, 인종, 장애, 섹슈얼리티)을 무시해서는 안 된다고 주장해 왔다. 크루와 그렉슨(및 케이트 브룩스Kate Brooks)은 자동차 트렁크 세일과 자선 상점 공간에 초점을 맞춘 일련의 연구 프로젝트를 실시했다(6장 참고). 중고품 판매 공간에 대한 이 연구에는 참가자 관찰과 인터뷰가 포함되었다. 쇼핑몰에 대한 민족지학적 작업처럼, 소비자의 공간을 점유하는 사람들의 이해를 중시했다. 크루와 그렉슨(Crewe and Gregson, 1998)은 '대안적'* 공간의 관습에 반하는 상황(예를 들어, 중고 염가판매car boot sales에 돈을 쓰기 위함이 아닌 그저 놀러 가는 행위), 구매자 역할의 다양성(구매자, 관망자, 중개업자), 공간 내 쇼핑의 의미가 계급 경계를 넘어 확장되는 방식을 확인했다(Gregson, 1994; Gregson and Crewe, 1997b). 보울러Bowler의 쇼핑센터 관리자 연구와 같이, 트렁크 세일 · 자선 상점 · 중고 아동복 가판대 및 카탈로그 쇼핑 연구(Clarke, 1988; 2000)는 소비자와 생산자

---

* 이러한 공간을 대안적이라고 정의하면, 실제로 쇼핑몰과 스펙터클한 소비 공간의 우선순위를 다시 정할 수 있으며, 신상품이 판매되는 소비 장소를 '더 중요한' 위치로 자리 매길 수 있다. 이 두 가지가 독립적으로 작동한다고 시사하는 경향이 있지만, 그렉슨의 연구는 둘의 불가분성과 관계성을 분명히 보여 주었다.

간의 구분이 뚜렷하지 않다는 점과 다양한 유형의 쇼핑 경험 및
관행 사이에 관련이 있음을 보여 주었다.

최근 몇 년 동안, 소매 지리학과 쇼핑의 지리학 사이에 구분이 생
겨났다. 후자는 판매 공간 자체보다는 소비자가 쇼핑에 대해 이야
기하고, 이해하고, 실천하는 방법(필요성 또는 선택의 관점에서)을 설
명하는 데에 관심을 기울인다(Gregson et al., 2002a). 이러한 연구들은 어떻
게 소비 활동이 공간성과 연결되는지를 탐구한다. 이를 통해 중고
자선 상점이나 번화가에서의 쇼핑은 '특정 목적을 제한하거나 허용
하게 하는' 공간을 만들어 내며(예를 들어, Miller et al. 1998; Crewe and Gregson, 1998 참고),
이 공간은 서로 다른 관행, 상상력, 담론으로 구성되어 있다는 것을
알아냈다.

비록 소비 공간을 다룬 지리 문헌은 쇼핑이나 소매 지리학이 지
배하는 경향이 있지만, 장소와 소비 형태에 대한 연구도 시도되었
다. 다음 절에서는 가정을 소비의 장소, 그 경계 안팎에서 권력의
작용이 나타나는 장소로 설명하겠다.

집: 공적/사적 영역의 스케일이 조정되는 곳

"우리가 살아가는 장소는 우리의 장소 감각을 형성하고 우리가 누구인지에 대한 감각을 일깨워 주는 핵심 장소 중 하나이다"(Perkins and Thorns, 1999: 124). 집은 의미가 형성되는 장소로, 거주자들에게 즐거움과 두려움, 휴식과 일, 안전과 불안의 장소가 될 수 있다(심지어 집의 여러 공간에서 다양한 시간대에 따라 달라진다). 집 개념은 집이 만들어지는 사회적 · 정치적 · 경제적 맥락과 재현된 경관 그리고 입법 · 텔레비전 · 미디어 · 건축가의 계획 · 예술 · 문학 · 광고 · 부동산 판매 등으로 구현되는 주거 담론에 영향을 받는다.

집은 국가, 지역 그리고 지역사회에 영향을 미쳐 스케일을 구성하는 중요한 장소가 되었고, 앞으로도 그럴 것이다(Marston, 2000). 19세기 후반에 이르러, 많은 서구 국가에서 여성은 사적인 영역에, 남성은 공적인 영역에 위치해야 한다는 지배적 헤게모니가 해체되기 시작했다. 19세기 중산층 여성의 사회적 재생산과 소비 구조는 집을 공공공간 형태로 변형시키기 시작했다. 여성운동의 창안, 테일러주의의 과학적 관리 원칙에 따른 가사노동 및 기술 발전의 적용은 모

◆ 여기서 집에 대한 관점은 주로 '백인, 서구 가정의 이데올로기'로 그려지는데, 주거지를 물리적 실체로 보며, 사회적 · 경제적 · 성적 관계의 집합으로 이해한다(Bowby et al., 1997: 344).

두 공적 기능으로서의 가사, 생산적인 국가 시민으로서의 여성, 민주국가와 지역사회를 만드는 가정 내 활동에 영향을 미쳤다.

집은 또한 가족 구성원의 역할과 관계에 기반한 권력으로 만들어진다. 집의 복잡한 이데올로기적·물리적 구성에는 연령화·젠더화·성별화·계급화·인종화된 역할과 의무를 특징으로 하는 다양한 이해와 규범이 포함된다(Bowlby et al., 1997). 집은 사람들이 상품을 만들어 내는 맥락(Sack, 1992)과 그와 관련된 물질문화에 대한 배경을 제공한다(Miller, 2001a). 상품, 가구, 장식품, 여가, 가사 도구의 구입과 사용은 강력한 가사 관행이 될 수 있으며, 가구의 정체성 구축 및 정치에 연루되어 있다(Bowlby et al., 1997). 예를 들어, 이성애와 가정 담론은 물질적 소비와 전시를 통해 레즈비언 정체성을 구축할 기회를 제공하기도 하고 제약하기도 한다(Johnston and Valentine, 1995).

현대 서구 사회에서 공적 영역과 사적 영역의 구분이 흐릿해지고 가사숭배에 대한 끊임없는 도전에도 불구하고, 여성은 여전히 가정 내 가사노동에 대한 주된 책임을 지는 경향이 있다(L'Orange Fürst, 1997). 특히 가구 만들기나 집 꾸미기의 영역으로서 '홈메이킹Home-making'은 서구 여성이 주변 환경에 자신을 '각인' 시키는 핵심 요소 중 하나이다(Goodall, 1991: 275). 많은 서구 국가에서 교외화와 젠트리피케이션 과정은 DIY('자가제작do-it-yourself' 가정home 기반의 리노베이션)를 수반했다(Redfern, 1997). 이것은 남성과 여성 모두 가능한 영역이지만, 20세기의 상당 기간 동안 DIY는 남성의 가정 기반 작업과 연관되어(Clarke, 2001), '홈메이킹'(종종 소비와 배려의 윤리를 포함한다고 여겨지는 여성의 임무)과 '집 만들기making home' (남성적이고, 생산적이며, 경제적으로 가치 있는 생산 활동)에 젠더적 차이가 반영되어 있다는 것을 보여 준다.

〈글상자 3. 9〉는 남성과 여성의 주체성, 활동, 장소를 구성하는 가사 기술과 (비가사 기술로서의) 도구 개념을 검토한다. 미국(US)과 뉴질랜드(NZ)의 경험을 비교해 보면, 유사한 방식으로 여성과 남성의 주체성이 구성됨에도 사회공간적 맥락에 따라 다르게 해석된다는 것을 알 수 있다(뉴질랜드의 경우에 남성성이 시골과 국경문화 담론을 통해 더 강력하게 표현된다).

3.9 DIY와 남성성
홈메이킹과 메이킹 홈의 분할

겔버Steven M. Gelber(2000)는 '미스터 픽시트Mr Fixit'(수리하는 남성)가 20세기 초 미국에서 처음 공식적으로 등장했다고 주장한다. 이전 빅토리아 시대의 중산층 가정은 집 수리나 개선을 위해 전문가를 고용했고, 남성은 집 이외의 공간(친목회, 클럽 같은)을 찾아 남성성을 재확인했다. '서구'의 많은 국가와 마찬가지로, 미국 교외화에서 주택 소유와 자원 가용성의 증가는 남성을 "억압적이고 거리감 있는 아버지에서 교외의 다정한 아빠"로 바꾸는 데에 중요한 요소로 작용했다(Gelber, 2000: 71). 20세기에 걸쳐 점점

그림 3. 4
뉴질랜드의 가정적 남성성은 여전히 DIY 전문가로서 '착한 키위 녀석good kiwi bloke'(뉴질랜드 남성을 가볍게 부르는 은유적 표현) 신화와 관련이 있으며, 이들은 종종 자신만의 생산 공간을 가지고 있다.

더 성적으로 통합된 일터와 화이트칼라 고용의 증가는 더 모호한 남성성을 만들어 냈다. 이성애적 남성성을 재평가할 수 있는 한 가지 방법은 "산업화 이전의 수작업 능력을 유발하는 방식으로 남성이 물리적 환경을 직접 통제하고 무거운 도구를 사용하는 것"이었다(Gelber, 2000: 71). 가정의 건설, 수리, 유지 보수와 관련된 DIY 프로젝트는 '성역할을 보여 주는 어떤 암시'로부터 자유로워졌으나, 1950년까지도 사실상 가정 DIY에 참여할 수 있는 능력이 미국 남성들에게 요구되었다(Gelber, 2000: 71).

19세기와 20세기에 걸쳐 뉴질랜드/아오테아로아 가정에서 DIY가 출현한 것은 남성성의 등장과 관련 있으며, 전원적이고 생산적인 것으로 틀 지어졌다(Berg, 1994). 뉴질랜드의 도시 공간은

여성적인 소비 공간이자 부드러운 남성의 공간으로 간주된다.[*]
뉴질랜드에서 패권을 장악한 파케하Pakeha〔마오리족이 아닌 뉴질랜
드 백인〕남성성은 19세기 식민 생활과 농촌/국경지의 남성 공동
체에서 출현했다. 이 변경 공간에서 수완과 실용성, 다재다능함,
신체적 기술, 독립성, 독창성이 '훌륭한 키위 녀석good Kiwi bloke'(남
성적이고 이성애적인)으로 알려진 남자들의 특성이 되었고, 이
들이 1920년대에 좋은 '패밀리 맨family man'으로 연결되었다[Phillips,
1996]. 1950년대부터 1970년대까지의 전형적으로 패밀리 맨은 무
언가를 고치고 정원을 가꾸는 데에 능숙한 남자였다. 미국에서
처럼, (펍과 덤불, 럭비장과 상반되는) 집은 남성이 자신의 남성성
을 확신하기 어려운 장소가 되었다.

그러나 그가 주말을 집에서 보낸다면 어떻게 될까? 집은
여성의 세계가 아니던가? 그 남자의 반응은 가정 환경에서 남
성적 영역을 차단하는 것이었다. 집 내부에 성적 구분의 울타
리가 세워졌다. 그 남자는 캠프파이어가 아니면 더 이상 요리
하지 않을 것이다. 차가 아니면 청소하지 않을 것이다. 그는
채소가 아닌 풀이 자라는 정원을 가꿀 준비가 되어 있다. 양
말이 아니라 세탁기라면 수선할 준비가 되어 있다. 그는 나무
를 자를 준비가 되어 있다. 그가 수용할 수 있는 일은 일반적으
로 힘든 육체노동이거나 기계 기술이 필요한 일이다. 개척자의

---

[*] 여성적인 도시 공간 개념은 공공공간을 남성적인 것으로 위치시키는 많은
글과는 대조적이다[Berg and kearns, 1996: 104].

삶에 대한 환상을 충족시킬 수 있는 외부 작업이다[Phillips, 1996: 243].

그러므로 뉴질랜드의 주말은 "종종 손재주꾼의 도구 소리와 잔디 깎는 모터 소리, 전기톱의 으르렁 소리, 전동드릴의 징징거리는 소리로 자주 끊긴다". 뉴질랜드 남성들은 예술적 창의성보다는 고치고 만드는 것을 기반으로 한 "do-it-yourslf" 문화에 능력과 헌신을 입증해 보였다[Perkins and Thorns, 2001: 44]. 현대 뉴질랜드에서도 DIY를 이용한 활동은 남성과 여성 모두의 중요한 가정 기반 취미[그림 3, 4 참조]로 이어지고 있다[Perkins and thorns, 1999]. 수완이 뛰어난 키위 녀석은 상징적 구성물로(특히 광고에) 남아 있지만, 가정 안팎의 사회적·공간적 변화는 최근 몇 년간 남성적(그리고 여성적) 주체성의 등장 영역이 훨씬 더 넓어졌음을 시사한다.

따라서 기계와 도구, 기술의 소비는 가정 안팎의 공간을 성별화하고 여성 및 남성 주체성을 구성하는 역할을 한다. 가정 기술(전자레인지, 청소기 등)을 남성이 사용하는데도, 이 기계들은 일반적으로 '남성용 기계'로 간주되지 않는다. 가정 영역은 대개 비기술적으로 간주되어, 가정을 중요한 활동과 영향력의 장소가 아닌 곳으로 격하시킨다[Cockburn, 1997].

스캔론Jennifer Scanlon[2000]은 전기톱과 바베큐 도구의 사용은 남성으로서의 정체성 손상 없이 남성을 가사문화에 참여시켰다고 주장한다. 미국과 뉴질랜드에서 남성성 논의는 '가정용 전자기기appliances'라기보다는 '도구tools'로 분류된 대상과 연결되어 왔고, '가전'은 더 명백히 가정 영역(전통적으로 여성의 세계)과 연결되어 있다. 젠더와 기술은 고정된 실체가 아니라 정치와 계급, 인종과 섹슈얼리티 관행이 교차하는 더 넓은 생산과 소비 네트워크 및 시스템의 일부이다.

집을 사적인 여성 공간으로, 집 밖을 공적인 남성 공간으로 보는 개념도 학문적 담론에서 도전 받고 있다(Stevenson et al., 2000). 가사노동이 억압적이라고 가정하는 연구의 위험은, 여성과 남성을 고정되고 변하지 않는 정체성 집단에 속하는 것으로 묘사한다는 데에 있다(Cameron, 1998). 그러므로 〈글상자 3. 9〉에 요약된 '건축자로서의 남성과 공공공간의 장식자로서의 여성' 개념이 안고 있는 잠재적 문제점은, 남성다움과 여성다움 그리고 가정 공간에서 그 대안적인 수행과 협상 형태의 가능성을 암시하거나 인정하지 않고 남성과 여성을 공간의 보편적인 점유자로 위치시키는 경향이 있다는 것이다. 카메론Jenny Cameron(1998)은 여성들과의 인터뷰를 통해 노동자, 아내, 어머니라는 주체적 위치를 오가며 정체성이 어떻게 변화되는지를 보여 주며 정치와 젠더에 대한 더 유동적인 이해를 촉구했다.

DIY 연구 사례는 지리학 연구에서 다루려 한 소비의 또 다른 측면, 즉 집에서 도구 및 가정용 기술을 소비하는 것과 관련된 구체적인 의미와 관행, 담론을 간과한다. 다양한 장소에서 이루어진 민족지학적 연구(Miller and Slater, 2000; Clarke, 2001)는 어떻게 사물이 특정 환경에서 개인의 삶에 통합되는지, 그리고 어떻게 사물의 소비가 스케일 및 문화정치의 생산과 관련되는지를 규명하기 시작했다. 예를 들어, 인터넷 사용자를 대상으로 한 연구는 인터넷이 소비 장소와 공간이 인식되는 방법을 어떻게 변화시키는지, 새로운 주체성의 생산과 어떻게 관련되어 있는지에 대한 흥미로운 통찰을 제공한다.

사이버공간의 지리

정보통신기술은 정보와 행동, 존재가 흐르는 관계적 용이성을 통해 세상을 안으로 가져오고 집을 '바깥으로' 데려가서 사적-공적 경계의 투과성을 증가시켰다(Shapiro, 1998). 그레이엄Stephen Graham은 전화, 인터넷, 케이블 네트워크, 신용카드, 전자 판매 지점, 금액 충전이 가능한 '스마트' 카드, '사이버 캐시'와 홈 기반 쇼핑 및 은행 시설을 통한 가정 기반 소비 경향이 "실시간으로 가구의 소비 패턴을 정확하게 모니터링"하는 감시 시스템을 만들어 내고 있다고 본다(Graham, 1999: 137). 이러한 기술은 지난 수십 년 동안 급속히 성장하여 새로운 공간, 소비 방법 및 다른 사람과의 의사소통 수단을 만들어 냈다.

인터넷과 사이버공간: 포함과 배제
새로운 공간을 통해 사람들을 연결하는 인터넷은 "우리가 생각하는 방식과 세상에 존재하는 우리의 본질과 정체성을 변화시킨다"[Turkle, 2002: 456]. 공공장소와 사적 장소 간 경계는 공공 영역에서 개인 자료의 가용성, 전자 감시 가능성, 웹페이지 형태로 집단적 소비에 자신의 세계를 개방하는 것에 의해 변경되었다. 온라인과 가상 게임, 사진 거래, 관광과 장소 마케팅, 채팅방, 상품 및 서비스 인터넷 쇼핑 [글상자 1. 1 참조]은 모두 기존의 공간과 사회성 및 주체성을 변화시키고 구성할 계기를 제공하였다. 인터넷 사이트 중 일부는 "소비의 공간이기도 하고(공간 자체가 소비되는), 순수하게 소비만 일어나는 공간이기도 하다. 이 사이트들은 오로지 소비를 위해 존재한다"[Dodge and Kitchin, 2000: 30].

인터넷은 "해당 지역에서 서비스 제공업체, 지역, 국가, 국제 통신망에 이르기까지 네트워크의 계층 구조에 둥지를 틀고 있는 각 컴퓨터"가 통신기술로 연결되어 있는 전 지구적인 컴퓨터 네트워크이다[Dodge and Kitchin, 2000: 2]. 인터넷 활동의 가장 흔한 형태는 이메일 전송이지만, '웹the web' 서핑이 점점 대중화되는 추세이다. 멀티미디어 데이터가 하이퍼미디어 문서로 저장되어 다른 페이지와 연결되는 월드와이드웹World Wide Web은 역사상 가장 빠르게 성장한 매체가 되었다.

사이버공간은 디지털 세계의 하드웨어 인프라 중 하나인 컴퓨터 콘솔에서 접근할 수 있는 네트워크로 연결된 디지털 공간이자 "항해 가능한 공간navigable space"이다[Dodge and Kitchin, 2000: 1]. 사이버공간은 공간과 스케일을 생산하고, 사람과 장소와 사물 간의 관계를 변화시키는 역할을 하는 변혁적 작인agent으로 볼 수 있다. 1장에서 언급한 바와 같이, 사이버공간은 시공간 압축을 유도할 수 있으나 공간과 장소의 소멸은 일어나지 않는다(Walmsley, 2000). 인터넷에 대한 불균등한 접근과 보급(대역폭 · 전자통신기술 · 하드웨어, 기술 및 교육의 가용성 차이가 가져온 결과)은 불균형하게 발전된 새로운 형태의 사회적 관계와 배제 가능성을 의미한다(Dodge and Kitchin, 2000). 2000년 1월 전체 인터넷 웹사이트 호스트의 대부분이 서구 또는 선진국, 특히 미국(65퍼센트)에 지배되고 있으며, 그 뒤를 캐나다(9.5퍼센트), 일본(3.6퍼센트), 영국(3.3퍼센트)이 잇고 있다(Jordan, 2001: 3). 선진국은 세계 다른 지역에서도 더 많은 트래픽과 호스트 비율을 차지하고, 웹사이트 호스트의 80퍼센트가 영어를 모국어로 사용한다(Jordan, 2001: 4).

사이버공간은 단순히 기반 시설의 공간이 아니라 소비와 정체성 정치 및 실천을 구성하고, 사회적 네트워크와 권력 기하학의 결합 형성에 중요한 역할을 할 수 있는 사회적 관계의 공간이다. 인터넷은 제한 없는 정보 및 자유와 연결될 수 있지만, 이에 대한 접근은 중재되지 않는다(Rule, 1999). 인터넷은 점점 더 민영화되고 부가가치 서비스를 판매하는 온라인서비스 제공업체에 지배되고 있다(Kitchin, 1998). 검색엔진은 특정한 정보 가능성(상업적 목적이나 광고 수입에 영향을 받을 수 있는)을 제공하며, 많은 웹사이트들은 소비자 식별 데이터와 재방문 선호도를 제공하는 쿠키를 개인용 컴퓨터에 보관하도록 유인된다(Rule, 1999). 인터넷은 또한 이메일 대화 모니터링, 온라인 및 디지털 데이터베이스의 개인 데이터 수집 및 저장 증가, 개별 터미널 액세스를 통한 정부·기관·개인의 감시와 사생활 침해 가능성, 공개된 IP Internet Protocol 번호를 통한 개별 단말기 해킹, 접근 및 바이러스 감염 위험이 있는 장소이다(Graham, 1998a; 1998b).

사이버공간은 종종 현실 세계 맥락에 대한 빈약한 시뮬레이션(복제 공간) 혹은 현실의 초현실화로 오역된다(Doel and Clarke, 1999).* 그러나 현실 세계와 가상 세계는 실제로 서로 연결되어 있고 분리할 수 없으며, 사이버공간은 많은 개인들의 (삶과 떨어져 있지 않은) (개인적인) 삶의 일부이다(Miller and Slater, 2000). 예를 들어, 이메일은 '실제' 공간에서 사회적 관계를 약화시키기보다는 강화한다. 사이버공간의 생산과 소비는 인터넷 밖의 다양한 배경에서 발생한다. 많은 '가상공간'은 관광 및 장소 홍보 웹사이트, 가상 소매점, 정부, NGO, 커뮤니티 활동 혹은 회사 웹사이트 같은 실제 상황과 관련하여 형성되고(Graham, 1998a), 실제 활동과 용어('장소', '여행', '서핑' 등)로 설명된다(Dodge and Kitchin,

---

*　카스텔Manuel Castells(1996)은 가상이 단순한 재현 형식이 아닌 대안 공간이 되는 '실제 가상성' 개념으로 그 자체가 실재를 가질 수 있다고 제안한다(Crang et al., 1999: 6-8, 자세한 논의를 위해 참고). 반면, 밀러와 슬레이터(Miller and Slater, 2000: 6)는 이 개념이 실재와 가상의 구분을 다시 언급한다는 점에서 잘못 설명되었다고 반박한다. 그들은 "현실을 매개하기보다는 구성하고 상대적으로 제한된 상호작용 영역을 구성하는 의사소통 기술의 능력"으로서의 가상이 인터넷에만 적용되는 것은 아니며, 이러한 현상은 새로운 것도 특별한 것도 아니다(예를 들어, 신문·정부 정책 문서·텔레비전 등 또한 특별한 사회적·공간적 상상을 반영한다)라고 말한다.

2000). 사이버공간의 소비자는 사회성의 생산자인 동시에 특정 정체성(시뮬레이션된 세계의 아바타, 게임 플레이어, 채팅방 참가자, 토론 그룹 등)을 생산하며, 이 생산은 물리적 공간에 위치하고 물리적 공간의 관계를 표현한다. 이러한 생산물은 또한 조직되고 구조화되며, '실재' 사회적·공간적 관계와 연결된다. 예를 들어, 외설 사진sex-pic의 '무료' 교환 사이트 이용자들은 교환 규칙을 존중하고 규제하면서 (자신들만의) 도덕성을 만들어 낸다(Slater, 2000).

인터넷 및 기타 사이버공간 기술(인터넷을 할 수 있는 휴대전화를 포함)은 또한 집과 직장, 여가 및 다른 공간 그리고 더 넓은 세계와의 만남을 잠재적으로 증가시킨다. 예를 들어, 홈페이지는 익명의 사람들이 집단적으로 소비할 수 있도록 개방되어 있다.[*] 관광 소비 관행인 '사진 찍기'처럼(Grang, 1997), 사이버공간에서의 상호작용과 구성은 "시간과 공간에 이미지가 내재되어 있는" 방식과 그것이 "공간 및 시간과 함께 배치되는 방식"을 들여다볼 수 있는 수단을 제공한다. 그러나 우리는 인터넷이 정의 가능한 방식으로 개인의 삶에 영향을 미치거나 소비되거나 통합될 것이라고 기대하지 않는다(Graham,

---

[*] 사이버공간의 기술은 해러웨이Donna Haraway(1991)가 '사이보그 정치'(기술과 인간 구현의 혼성, 사람-기계 인터페이스의 모호성 및 재창조로 형성됨)라고 부른 것을 통해 도전하고 재전유하고 사회공간적 관계를 만들 수 있는 가능성을 불러일으키며 새로운 권력관계를 생산한다.

1998b). 키친Rob Kitchin(1998)은 지리학자들이 사이버공간의 정치적·사회적·문화적 영향을 다루기 시작한 것이 최근 일이라고 지적한다. 사이버공간은 온라인 환경에서 새로운 공간성과 사회성의 발전을 촉진했지만, 오프라인의 사회적·공간적 관계의 출현에도 영향을 미쳤다(예를 들어, 파티와 모임, 시위 조직, 지역 교환 거래 계획). 가상 세계와 현실 세계가 어떻게 교차하는지에 관한 매력적인 통찰을 제공하는 인터넷 카페 같은 새로운 공간도 등장했다(Miller and Slater, 2000; Wakeford, 1999). 실제 공간과 사이버공간의 불가분성은 〈글상자 3. 10〉에서 살펴보도록 하자.

3.10 사이버공간의 소비
상징과 물질의 매개 공간

사이버공간의 물질적 특징은, ‘실제’ 공간처럼 인간이 거주할 수 없으나 실제 공간처럼 상징과 물질이 매개되는 공간이라는 점이다(Turkle, 2002). 사람들이 인터넷을 어떻게 사용하는지에 대한 연구는 사이버공간이 분리된 공간이 아니라 “공간 배치와 온·오프라인의 상호작용을 형성하는 사회적·제도적·정치적·경제적 과정”의 산물임을 보여 주었다(Dodge and Kitchin, 2000: 28). 밀러와 슬레이터(Miller and Slater, 2000)는 민족지학적 연구를 통해 트리니다드 원주민의 인터넷 친밀도를 실험했다. 그들은 (하나의 주체로서) 인터넷이 트리니다드인으로 받아들여지는 데에 관여하였으며, 결과적으로 트리니다드인이 된다는 것은 인터넷과 같은 물질문화의 대상에 특수한 친밀성affinities을 갖는다는 것을 의미한다. 그들은 사이버공간이 장소 없는 진공상태에서 존재하는 것이 아니라, 개인화되고 그 장소에 의미를 부여한다고 결론지었다.

또한 인터넷은 장소에 뿌리내린 문화를 기반으로 형성된다(Holloway and Valentine, 2001a). 인터넷은 처음에 핵전쟁 발발 시 미군과 기타 통신의 잠재적 두절 문제를 해결할 방안으로 등장한 냉전의 산물이었다(Hurwitz, 1999). 할러웨이Holloway와 발렌타인Gill Valentine은 인터넷에서 미국 호스트의 지속적인 지배와 미국 인터넷 기술의 불균형을 고려할 때 온라인 공간을 지배하는 뿌리 깊은 문화가 미국화될 가능성이 높다고 주장한다. 영국 어린이(11~16세)의 학교 및 가정에서의 인터넷 사용을 조사한 연구에서, 할러웨이와 발렌타인(Holloway and Valentine, 2001a)은 현실과 가상공간의 상호구성성을 분명히 보여 주었다. 대부분의 아이들은 그들의 일반적인 관심사를 증진시키기 위해 인터넷을 사용했다. 이러한 인터넷 만남의 대부분은 미국화되었지만, 단순히 사이버공간에서 미국 사이트를 호스팅하기 때문만은 아니다. 그들의 오프라인 관심이 이미 미국 영화와 TV, 소비자 문화를 중심으로 형성되었기 때문이다. 일부 아이들은 자신의 위치에 기반한 위치성과 주체성에 대한 대응으로 의도적으로 인터넷에서 미국 이외의 사이트를 소비하려고 했다. 할러웨이와 발렌타인의 연구와 트리니다드에 관한 밀러와 슬레이터의 연구(Miller and Slater, 2000)는 실제 공간과 가상 공간의 관계를 탐구하고, 특정한 지리적 맥락에서 사이버공간이 구성되고 경험되는 방식을 다룬다. 이러한 기술과 공간이 어떻게 해석되고 변화되어 일상생활의 관행과 담론에 통합되는지, 그리고 일상의 공간성과 주체성과 사회성이 사이버공간에서 어떤 형태로 나타나는지 우리가 이해해야 할 내용은 여전히 많다.

사이버공간에 대한 지리학적 연구는 정보경제와 고용 형태, 경제성과 도시 지역 개발에 미치는 영향을 중심으로 소비 자체보다는 생산 영역을 강조해 왔다(Kitchin, 1998: 288). 그러나 리글리(Wrigley et al., 2002) 등은 전자상거래에 대한 논의에서 소비의 장소로서 사이버공간의 중요성을 확인했다. 리글리 등은 실제 및 가상 소매 공간을 연결하는 공간성과 사회성의 출현을 설명한다. 여기에는 (소비자와 생산자를 직접 연결하는) 탈중개화, 잠재 소비자가 상품에 참여할 수 있는 새로운 방식(비디오, 콘서트, 사운드 바이트 등)의 창출, 온라인 소비자가 정보에 입각한 구매 결정을 할 수 있도록 하는 정보 제공자로서 고객과 판매업체 사이에서 운영되는 온라인 정보 제공자의 출현이 포함된다. e-판매업자(순수한 e-판매업자 또는 전자상거래 부서가 있는 상점 기반 소매업체)와 상품의 형태는 온라인에서의 소비 가능성을 촉진하거나 제한할 수 있다. 예를 들어, MP3 음악 파일 또는 전자 카드 같은 가상 또는 전자제품은 온라인에서 선택, 경험, 전송 및 소비될 수 있으며, 소비자의 경험이 제한되어 있는 상품과는 완전히 다른 소비 패턴과 가능성을 가진다.

"컴퓨터가 우리를 위해 일을 하는 것이 아니라, 우리가 일을 하도록 만든다"(Turkle, 2002: 46)라는 말은 도발적이다. 인터넷이 사람들이 온라인에서 다양한 역할과 페르소나를 채택할 수 있게 하는 방법은 많이 기술되어 있으나(Robson, 1998), 터클Sherry Turkle의 인용문은 기술과 그것의 소비가 사회적 · 공간적 맥락에서 작동하는 방식을 제시한다. 〈글상자 3. 9〉의 집 만들기에서, '도구'는 다르게 이해되고 사용되며 객관화될 수 있는 대상으로 논의되지만, 도구 자체는 사용되는 소비관계로도 변화되지 않는 안정적인 개체로 간주된다. 사이버공간에 대한 연구는 기술이 인간과 비인간 행위자 간의 연관성에 영향을 미치는 역할을 할 수 있음을 보여 준다(행위자 네트워크 접근법 논의는 5장 참고). 사이버공간의 속성과 의미는 오프라인 활동 커뮤니티(집과 학교를 통한)와 어린 시절, 위험danger, 불확실성risk, 기술적 능력 및 젠더에 대한 공간적 담론을 생성하는 둘 사이의 연결에서 드러난다(Holloway and Valentine, 2001b).

사이버공간은 소비자와 생산자가 연계되고 상품이 물신화되는 탈중개화의 새로운 공간을 창조할 가능성을 제시하여(윤리적으로 생산된 식품을 구입할 때와 같이)(글상자 1. 6 참조), 연결의 새로운 진보적 정치(및 기하학)를 창출한다(Miller, 2003). 그러므로 인터넷과 사이버공간에 대한 연구는 '소비자' 개념, 즉, 소비가 무엇이고 소비가 나타나는 장소와 공간에 대한 기존 개념에 도전할 가능성이 있다.

소비 공간

이 장에서는 공간과 스케일이 형성되는 데에 소비가 갖는 중요성을 살펴보았다. 모트(Mort, 1998)는 단일 또는 고립된 일련의 소비재와 관련하여 소비자를 단정짓는 위험을 강조하며, 이런 행위가 유통이 일어나는 더 분산되고 확장된 네트워크와 일상생활의 구조에 상품이 삽입되어 있는 문화적 의식을 따라가기 어렵게 만든다고 주장한다. 마찬가지로, 포괄적인 공간(쇼핑몰, 시장, 테마파크 등)으로 구성된 장소에 소비자를 배치하는 것은 소비 경험과 활동, 재현이 여러 공간과 스케일의 생산에 편입되는 다양한 방식을 무시할 수 있다. 소비 연구 내에서, 지리학자들은 백화점, 쇼핑몰, 쇼핑센터, 중고 매장, 자선 상점 및 집과 같은 제한된 공간에 초점을 맞춰 왔다.* 하지만 그들의 연구(특히 민족지학적 전통과 관련된) 중 대다수가 소비 공간의

---

* 이 장에서 논의되지는 않았지만, 상당한 양의 문헌이 소비 공간으로서의 도시에 집중되었다. 이 중 대부분은 현대사회에서 소비의 표현으로서의 도시와 문화경제로서의 서비스에 초점을 맞춘다(Clarke and Bradford, 1998; Paolucci, 2001; Scott, 2000; Zukin, 1998; and see also the range of articles in *Urban Studies*, 35 (5/6), 1998).

활발한 생성, 유동성, 관계성을 규명한 모트의 주장을 발전시킨 수준에 불과하다. 지리학자들은 어떤 장소(집이건, 몸이건, 시장이건)의 변화change와 변형tranformation이 어떻게 다른 장소 및 스케일과 밀접하게 연결되어 있는지, 특히 상징적·물질적 형태로 나타나는 사회적 관계의 특정 집합체constellations가 무엇인지에 대해 연구하였다. 여기에 제시된 문헌들은 또한 감시와 통제, 포함과 배제에 대한 규율 관행과 담론(쇼핑몰 공간의 감시 혹은 인터넷 접근에 대한 부모의 통제로 표현되는지 여부)을 통해 작동하는 권력의 작용을 은유적 차원에서 다루었다. 크랭(Crang, 2002)은 일상생활의 틈새 공간, 즉 순환 공간, 이동성 및 일시적인 공간(공항, 고속도로, 케이블 네트워크 등)에 대한 더 많은 연구가 필요하다고 보았다. 소비 공간에 대해 제한적으로 이루어진 연구들을 확장하여, 지리학자들은 (결과적으로 중요하지만, 종종 간과되었던) 공간과 장소의 구성 및 사회성에 대한 통찰을 본격적으로 제공하기 시작했다. 예를 들어, 가사 (운영) 기술과 인터넷에 대한 논의는 사람들이 소비를 통해 장소에 의미를 부여하며, 이것이 정체성 형성과 연관된다는 것을 보여 주었다. 다음 장에서는 장소, 사람, 상품 및 이들이 참여하는 소비 관행 간의 연관성을 강조하면서 이러한 논의를 더 구체적으로 검토할 것이다.

더 읽을거리

Crewe, L. and Grgson, N. (1998) 'Tales of the unexpected: exploring car boot sales as marginal space of contemporary consumption', *Transactions of the institute of British Geographers*, NS23(1): 39-53.

Dodge, M. and Kitchin, R. (2000) *Mapping cyberspace*. Routledge: New York.

Goss, J. (1999b) 'Once-upon-a-time in the commodity world: An unofficial guide to the mall of America', *Annals of the Association of American Geographers*, 89(1): 45-75.

Holloway, S. L. and valentine, G. (2001) 'Placing cyberspace: processes of Americanization in British children's use of the internet', *Area*, 33(2): 153-60.

Marston, S. A. (2000) 'The social construction of scale', *Progress in Human Geography*, 24(2): 219-42.

Miller, D. and Slater, D. (2000) *The internet: an Ethnographic Approach*. Oxford: Berg.

Miller, D., Jackson, P., Thrift, N., Holbrook, B. and Rowlands, M. (1998) *Shopping, Place and Identity*. London: Routledge.

Mort, F. (1998) 'Cityscapes: consumption, masculinities and the mapping of London since 1950', *Urban studies*, 35(5/6): 889-907.

4장

정체성

소비는 사람들이 자신의 정체성을 형성하고 이를 나타낼 수 있는 매개이다. 포스트모던 사회의 이론들은 소비자가 자신이 누구이며 어떤 공간을 선택해야 하는지에 대한 결정이 점점 복잡해지는 상품의 세계와 얽혀 있다고 주장한다. 소비가 자아 형성self-fashioning(사회적 기준에 따라 자기 정체성과 공적 페르소나를 구성하는 것) 기획에서 중요한 역할을 할 수 있지만, 지리학자들은 소비의 담론과 그 실천이 순전히 정체성 형성에 관한 것만은 아니라는 점을 지적한다. 소비는 개인주의적 생활 방식의 선택만큼이나 일상적인 행동, 대비, 안전, 사회성에 관한 실용적이고 신체적인 경험을 포함한다. 또한, 소비의 담론과 그 실천은 신체를 특정 공간에 위치시켜 정체성을 만들어 낸다. 장소는 결과적으로 체현embodiment의 과정에 영향을 미치고, 의식과 실천, 소비에 의미를 부여한다.

이번 장에서는 정체성의 형성 과정을 먼저 살펴본 다음에, 수행성performativity 개념을 통해 소비, 체현, 배치emplacement의 관계를 살펴볼 것이다. 장의 마지막 부분에서는 주체성과 공간의 관계에 대한 비판적인 통찰을 제공하기 위해 음식의 지리를 설명할 것이다.

소비 정체성과 포스트모던의 조건

정체성의 형성은 자아의 주관적인 감각과 관련이 있으며, 자아의 존재감, '되기becoming', 장소에 속하는 과정에 대한 것이다.* 사람들은 자아의 성찰적 위치성reflexive positioning뿐만 아니라 자아로부터 멀리 떨어져 있는 타인과의 관계에서 발생하는 과정으로 형성되는 유동적이고 다중적인 정체성을 갖고 있다(Roadway, 1995). 정체성 형성 과정은 신체의 공간에서 의미를 만들어 내는 것, 그리고 더 넓은 담론적·물질적 맥락에서 우리의 신체가 어떻게 해석되고 위치하는지에 대한 숙고를 포함한다.

포스트모던 조건은 사회적 맥락에서 자아의 경험과 그것으로 인한 자아와 타자 간 의미 불일치가 정체성의 위기를 조장하는 것에서 비롯된다(Pred, 1996). 포스트모던 시대의 정체성은 일시적이며, 지속적인 (예를 들어, 임금근로 또는 생애 과정 단계와 관련된) 사회구조와의 관계에 덜 얽매이는 것으로 여겨진다. 소비는 정체성의 규정과 구성에서 중요한 역할을 하며, 삶의 미학화 또는 양식화가 뒤따르게 된다. 상업문화를 통해 소비자에게 제시되고 재현되는 다수의 파편화된 정체성은 불안을 야기한다. 소비는 충족될 수 없는 욕망을 부채질하

---

* 저자는 정체성을 자신에 대한 주관적인 감각(들)으로 정의한다. 정체성 형성이 어떻게 작동하는지에 대한 다양한 접근법이 있지만, 이 장에서는 주로 '언어의 주체subject of language' 접근법을 사용한다. 이 작업은 정체성 형성이 자신과 타인 간 차이의 생산 안에서, 그리고 그 생산을 통해 담론적으로 구성된다는 것을 의미한다. 정체성 형성은 위치의 정치politics of location, 물질과 은유의 상호의존성, 사회공간적 맥락에 기초한 권력관계와도 연관되어 있다.

는 환상에 의해 주도되고, 그 결과 정체성의 공간과 라이프스타일의 자아 형성을 가능하게 하는 상품에 대한 끊임없는 추구로 이어진다 [Friedman, 1994].

포스트모더니티의 도식은 정체성 형성과 상품 구매 사이의 필연적 연관성을 옹호하지만, 정체성 형성과 소비의 관계는 복잡하고 다면적, 가변적일 뿐만 아니라 심지어 모순되기까지 하다.** 상품의 물질적 측면과 사용가치는 정체성과 (상품의) 상징적 가치가 가장 중요하다는 내러티브 뒤에 가려지는 경향이 있다. 또한, 포스트모던 내러티브는 정체성 구성에서 소비의 역사적 중요성을 무시한다[2장 참고]. 맥케이Hugh Mackay[1997]는 소비와 정체성의 관계를 개념화하기 위한 두 가지 방법이 있다고 말한다. 무엇이 되기 위해 소비하는 것과, 내가 누구인지에 따라 소비하는 것이다.

내가 되기 위한 소비

개인은 소비의 실천을 통해 사회적 정체성을 만들고 확인하며 경쟁한다. 극단적으로 볼 때, 이러한 관점은 보통 상품 구매와 관련이 있으며, 상품 및 특정 소비 관행과 관련된 자질과 정체성을 획득하

** 콜라드Felicity J. Callard[1998: 392]는 포스트모던 시대의 일부로서 상품 구매와 정체성 사이에 가정된 연관성이 '유동성fluidity', '단편화fragmentation', '혼성성hybridity' 같은 용어가 이론적·경험적 맥락의 미묘함subtlety과 그 근거grounding를 잃게 한다고 주장한다.

는 것을 전제로 하는 '생활양식의 구매lifestyle shopping'(Shields, 1992a)라는 개념과 연결된다. 이는 기호와 시뮬레이션(시뮬라시옹)이 압도적인 상품 세계에서 소비자가 사라지고 소비 자체가 소비자의 조작과 필요, 효용의 최종 산물이 된다는 보드리야르(Baudrillard, 1981; 1988)의 저서에 근거한다. 고스가 설명하듯이, "이제 우리는 모두 소비자인 것 같다. 어쩌면 실제로 그렇지도 않고, 우리 자신이 소비의 대상이 되었을 수도 있다"(Goss, 1999a: 114-15). 따라서 소비자의 정체성과 실천은 그 특성을 반영하여 각각의 주체가 소유할 수 있는 제품으로 팔리게 된다. 예를 들어, 롤랜즈Michael Rowlands는 서구의 상품이 자아 형성의 시금석이 된 카메룬의 사례를 꼽았다(Goss, 1994: 150).

개인을 상품 구매를 통해 자아를 형성하는 소비자로 보는 관점은 소비 주체에 대한 다소 피상적이고 일방적인 관점이다(Falk and Campbell, 1997). 경험을 바탕으로 한 신체적 실천과 인지적 자기성찰의 과정 속에서 공간성은 경시되고, 사람들은 '사회적 정체성'의 구매자, 소비자, 수행자로 축소된다. 그러나 정체성과 공간 간의 관련성은 소비하지 않겠다는 선택, 예를 들어, 어떤 상품이 나를 위한 것인지를 판단하는 결정이나 그 상품이 내가 원하는 (그 사람처럼) 될 수 있는지 여부를 상상하는 데에 주요하게 작용한다(Falk and Campbell, 1997).

개인을 생활양식의 구매자로 축소시키고 상품과 정체성을 적극적으로 선택하는 경향을 지닌 쇼핑객을 대상으로 한 지리학 연구들은 심각한 도전을 받았다(Jackson, 1999). 이러한 연구 속에서 쇼핑은 일상적으로 일어나는 평범한 일이며, 정체성은 위치적이라기보다는 관계적 용어로 표현되는 경우가 많았다(가족 개념이나 장소에 대한 인종적 이해를 통해). 그러나 소비의 실천은 사회생활의 서로 다른 영역, 관행, 실용적인 지식과 대중적 경험, 생활 패턴과 교차하며 의미를 획득한다(Mort, 1988).

내가 누구인지에 따른 소비

소비가 사용되는 두 번째 지배적인 의미는, 주체가 의식적으로든 무의식적으로든 '(무엇이) 되기를 바라는' 것에서 나오는 관행보다는 우리가 누구인지 때문에 발생한다는 점이다. 여기서 소비는 "점점 더 많은 사람들이 그들의 생활 방식에 따라 자신을 정의한다"는 입장의 표현과 같다(Gottdiener, 2003: 3). 따라서 상품의 소비는 개인의 취향, 소득, 직업, 젠더, 지위 등의 표현을 구성한다.

경험적 연구는 계급, 젠더, 문화, 세대, 가족 정체성이 개인 정체성 구성에 영향을 미친다는 것을 보여 준다(Lunt and Livingstone, 1992). 손더스Peter Saunders(1989)는 주거 계급과 소비 격차에 관한 연구를 통해 소비가 실제로 생산을 대체한 현대사회의 계급 분화의 주요 원천이며, 사회구조가 소비에 영향을 미친다고 결론 내렸다. 이와 유사하게 크롬턴Rosemary Crompton(1996)은 '계급'이 현대사회에서 삶의 기회와 태도를 지속적으로 형성한다고 주장한다. 많은 연구들에서 소비의 실천이 특정한 담론적 사회적·물질적 범주와 관련하여 구성될 수 있지만, 반드시 같은 결과로 나타나는 것은 아니라는 점을 지적한다. 예를 들어, 페인Rachel Pain 등(Pain et al., 2000)은 여가 활동과 장소에서 계급과 노년층의 교차 지점을 조사했고, 맥로비Angela McRobbie(1993)는 10대의 소비문화를, 비니Jon Binnie(1995)는 동성애자의 구매력pink pound과 게이 소비를 분석했다.

이러한 연구들은 (앞서 언급한 여성, 청소년, 노인과 같은) 본질주의적이고 동질적인 유형보다는 대체로 비본질주의적이고 비균질적인 방식으로 '사회집단social groups'을 해석하여 소비 관행과 장소 및/또는 이를 둘러싼 담론을 설명하고자 하였다. 소비의 문화적 구성에 관한 부르디외Pierre Bourdieu(1984)의 저작은 상품과 사회구조, 정체성 형성 간의 관계를 개념화하는 데에 영향을 주었다(글상자 4.1 참조).

4.1 피에르 부르디외
문화자본, 구별과 정체성의 형성

베블런과 마찬가지로(2장 참고), 피에르 부르디외는 상품의 소비를 통해 어떻게 차이가 구성되는지를 보여 주고자 상품의 상징적 또는 '정체성 가치identity value'에 초점을 맞추었다. 부르디외는 사회(여기서는 1960년대 프랑스 계급사회)에서 개인의 위치지어짐 locatedness이 어떻게 특정한 소비 실천과 자기동일시화self-identification 과정을 초래하는지를 탐구했다. 그는 사회적 차별화와 구별짓기

가 부-wealth 자체보다는 부를 표시하고 상징적 재화에 문화적 가
치를 투자하는 능력에 기초한다고 주장하며, 집단 정체성/구성
원 자격과 소비 실천 사이에 모종의 관계가 있다고 주장했다(Miler,
1987; 148). 지배계급의 주된 부분은 일반적으로 문화적(또는 상징적)
자본의 소유자로서 사회적 지위와 특권을 가진다고 간주된다.
문화자본은 상품에 대한 취향의 충족이나 판단 그리고 상품의
'기호sign'(예를 들어, '좋은' 와인을 구성하는 것과 그것을 획득하여 사
용하며 감상할 수 있는 관행에 대한 지식)에 대한 구별을 수반하는
문화적 실천으로 볼 수 있다. 부르디외는 교육을 사회집단을 구
별하는 주요 수단, 일종의 경제적 자본의 획득으로 보았다.

부르디외(Bourdieu, 1984)는 '아비투스habitus'라는 용어로 개인의 신
체에 새겨져 있는 계급적 조건에 대한 욕망의 사회화를 압축적
으로 표현했다. 그는 아비투스를, '취향'을 확립하는 틀을 제공
하는 것과 동시에 행동을 유도하는 지속적이고 종종 무의식적
인 성향, 감정과 선호의 집합인 실천의 국지적local 구성체로 보았
다. 따라서 아비투스는 생활양식의 맥락화된 공간(Bourdieu, 1984), 문
화적 영역의 형성과 사물의 본성에 관한 동일한 편견과 선호를
공유하는 다른 사람들과의 관계를 포함한다(Miller, 1987: 153). 부르디
외는 아비투스가 개인의 성향을 구조화한다고 주장하면서도, 개
인의 성찰성reflexivity에 의해 선택과 결정에 대한 경향을 방해할 수
도 있다고 보았다(Ritzer et al., 2000). 부르디외의 분석은 노동계급은 관
능적·육체적·즉각적 욕망에 의해 움직이고, 고학력의 상류계
급은 이러한 욕망에 저항하거나 이 욕망에서 어느 정도 거리를
둘 수 있다고 보아 지나치게 도덕주의적이라고 비판받았다(Miller,

1987: 151). 또한 사람들의 아비투스가 소비 이전에 이미 확립되었다는 가정 역시 지나치게 결정론적이라고 비판받았다(Du Gay et al., 1997). 그럼에도 불구하고 부르디외의 저작은 주체의 위치를 상품의 물질적·상징적 의미와 연결시켰다는 점에서 소비 연구에 중요한 공헌을 했다. 부르디외는 두 영역이 사회적 맥락에서 연결되는 방식을 강조하였고, 해당 주제는 주체와 상품, 사회와 공간 간의 관계를 연구하는 지리학자들에 의해 구체화되었다.

'(무언가) 되기 위해 소비하기'와 '내가 누구인지에 따라 소비하기'라는 두 도식 모두에서, 주체를 소비의 대상으로, 일관성 있는 자아감을 확립하기 위해 정체성을 (반드시 무엇인가를) 구매하는 사람 또는 소비자로 상정하기 쉽다. 부르디외의 (계층화된) 아비투스는 모든 소비의 원천이다. 두 관점 모두 소비 주체가 구성되는 방식에 대한 부분적인 이해를 제공할 뿐이다. 정체성은 대표성, 구별성, 개성만큼이나 소속감과 사회성, 실용적 지식과 공급에 관한 것일 수 있다. 예를 들어 비니(Binnie, 1995: 187)는 동성애자의 경제력에 대한 인식과 동성애자들이 느끼는 삶의 무력함을 개선하는 대응책이라는 두 가지 관점에서 소비를 다루었다. 질리언 스완슨Gillian Swanson(1995)은 여성, 섹슈얼리티, 도시 공간의 관계를 다룬 저술에서 이러한 구성의 불가분성과 불변성을 잘 보여 준다. 그녀는 소비와 정체성이 유동적이며, 다원적이거나 고정된 사회집단 속에 위치하지 않는다고 본다. 스완슨은 '친화성'(즉, 유사성과 차이라는 특정 관계에서 나타나는 패턴) 개념이 도시 공간 속에서 여성들의 다양한 마주침들이 의미 있으면서도 비본질적이라는 것을 보여 준다고 주장한다.

정체성 논의에서 상품 구매만을 강조하는 것(포스트모던의 내러티브를 암시하는 것)은 소비 실천, 의식, 담론을 통해 주체성이 확인되고 논쟁되는 다양한 방식을 가린다[Jackson and Thrift, 1995]. 또한, 정체성은 신체에도 부여되어 있기 때문에, 소비와 주체 형성 과정 간의 관계를 이해할 때 신체에 대한 고려는 매우 중요하다.

신체 문제

최근 들어 지리학자들은 신체bodies와 신체성corporeality 이슈에 관심을 갖기 시작했다. 여러 연구들은 신체를 은유적이고 물질적인 위치의 장소로 보았다. 신체는 권력의 원천이자 저장고이며, 다양한 시간적·공간적 맥락에서 신체를 '배치하는' 문화정치를 통해 의미를 갖게 된다. 주체와 객체, 자아와 타자 간의 경계는 자아 밖의 사물에 대한 욕망, 혐오, 매력과 밀접하게 연관되어 있는 공간성의 결과이다[Pile, 1996].

물리적 신체는 사회적 관계를 통해 생산, 훈련, 훈육되기 때문에 사회적 신체이기도 하다[Benson, 1997]. 정체성은 "신체의 실천을 통해 제정 및 교섭 또는 전복"될 수 있기에, 정체성 형성 과정은 신체를 통해 발생한다(Benson, 1997: 159).

롱허스트Robyn Longhurst(1997: 488-9)는 지리학자들이 신체를 이해할 때 사용하는 세 가지 주요 접근법을 유형화했다. 첫 번째 접근법은 인본주의 지리학자들의 연구에 사용된 현상학적인 접근을 통해 담론 이전의pre-discursive '살아 있는 신체'에 중점을 둔다. 정신분석적 접근법을 포괄하는 두 번째 방법은 프로이트Sigmund Freud와 라캉Jacques Lacan 의 작업에 근거해 성 정체성이 어떻게 형성되는지를 이해하는 것으로, 여기에는 이리가레Luce Irigaray, 크리스테바Julia Kristeva, 식수Hélène Cixous 와 같은 프랑스 페미니스트 학자들이 주로 관련되어 있다. 롱허스트(Longhurst, 1997)는 신체를 의미 체계로 환원시키는 경향에 대해 사회 구성체를 중심으로 하는 세 번째 (서로 겹치는) 접근법을 비판하면서도, 이 접근법이 신체와 장소가 서로 독립적으로 이해될 수 없다고 주장하기 때문에 지리학자들에게 제공할 이야깃거리가 많다고 보았다.

세 번째 '사회구성주의social constructionist'적 접근은 정체성과 소비 문제에 관심을 가지는 지리학자들의 연구에서 널리 활용되었다(예를 들어 Aitchison, 1999; Binnie, 1995; Bell and Valentine, 1997; Jackson, 1989). 이 접근법은 신체를 문화적 구성물이자 끊임없이 각인되는 비문의 표면으로 취급한다(Grosz, 1994). 여기서 엘리자베스 그로스Elizabeth Grosz(1994)와 주디스 버틀러Judith Butler(1990)의 아이디어는 신체가 타자와 자신에 의해 어떻게 구성되는 지, 특정하게 조직된 공간이 어떠한 방식으로 정체성 일부에 영향을 미치는지를 이해하기 위해 쓰였다[Rose, 1995]. 사회적 신체와 물리적 신체 사이의 복잡한 상호작용은 정체성 형성 과정의 맥락을 제공한다[글상자 4. 2 참조]. 정체성은 스스로를 호명하거나(체현된embodied) 외부로부터 부과된(배치된emplaced) 특정한 담론적 공간에 신체를 위치시키는 이데올로기적 영역에서 구성된다.

 신체 지리

신체가 그리는 '의미의 지도'

여성이 옷장 앞에서 무엇을 입을지 고민하는 '옷장 앞에서의 순간wardrobe moment'은 서구의 많은 여성들이 직면하는 복잡한 옷 입기 작업과 딜레마를 압축적으로 보여 준다[Banim et al., 2001: 1]. 여성의 선택은 어떤 옷이 잘 맞는지, 깨끗한지, 어울리는지, 어떻게 느끼는지, 어디를 가는지, 무엇을 할 것인지로 정해진다. 이러한 고려는 단순히 스스로 부과하는 것이 아니라, 그 여성이 다른 장소에서 마주치게 되는 위험과 관계가 있다. 이 위험은 예를 들어 신체가 공공 및/또는 사회적 공간에 들어갈 때 그 장소에 적합한 옷을 선택했는지를 가리킨다. 이는 또한 적절한 옷차림과 여성(그리고 남성)이 보여야 할 방식을 중심으로 하는 일종의 지배적인 이데올로기에 맞서는 권력의 문제를 포함한다[Banim et al., 2001: 6]. 사람들은 단순히 옷에 구현된 의미를 자신의 신체에 옮기는 것이 아니라, 역으로 공간에서 제시presentation 및 동일시identification의 헤게모니 양식을 재전유reappropriate, 변형 또는 전복하는 데에 옷을 사용할 수 있다. 신체(옷을 입은 혹은 입지 않은)는 권력과 정체성의 관계, 사회적 관행이 일어나는 장소, 창의성과 자기표현, 불안과 불만족 사이의 긴장이 다른 장소 및 맥락과 관련하여 표현되는 '의미의 지도maps of meaning'가 된다(Jackson, 1989; Rose, 1993).

신체의 각인은 소비에 관심이 있는 지리학자들과 관련을 맺어 왔다. 벨David Bell과 발렌타인은 "미디어, 패션, 산업, 의학, 소비자 문화에 내포되어 있는 담론은 우리의 신체적 필요와 즐거움, 가능성과 한계를 지도화한다. 이러한 지도 제작은 지리적으로 그리고 역사적으로 특정한 '규범'을 만들고, 그 안에서 우리는 각자의 신체를 위치시키고, 평가하고, 이해한다"(1997: 26; Gamman and Makinen, 1994에서 인용). 부적절한 신체에 관한 연구는 '신체가 왜 중요한지'와 '신체가 중요하다는 문제 그 자체'가 정체성의 구현과 배치뿐만 아니라 소비와 정체성, 장소 간의 관계에서 권력의 작동이 얼마나 중요한지를 보여 준다.

부적절한 신체

소비와 정체성 형성 과정은 적절한 소비 관행과 관계, 소비의 대상, 심지어 이러한 것들이 발생해야 하는 장소까지 정의하고자 노력하는 '도덕적' 담론 안에서 발생한다. 장소는 신체가 어떻게 생산되고 소비되는지를 이해하는 데에 중요하며(Nast and Pile, 1998), 신체가 '부적절'해 보일 때는 적절성 여부를 판단하는 권력의 작용이 가장 명백하게 드러날 때이다. 예를 들어, 카힐Sharon Cahill과 라일리Sarah Riley(2001)는 서구 사회에서 여성성의 사유화가 성별을 언급하지 않고 자신을 매력적으로 보이게 하는 수단으로, 혹은 식별 수단으로 신체 예술을 사용하는 것에 영향을 미치며, 신체 예술에 녹아 있는 '일탈'이라는 딱지에 남성보다 여성이 더 취약하다는 사실에 주목하였다. 결과적으로 신체와 신체가 움직이는 공간에 관한 사유는 "동일한 신체가 상이한 공간에서 다르게 규제되는" 방식에 대한 중요한 통찰을 제공한다(Holliday and Hassard, 2001).

여성적인 그리고 남성적인 신체를 둘러싸고 순환하는 담론은 뚱뚱한지, 생기 있는지, 건강한지 그리고 성적 매력 유무와 관련되어 있으며(Bell and Valentine, 1997), 따라서 신체의 크기와 모양이 정체성을 각인하는 표지이자 수단이 된다는 사실은 놀라운 것이 아니다. 서구 문화에서는 뚱뚱한 신체를 부정적으로 여기는 경향이 있다(Gamman, 2000). 음식에 대한 환상과 생활 방식의 다양화에도 불구하고, 과소비와 뚱뚱한 신체가 관련되어 있다는 개념은 여전히 남아 있으며, 이는 음식 섭취(특히 여성에게)가 특히 공공장소에서 불안의 원천이 되는 결과를 낳았다.

늙은 신체 역시 젊음과 건강 유지 수단으로 제공되는 상품의 소비를 통해 특정 방식으로 제시된다(Gibson, 2000). 여가와 노화에 대한 담론과 그 담론이 개인에게 각인된 의미는 강력하게 작용하여 정체성을 구성하고 정체성이 부여된 신체를 특정 공간에 위치시킨다. 로스Glenda Laws는 "경관은 체현의 형태로 구성된 정체성을 위치시킨다"고 설명한다. 정체성은 외부적 요인(노인차별적 고정관념 같은) 또는 내부적 요인(이런 재현이 수용될 때)으로 사람들에게 부여된 표상 과정에 의해 만들어진다[Laws, 1995: 254]. 이러한 재현들이 스스로 호명되고 내면화되면 체현이 일어났다고 볼 수 있다. 외부적으로 파생된 정체성은 주체의 외부 공간에 배치된다. 예를 들어, 노화를 의존과 공적 생활로부터의 단절로 설명하는 노화 담론은 개인을 '집, 양로원 혹은 실버타운' 같은 사적 풍경에 위치시킨다.

〈글상자 4. 3〉의 사례 연구는 노화된 신체에 대한 부정적 재현이 어떻게 저항을 받고 강화되는지를 노년층의 구매와 실버타운 거주 경험을 통해 설명한다. 노년층 소비자들은 구매 전후에 자신의 장소감과 정체성을 상상과 현실의 두 가지 방식으로 실버타운이라는 특정 공간에 투사한다.

4.3 체현과 위치재
은퇴자 마을 입주자라는 정체성

글렌다 로스[Laws, 1995]는 나이에 기반한 정체성을 둘러싼 재교섭이 새로운 정체성의 형성, '현역 은퇴자active retiree'와 연결되어 있

그림 4.1 은퇴자 마을은 생활 방식의 선택이라는 측면에서 뉴질랜드의 잠재적 소비자들에게 마케팅된다.

다고 보았다. '현역 은퇴자' 개념은 위치재positional goods(그 가치가 다른 사람이 소비하는 다른 재화나 서비스와의 비교에 크게 의존하는 재화나 서비스)의 과시적 소비와 소비 실천, 특히 개별 가정이라는 '공간' 외부에서의 여가 참여와 관련되어 있다. 미국의 델 웹Del Web 사社의 '태양의 도시Sun City'라는 은퇴자 커뮤니티는 '현역 은퇴자'의 정체성을 강화하고 정착시켰다. 이 은퇴자 커뮤니티는 주로(우선) 중산층, 백인, 개신교, 부유한 거주자들에게 집을 제공한다. 언제나 골프 코스 주변에 건설되는 태양의 도시 커뮤니티는 수영장, 볼링장, 헬스클럽, 소매점, 예배 장소, 레스토랑, 금융 및 전문 서비스를 포함한다. 로스(Laws, 1995)와 같은 학자들은 노인 커뮤니티에 들어가는 것이 그들의 정체성을 보여 주는 선택이자 생활 방식의 표현이라고 본다.

최근 몇 년간 뉴질랜드/아오테아러우어(뉴질랜드를 가리키는 마오리어 '길고 흰 구름의 땅')를 보면, 소비와 여가 중심의 생활 방식을 광고하는 폐쇄형 은퇴자 커뮤니티가 자주 눈에 띈다(1980년 이후 이러한 커뮤니티가 200개를 넘어섰다). 미국의 상황과 어느 정도 유사점이 있기는 하지만, 뉴질랜드의 은퇴자 마을에서의 '현역 은퇴자'의 사회-공간화는 다른 양상을 보인다.* 미국에서처럼 이러한 커뮤니티에 진입하는 것은 주로 중산층의 선택 사항이며, 대부분의 거주자는 이전에 살던 집을 판매한 돈으로 커뮤니티 내 집을 구매한다. 은퇴자 마을의 광고 내용을 통해 공동체 구성원들이 자신의 라이프스타일을 상품화하는 데에, 예를 들어 활력 있는 생활 양식, 소속감, 심지어 노화 지연에 도움이 되는 상품의 선택 등을 마케팅에 활용하고 있음을 엿볼 수 있다[Mansvelt, 2003][그림 4. 1 참조]. 그러나 이곳 거주자들로 꾸려진 표적집단을 통해 이 공간들이 어떻게 구매 및 경험되는지 검토해 보았을 때, 구매자들이 스스로 노화된 신체를 구성하는 방식과 이것이 광고 수사로 표현되는 방식에는 차이가 있었다.

'여유로운 라이프스타일의 구매'나 위치재로서의 마을 회원권을 이야기하는 거주자는 거의 없다. 거주자들은 활동적인 은퇴자 구성체**를 구현한다기보다 비슷한 사람들과의 동반자 관계 형성 가능성이 이사를 결심하는 데에 더 중요한 영향을 미쳤다

* 본 연구에서 말하는 은퇴자 마을은, 성인(일반적으로 55세 이상)이 숙박 시설과 서비스에 대한 권리를 구매하거나 획득하고, 비용을 지불하여 공유 '커뮤니티' 시설을 이용하는 복합단지다. 거주자가 비용을 지불하는 서비스에는 세금, 상하수도 요금, 화재보험, 자산과 정원 관리비, 긴급호출 시스템, 식사와 간호 지원이 포함될 수 있다.
** 뉴질랜드에서는 활동적인 은퇴자 생활양식이 꽤 다르게 구성되어 있는 것

고 했다. 배우자의 죽음과 질병, 건강 악화, 혼자가 되고 도움을 받을 수 없다는 것에 대한 두려움, 주택 유지/관리의 어려움 등 신체적 노화에 따른 어려움이 거주자들이 밝힌 은퇴자 마을 입주 이유이다. 이들에게 은퇴자 마을 주택 구입과 거주는 늙는다는 체현에 대한 저항이라보다 그에 대한 대처와 적응 수단이다. 한 거주자는 "문제가 있다면, 그것은 우리가 모두 늙었다는 것"이라고 했다. 다수의 거주자들이 느끼는 은퇴자 마을에서의 삶은 광고가 선전하는 것 같은 휴양지나 여유로운 라이프스타일과는 거리가 있었다. 이러한 거주 양식의 선택은 그들이 늙어 가는 신체로부터 느끼는 "의미의 중압감"(Benson, 1997)을 없애 주고, 노화로 인한 변화나 노년의 삶에 유연하게 대처할 수 있게 한다. 이런 선택은 어느 정도의 경제적 여유가 있어야 가능하지만, 미래에 관한 긍정적인 선택과 선택의 자유, 독립성을 유지할 능력 그리고 말년에 상호작용할 장소와 사람들에 대한 통제력 등 본인의 자율성에서 비롯된 것이라 할 수 있다.

　다소 역설적으로, 폐쇄된 공동체에서 노화된 신체를 자유와 젊음, 활동 및 즐거움의 공간에 위치시키는 것은, 의존과 쇠퇴로서의 노화의 구성을 부정하기보다 오히려 영속시키는 것으로 보인다. 노화된 신체의 공간적 분리와 타자에 대한 식별은 돌봄 공간에서 볼 수 없는 (건강한) 신체들이나 해당 공간의 참여가 배제된 사람들을 통해 확인된다.

같다. 뉴질랜드 노인들은 자기만족 외에 외적 또는 생산적 결과가 없는 여가 활동 참여에 죄책감을 느낀다(Mansvelt, 1997).

〈글상자 4. 3〉의 사례 연구는 소수의 뉴질랜드 은퇴자 마을에서 나타나는 노인 정체성ageing identity의 체현과 배치의 복잡성을 보여 준다. 연령적으로 한정된 이러한 거주 유형의 소비는 장소가 어떻게 자아와 타자 간의 경계를 형성하는 데에 연루되는지, 신체가 (문자 그대로 그리고 상징적인 측면에서) (소비자) 정체성의 배치와 구현에 얼마나 중요한지를 보여 준다. 지리학자들은 사회적 의미의 저장소로써 장소가 정체성 형성에 중요하다는 것을 입증했다. 경관의 존재와 부재(상이한 사회집단을 위한 상업 공간의 부족 같은) 또한 특정한 소비 실천과 식별로 이어질 수 있다(Mort, 1998). 다음 절에서는 정체성이 신체에 각인되고, 소비를 만들고 '위치시키는' 사회적 역할과 실천을 통해 행위자agency와 주체성이 작동되는 방식인 수행성performativity 개념을 검토한다.

체현과 자리 잡음 연결하기

수행Performance

뉴질랜드의 노년층 사례 연구를 통해 체현embodiment 개념을 살펴보았다. 하지만 이 개념은 정체성이 항상 자유롭고 의식적으로 선택된다는 의미와 함께 고정된 재현을 받아들임으로써 협소하게 정의된다. '받아들임acceptance'은 부분적으로 '수행performance'으로 생성되며,

구현embodiment은 물질적이고 담론적인 실천의 복잡한 네트워크를 통해 구성되는 과정을 포함한다(McCormack, 1999). 어빙 고프먼Erving Goffman의 연구는 이러한 실천이 공간적·사회적 환경과 연결되는지를 잘 보여 준다(글상자 4. 4 참조).

4.4 어빙 고프먼
무대 앞 수행과 무대 뒤 배경

어빙 고프먼의 수행 연구(Goffman, 1971 [1959])는 정체성이 어떻게 체현되고 자리잡아 가는지를 살피는 데에 유용하다. 그의 극작법적 dramaturgical 접근은 신체 관리, 정체성 형성 과정을 일상 상황에서 발생하는 사회적 실천과 연결시킨다. 고프먼은 타자와의 상호작용을 자기표현을 수반하는 수행으로 보는 자기생산self-production 문제를 검토했다. 따라서 정체성은 사회적 환경과 관객(타자)의 영향을 받아 사회적 역할을 수행하게 된다.

자아가 어떻게 드러나는지에 관한 고프먼의 아이디어에서 무대 앞과 무대 뒤 배경frontstage and backstage settings 개념은 중요하다. 일련의 파사드façade〔외관〕에서 실현되는 대중적 수행성은 무대 앞에서 관객을 대상으로 펼쳐진다. 집합적 재현으로서의 전면부는 행위자가 맡은 사회적 역할과 관계에 적절한 배경과 방법으로 설정된다. 무대 뒤backstage는 다른 형태의 표현(함축적으로는 더 진실된)이 발생하는 영역을 나타내며, 공연에 의해 만들어진 분위기가 고의적으로 모순되거나 은폐되기도 하지만, 잠재적 관객을 위해 수행이 준비되는 곳이다. 고프먼의 이론은 '자신'의 친절과 감정 표현이 '공적' 소비 경험의 일부가 되는 공간(예를 들어 패스트푸드점, 판매점, 테마파크, 은행 등)에서 소매업자와 운영자의 행동을 이해할 힌트를 제공하였다.

크랭(Crang, 1994)은 레스토랑의 프론트룸과 백룸에서 관리자와 직원이 보이는 행동에 관한 연구에 고프먼의 아이디어를 활용했다. 맥도웰Linda McDowell과 코트Gill Court(1994)도 금융 부분 연구에서 고프먼의 아이디어를 사용해, 진정성 있는 성 정체성의 표현이 특정 상품의 판매와 결합되어 젠더 수행의 구조에 반영됨을 보여 주었다. 혹실드Arlie Russell Hochschild(2003)는 고프먼의 연구를 더 확대하여, 승무원과 채무 수금 대행자를 대상으로 인간 감정의 상업화를 연구했다. 혹실드는 '감정노동emotional labour'의 요구 사항(사랑, 질투, 분노의 감정을 공적인 또는 '무대 앞 역할frontstage roles'에 적절한 얼굴과 신체 표현 형태로 생산하거나 억제하는 것을 포함하는)이 실제로 개인의 정서적 기능을 손상시켜 자아의 측면으로부터 멀어지게 할 수 있다고 지적했다.

그러나 그렉슨과 로즈(Gregson and Rose, 2000)는 지리학에서 고프먼의 아이디어를 구현하기에는 여러 가지 어려움이 있다고 지적했다. 우선 고프먼의 분석은 능동적이고 선행적이며 의식적이고 의도적이며 수행적인 자아(Gregson and Rose, 2000: 433), 즉 언제나 수행의 외부에 존재하는 본질적이고 진정한 자아를 가정한다. 둘째, 수행 개념은 주체를 민감하고 해석적인 '관객'과 관련지어 배치함으로써 수행 주체로서 관객의 행위성과 권력을 제거하는 결과를 가져온다. 셋째, 사회적 맥락은 수행의 구성에 얽혀 있기보다 수행을 통해 '지도화되어 mapped' 이미 존재하는 텅 빈 무대가 된다(Gregson and Rose, 2000: 445). 그 결과, 주체의 상호관계가 제거되고 권력이 행위자와 분리된다.

수행성Performativity

고프먼의 작업에 대한 그렉슨과 로즈의 비판은 권력의 문제를 제기한다. 정체성이 수행되는 방식은 사회 세계에서 개인이 차지하는 위치와 사회집단, 계급, 공동체의 구조 및 구성원과 연결되어 있다(Entwistle, 2000). 수행은 또한 신체가 존재하는 기술적·자연적·사회적·경제적 환경과 연결되어 있으며(Harvey, 1998), 우리 자신의 신체에 대한 평가가 진행되는 담론과 독립적이지 않다(Valentine, 1999b). 주디스 버틀러는 권력이 젠더 담론을 통해 영향을 미친다고 보고 권력, 실천, 자기동일시 문제 간의 관계를 파악하는 데에 '수행성'이 더 적절한 개념이라고 제안한다(글상자 4. 5 참조).

그렉슨과 로즈(Gregson and Rose, 2000)는 어떠한 방식으로 공간이 권력의 수행적 표현으로 나타나는지 검토함으로써 버틀러의 아이디어를 발전시켰다. 경험은 '인용되는 실천들이 나타나고, 다시 반응하고, 저항, 초월되면서' 장소가 된다(Gregson and Rose, 2000: 435). 특정한 수행은 기

주디스 버틀러
4.5
젠더는 수행이고, 정체성은 수행적 의미화의 산물이다

지리학자인 니키 그렉슨과 질리언 로즈(Gregson and Rose, 2000)는, 수행 performance이 수행성performativity 안에 포함되며 언제나 수행성과 연결되어 있다고 주장한다. 그렉슨 등은 주디스 버틀러의 젠더와 정체성 연구를 적극적으로 끌어들였다. 버틀러(butler, 1990)는 젠더가 수행이라고 주장했다. 젠더는 주체가 누구인지가 아니라 무엇을 하고 말하고 행동하는지로 결정되는 일종의 수행이다. "젠더는 행위이지만, 행위 이전에 존재한다고 말할 수 있는 어떤 주체의 행위는 아니다. 젠더적 표현 뒤에 젠더 정체성이 있는 것이 아니다. 그 정체성은 그 결과로 이야기되는 '표현들expressions'에 의해 수행적으로 구성된다"(butler, 1990: 25). 따라서 버틀러에게 정체성은 수행 이전에 존재하지 않으며, 자유롭게 선택되는 것도 아니다.

버틀러의 수행성 개념은 주체와 수행을 제한하고 가능하게 하는 퍼포먼스를 통해 작동하는 담론적 권력 개념을 포함한다. 수행성은 담론을 재생산 및/또는 전복하는 인용 관행citational practices 으로 구성된다(Gregson and Rose, 2000). 행위의 반복은 규범을 만들고, 이 규범은 다시 반복을 통해 유지된다. 정체성은 "시간이 지남에 따라 행위가 양식화되고 규제된 반복"으로 구성된 수행적 의미화의 산물이다(Butler, 1990: 141). 버틀러는 "이 개념들이 가지고 있는 명료성을 부여하는 담론적 실천 외부에는 행위자나 실현 가능성이 없다"고 말한다(Butler, 1990: 148). 그러나 개인은 자신이 얽혀 있는 의미 체계 외부에 대리자agency를 가지고 있지 않음에도, 행위를 반복하는 방법과 인용 관행을 가능하게 하는 규범을 어떻게 수행하느냐에 따라 특정한 대리자의 형태를 취할 수 있다(Butler, 1990).

존의 '무대'에서 일어나지 않으며, 오히려 이러한 공간을 존재being로 바꾸어 버린다(Gregson and Rose, 2000: 441). 예를 들어, 자동차 행상car boot sale(자동차 뒤 트렁크에 물건을 싣고 다니면서 싸게 파는 트렁크 세일)은 비어 있는 '무대'에서 일어나는 게 아니라 관객과 수행자 사이의 경계를 흐릿하게 하는 프로모터, 연방 보안관, 행상인, 구매자들에 의한 특정한 수행을 통해 나타나는 일종의 사건이라고 할 수 있다(Gregson and Rose, 2000: 444). 버틀러의 수행성 개념은 이러한 행위자들이 어떻게 권력에 포섭되어 있는지를 설명해 줄 뿐만 아니라, 젠더화된 구매와 판매의 수행에 관여된 이성애적 규범, 젠더에 대한 지배적인 이해를 재조명하는 데에 도움을 준다. 자동차 행상 또한 여러 가지 수행, 관객, 권력과의 상관관계 안에 존재하는 것으로, 전통적인 판매 방식에 작동하는 힘의 관계를 노출시킨다(Gregson and Rose, 2000).

스리프트(Thrift, 2000b; 2000d)는 지리학의 시각적인 것과 재현에 대한 강조를 비판하며, 수행성 개념을 사용해 인간이 세상에 유의미하게 관여하고 세상을 변화시키는 신체적 실천과 움직임, 감각과 관행(반드시 담론에 종속되지는 않는)을 수용하는 방식에 대해 설명한다. 그의 연구는 수행성이 주체를 지배적인 담론의 강압적이고 비성찰적인 행위자로 환원시키며, 따라서 우리는 "인간 주체가 정체성을 수행하는 방법과 이유, 살아 있는 개인의 역사, 상호주관적 관계, 특정 장소와 순간에 존재하는 상호주관적 관계와 내재성을 놓치게 된다"[Thrift, 1999: 349]는 넬슨Lise Nelson[1999]의 우려 중 일부를 반박하였다. 스리프트[Thrift, 2000c]는 '수행 문화performing cultures'를 검토하면서 새로운 '신속한' 주체 위치 변동이 어떻게 새로운 수행적 공간을 창조하는지를 설명하였고, 사회적 관행이 착근된 공간은 비재현적 특성을 위한 영역을 만들어 내기 때문에 인용력을 갖는다고 보았다.

따라서 신체의 실천과 수행이 수행성 개념에 통합된다면 그 개념은 담론, 실천, 신체 행동과 표면이 함께 모여 어떻게 소비의 지리 (주체가 구성되고 체현되고 배치되는 지리)를 형성하는지를 이해할 수 있는 유의미한 수단이 될 것이다. 루이스 크루Louise Crewe, 니키 그렉슨Nicky Gregson, 케이트 브룩스Kate Brooks의 연구는 이러한 아이디어를 이용하여 교환, 소유, 전유 그리고 투자 중단 의식이 신체 담론과 주체성을 수행해 내는지를 보여 주었다[글상자 4. 6 참조].

세 연구자들의 복고풍 의류점 연구는 소비 의식(개인화, 소유, 변형과 같이)[Gregson and Crewe, 1997b]이 어떻게 신체와 공간에 대한 특정 서사를 수행하는지에 관한 연구로 확대되었다. 상점 관리자와 소비자 인터뷰에서 그렉슨 등[Gregson et al., 2001a]은 복고 의류의 가치를 높이는 두 가지 방식을 확인했다. 첫 번째는 '카니발레스크carnivalesque'〔기존의 질서나 가치를 우스꽝스러운 유머와 무질서로 전복시키거나 해방시키려는 시도의 은유적

4.6

신체 담론의 (재)맥락화
중고의류의 재매혹/재수술화 과정

크루, 그렉슨, 브룩스의 연구(Gregson et al., 2000; 2001a; 2002b)는 상점에서 보게 된 참가자들의 관찰 내용과 자선 및 복고풍 의류 상점의 직원과 소비자, 관리자와 소유자 인터뷰를 담고 있다. 그 결과, 신체 담론이 중고의류의 판매와 구매에 영향을 미친다는 것을 발견했다. 판매상과 자원봉사자들은 기증된 옷을 분류하고 세탁과 다림질 같은 정화 의식을 거쳐 이전에 사용된 의류에서 신체의 흔적을 지우는 일에 관여했다(Gregson et al., 2000). 자선 상점 직원은 과거 신체의 흔적이 덜 남은 옷을 더 가치 있게 평가했고, 속옷과 신발, 잠옷, 불결하거나 낡아빠진 옷처럼 소유자의 개인적 흔적이 각인된(문자적 혹은 은유적) 옷은 폐기처분했다. 그러나 이전 소유자의 흔적을 제거한다고 해서 가치 그 자체가 박탈되는 것은 아니며, 많은 쇼핑객에게 중고의류의 가치는 실제로 이 의류가 이전에 착용되었다는 사실에서 파생되고 '재맥락화'된다(Miller, 2000; 80).

잠재적 소비자의 관점에서 볼 때, 신체 문제는 여전히 중요하다. 중고의류 구매와 관련된 위험은 잘 모르는 다른 사람 및 알려지지 않은 상품 이력과 관련이 있다. "아이들에게 대물림되는 옷"(Gregson et al., 2000: 109)과 아이들이 "과거에 가장 좋아한 옷"(Clarke, 2000)은 그 어조가 상당히 다르고, 중고 옷은 부분적으로 이전 소유자의 부재 때문이 아니라 존재 때문에 가치가 있는 경우도 있다[글상자 5. 4의 사례 연구 참조]. "가장 밀착되는" 옷은 보통 집으로 가져와 세탁하는데, (이전 신체에 대한) 투입 중단disinvestment과 (현재 속한 새 신체에 대한) 재매혹re-entrenchment의 과정을 거친다. 더 신중한 중고품 구매자는 '입어 보고' 사는 더 위험한 과정을 선택한다.

신체 문제는 또한 '장소' 문제이기도 하다. 고프먼의 무대 앞과 뒤 아이디어를 가져와서 그렉슨 등(Gregson et al., 2000)은 자선 상점의 앞 구역이 어떻게 전문화('소매업'의 실천과 수행)되고 새것처럼 보이도록 기능하는지 설명했다. 악취 나고 더러운 구역인 뒷 공간에서는 신체의 흔적을 지우는 작업이 수행된다.

이와 대조적으로 그렉슨 등(Gregson et al., 2001a)은 '복고풍 의류점'(입은 지 얼마 안 된 옷을 파는 가게)에서는 옷이 신체와 관련하여 그렇게 부정적으로 여겨지지 않는다는 것을 발견했다. 이는 아마도 소비자와 이전 소유자 간의 더 큰 시간적 거리감 때문일 것이다. 밀러(Miller, 2000)는 여기서 가치가 (과거의) 진정성의 함수일 수 있다고 제안한다. 복고풍 의류의 세탁 의식은 자선 상점에서의 세탁 의식과는 다른, 재주술화re-enchantment 수단이 되며, 이는 이전 사용자의 흔적을 지우기보다 그 사용자와의 연결을 재확인하는 과정이 된다. 자선 상점과 복고풍 의류점에 관한 그렉슨·브룩스·크루의 연구는 자아와 타자의 주체성과 식별에 대한 귀중한 통찰력을 제공한다. 의류를 소비하는 것은 육체성의 확장이 된다(Gregson et al., 2000). 자선 상점과 복고풍 의류점 직원과 소비자의 실천은 단순한 수행이 아니라 봉인되고 구속된 (서구의) 남성적 신체와 구멍 나고 오염시키는 과잉(때, 분비물, 불결한 것)으로 위협받는 여성화된 타자의 신체 담론을 인용하고 재인용하는 수행성을 가진다(Longhurst, 2001 참고).

그림 4. 2 밤 외출을 위해 카니발 스타일의 중고의류를 화려하게 차려입은 친구들

표현](Bakhtin, 1984) 개념을 바탕으로 집단 참여를 통해 재미와 거친 놀이, 스펙터클을 불러일으키는 것이다(그림 4. 2 참조). 예를 들어 1970년대에 유행했던 화려한 불량배 취향bad taste의 스타일, 패션에 대한 과도한 욕구 때문에 복고 의류를 구매하고 입는 소비자를 포함한다. 따라서 카니발레스크는 진지하고 세련되게 차려입고 싶은 '정상적normal' 자아의 일시적 경험일 뿐이다(Gregson et al., 2001a: 9-12).

두 번째 방식은 진정한 1970년대 복장을 식별하고 이를 현대 패

그림 4. 3
'알고 있음'에 기반한 중고의류 입기: 트래
비스와 켈리는 진정한 복고풍 의상 착용자
이다.

선으로 재전유하는, '알고 있음knowingness'을 수반하는 감상appreciation이
다[그림 4. 3 참조]. 이 방식은 복고 의류를 '일시적이거나 장난스러운 의상'
이 아닌 일상복으로 착용하는 것이다. 여기서 지식과 식별은 상상
된 진정성과 개성 개념을 인용하며 수행된다[Gregson et al., 2001a: 12-18]. 이
방식의 복잡성은 그것의 관계성에서 드러난다. 나쁜 취향과 좋은
취향에 대한 참조는 두 가지 방식 모두를 보여 준다. '카니발레스크'
에서는 이것이 자신이 아닌 타자로 가장하여 나쁜 취향을 기념 및
조롱함으로써 작동하고, '알고 있음' 방식에서는 다른 사람들은 알
지 못하는 나만의 화려한 취향에 의해 재현된다[Gregson et al., 2001a: 18]. 따
라서 중고의류 연구는 소비 행위가 어떻게 강력한 신체 규범을 인

용하는지와, '신체 문제'를 둘러싼 담론과 신체 경험(광경과 냄새 같은)이 상품의 가치 평가와 소비 주체의 체현 및 배치에 중요한 역할을 한다는 것을 보여 준다.

소비 정체성 위치시키기: 음식 지리

앞에서 언급한 바와 같이, 상품 구매에 대한 강조는 소비자가 소비에서 의미를 얻고 의미를 만드는 방식의 다양함을 가려 버린다. 본장의 마지막 절에서는 음식 소비가 어떻게 신체의 공간성에 영향을 미치는지를 검토하려 한다. 음식 지리는 이동, 사회성, 체현, 배치 문제와 장소에서의 그 구성을 검토함으로써 정체성 이해에 중요한 통로를 제공한다.

"음식을 먹는 것은 우리 신체의 공간성이 인지되는 한 가지 방법이기 때문에 신체의 공간을 탐색하는 유용한 매개이다"(Valentine, 199b: 331). 만약 "우리가 먹는 것"이라면, "그것은 우리가 먹지 않는 것"에 대한 것이기도 하고, "우리가 먹는 장소"에 대한 것이기도 하다(Bell and Valentine, 1997). 음식은 소비재로서 특별한 위치를 지닌다. 음식은 생명을 유지하는 데에 필수적이면서 부와 빈곤을 상징하기도 한다. 음식은 생존, 즐거움, 불안, 지루함 같은 여러 이유에서 다양한 방법으로 소비될 수 있다(Mintz, 1993). 음식의 구매, 준비, 차림, 섭취는 경제적·문화적 자본의 척도이자 사회적 배제의 잠재적 원천이 될 수 있다. 음식도 소비되면서 '신체'가 되기도 하지만 사라져 버리기도 한다(Yasmeen, 1995). 앞에서 언급한 대로, 음식의 소비는 신체와 정체성 차별화에 중요한 역할을 한다. 뚱뚱한 사람, 거식증 환자, 게으름뱅이, 대식가, 슈퍼모델은 욕망, 미학, 섹슈얼리티, 즐거움, 혐오, 자기통제라는 다양한 수행적 담론을 수행하며 '먹는다'는 신체적 실천을 둘러싸고 구성된다. 음식 윤리는 예를 들어 길거리나 직장, 학교에서, 공적으로나 사적으로 먹는 것을 둘러싼 관습으로 공간화되어 있다.

따라서 음식의 구매와 섭취는 물질적 주체의 구성, 재현, 공간성뿐만 아니라 "더 넓은 담론 틀 안에 개인의 음식 섭취를 위치시키는 사회적 상상"의 구성에 기여한다(Cook et al., 1999: 223; Domosh, 2003도 참고). 음식 소비의 실천은 신체에서부터 세계에 이르기까지 개인, 집단, 장소 정체성의 구성에 중요하다(Bell and Valentine, 1997). 상품으로서 음식(그리고 음료)은 와인의 통제된 원산지 등급 지정 체계를apellation d'origine controlee

접시 위의 세계
상상된 지리로 작동하는 치환

쿡과 크랭(Cook and Crang, 1996)이 분석한 대도시 음식 공간으로서 런던의 형성 연구에는 음식과 사람, 요리 지식의 흐름이 어떻게 연결되는지가 담겨 있다. 쿡과 크랭은 사람들이 '외국' 음식을 먹을 때 접시에 담긴 세상이 현실만큼이나 상상이 발휘되는 영역임을 발견했다. 음식이 어디에서 왔는지와 그 음식과 관련된 대상 및 행위에 대한 지리적 지식은 상품을 '재주술화'하여 표준화된 제품과 취향의 동질화, 장소의 평가절하된 역할을 구별하는 수단이 된다(Cook and Crang, 1996: 132). 이것은 음식 소비가 지역적 맥락에서 발생하지만, 그 맥락은 "여러 네트워크에 개방되어 있고 연결되며 이를 통해 구성되는" 치환 과정을 통해 발생한다(Cook and Crang, 1996: 138). 치환displacement은 소비자 정체성이 특정 제도와 주체화된 공간을 넘어 병치된 '식별체identifications'로 파편화되는 것을 의미한다(Crang, 1996: 64). 따라서 소비자들은 그들이 소비하는 상품의 지리와 맥락 속에 얽혀 있다(Crang, 1996: 65).

치환이 어떤 방식으로 자아와 타자의 상상된 지리를 통해 작동하는지에 대해 메이(May, 1996)는 소비자들의 대화를 분석하여, 도시 지역에 거주하는 젊은 영국 소비자의 이국적 음식 소비가 인종차별적 이해에 기반하여 '타자'에 대한 상상적 지리를 그리고 있음을 밝혀 냈다. 이러한 이국적 소비 실천은 (선진국의) 성장과 발전에 따라 (차별을 유발하는) 인종화 개념과 연결되어 있다. 메이의 연구는 초국가적 상품 흐름에 결합된 정체성과 장소의 정치와 함께, 상품의 의미 역시 초국가적임을 보여 준다. 소비자는 초국가적 네트워크에 '붙잡힌 채로' 서로 다른 공간에서 자아, 타자, 초국가적 상품의 의미를 능동적으로 구성해 낸다(Dwyer and Jackson, 2003).

그림 4. 4 어린이의 생일 파티. 음식 실천과 정치, 장소는 정체성과 우정 및 가족 담론을 재생산하여 사회성과 주체성의 형성에 중요한 역할을 한다.

라벨링하는 것처럼 작업장과 제품의 의미에도 중요할 수 있다[Moran, 1993]. 장소를 상징적 구성물로 만들 때 음식은 "다양한 상상적 지리의 담론적 구성 안에 배치"된다[Cook and Crang, 1996: 140][글상자 4. 7 참조].

따라서 음식경관foodscapes—특정한 인간관계를 걸러 내고 그 관계에 초점을 맞추기 위해 '음식'이 다루어지는 장소에 초점을 맞춘 관점[Yasmeen, 1995: 2]—은 소비의 이해에 크게 기여했다. 음식의 구매, 준비, 소비가 평범한 행동처럼 보일지 몰라도, 지리학자 질 발렌타인 Gill Valentine은 음식을 둘러싼 실천이 정체성의 체현과 배치, 관계의 정치 및 사회성 그리고 그런 실천과 의미가 해석되는 공간과 강력하게 연결되어 있다고 주장한다[글상자 4. 8과 그림 4. 4 참조].

또한 발렌타인의 가사 실천 연구는 개성과 사회성, 공유, 협상과 갈등을 기반으로 하는 가구 소비의 정치를 보여 준다. 궁극적으로 발렌타인의 연구는 음식 정치food politics와 실천이 정체성 문제뿐 아니라 신체와 공간의 문제일 수 있음을 보여 준다.

음식 소비 실천
음식이 만들어 낸 정체성의 내러티브

질 발렌타인의 음식 소비 실천 연구(Valentine, 1999a; 1999c; 2002)는 가족(핵가족, 젊은 부부, 은퇴자, 한부모가족, 레즈비언, 홀아비)과 시설(남자 교도소, 두 개의 학교, 노숙자 지원 그룹)에 대한 질적 연구로 진행되었다. 발렌타인은 참가자들의 이야기를 듣고 사람들과 그들의 경험 및 음식 실천이 어떻게 서사적 레퍼토리 안에서 구성되고 위치하는지를 연구했다. 이 서사는 반드시 개인이 직접 구성한 것은 아니며, 주로 "가족과 직장, 국가 등 더 넓은 다중 플롯" 안에 위치했다(Valentine, 1999c: 496). 발렌타인은 음식이 어떠한 연유로 '물질적 신체가 되는지'에 주목했다. 즉, 촉각적 공간으로서의 물질적 신체가 공간성을 생산하기 위해 언제나 그 자체(우리가 내부에서 느끼는 방식)와 세계(외부)를 지각하고 관계 맺는 방식에 민감하게 반응하는지에 대해 초점을 맞췄다(Valentine, 1999b: 331). 이러한 신체 경험이 표현되는 내러티브는 복잡했다. 예를 들어 음식을 소비하는 것은 즐거움과 고통, 자유와 죄책감 같은 양면적이고 심지어 모순적인 경험을 가져올 수 있으며, 이것은 발렌타인의 연구 속 개인들로 하여금 행복, 죄책감, 섹시함, 나태함 같은 다양한 감정을 느끼게 했다.

발렌타인(Valentine, 1999b)은 여성들에게 그들의 신체 공간을 성적으로 바람직하게 만들어야 한다는 상당한 압력이 있다는 것을 발견했다. 발렌타인(Valentine, 1999a)의 연구에 참여한 많은 여성들은 자신이 스스로와 타자에게 어떻게 '보이는지'로 그들 자신을 판단하고, 그들이 자신의 신체를 어떻게 느끼는지에 따라 자신의 매력을 평가했다. 많은 여성들의 정체성 내러티브는 "더 넓은 사회공간적, 성적 관계의 신체적 어조inflection"로서 이해되었다 (Valentine, 1999b: 333). 결과적으로 연구에 참여한 여성들은 식이요법이나 운동으로 신체를 단련한다(더 바람직하게 만들고자)고 이야기했다. 연구에 참여한 남성의 경우에는 응답이 조금 달랐다. 미디어 속 남성 신체의 상업화와 미학화의 증가에도 불구하고, 발렌타인의 연구는 외모나 매력이 남성 내러티브의 중요한 특징이 아님을 발견했다. 남성의 신체적 경험은 여성의 경우처럼 섹슈얼리티가 아니라 건강과 기능에 관한 담론으로 구성되었다.

정체성이 형성되는 사회적·공간적·정치적 맥락도 중요하기 때문에, 사회적 관행을 정체성 구성의 결정적 요인으로 간주해서는 안 된다. 발렌타인은 자신과 가족을 위해 채식을 요리하고 먹고 있음에도 불구하고 육식주의자를 자처하는 '캐롤Carol'을 예로 들어 이 점을 설명한다(Valentine, 1999c: 500). 캐롤을 통해 식사 실천의 함께 먹기와 협상(아이들 중 한 명이 처음으로 채식주의자가 되었고 다른 가족들도 결국 채식을 하게 되었다) 그리고 정체성의 차이가 균일한 소비 관행을 만들기 위해 어떻게 조정될 수 있는지를 보여 준다(Valentine, 1999c: 500).

따라서 음식과 음식 소비 실천에 부여된 의미와, 가계 소비의 정치는 모두 규제적이면서도 동시에 허용적이게도 할 수 있는 복잡한 정체성 서사를 담고 있다. 애나Anna의 음식 일대기food biography는 정체성 내러티브의 광범위한 변화가 얼마나 관계적인지를 보여 준다(Valentine, 1999c). 학생, 회계사, 환경 노동자로서 애나의 주체성은 "가정에서 사용되는 그녀의 접시에 분명히 표현되어", 그녀가 먹기 위해(그리고 어디에서) 어떤 음식을 샀는지 그리고 어떻게 자신의 이야기를 만드는지에 영향을 미치고, 이는 그녀의 정치, 고용 및 소셜 네트워크에 차례로 영향을 미친다"(Valentine, 1999c: 515).

질 발렌타인의 연구는 소비가 신체적인 논의임을 부각시키고, 자아·집·직장의 공간적 경계를 넘어(유동적으로) 확장된 정체성 서사에 얽혀 있음을 밝혔다. 그녀의 연구는 이러한 서사(성적화되고 젠더화되며 인종화된 '도덕적' 담론으로 구성된 서사. 이는 '좋은 양육', '바람직함', '건강하고/또는 보기 좋은 신체', '적절하고 문명화된 음식' 실천과 습관의 수행으로 표현된다)의 구성과 표현에서 음식 소비가 상당히 중요하다는 것을 보여 주었다(Valentine, 1999b).

상품과 신체의 정체성 여정

밀러(Miller, 1997: 45)는 소비가 관계를 표현할 뿐만 아니라, '존재하기to be'가 무엇을 의미하는지에 대한 우리의 이해를 보여 준다고 설명했다. 이번 장의 지리적 연구는 상품 구매를 통한 즐겁고/불안한 정체성 탐색에 근거하여 소비를 (피상적인) 기획으로만 설명하는 소비 내러티브에 중요한 비판을 제공하였다. 신체가 사회적 경험의 핵심 위치라면, 신체가 움직이고 규율되고 전시 및 수행되고 느끼고 경험되는 공간은 정말로 중요해진다(McDowell, 1995: 76).

문화와 물질이 어떠한 방식으로 융합되어 정체성을 만들어 내는가 하는 질문은 매우 중요한 사안이다. 하비는 다음과 같이 주장한다. "신체에 관한 연구는 물질적 실천과 재현, 상상, 제도, 사회적 관계, 정치·경제적 권력의 지배적 구조 사이의 실제 공간-시간적 관계에 대한 이해에 근거해야 한다"(Harvey, 1998: 420). 따라서 장소가 단순히 놓여 있는 것이 아니라 개인과 집단 소비 실천을 구성하는 것으로 이해할 필요가 있다. 또한 특정 주체가 소비자(예를 들어 '부유층', '빈곤층', 젊은이, 노인, 게이, 건강 의식이 있거나 윤리적인 소비자)로서 어떻게 체현되고 배치되는지 탐구하고, 물질적·신체적 소비 실천이 어떻게 사회적 관계와 자아 및 타자의 식별을 형성하는지를 조사하는 것도 필수적이다. 수행성과 치환 개념은 장소와 공간에 걸친 물질적·담론적 실천 사이의 연결을 강조하며, 여기서 발생하는 쟁점을 이해할 통찰력을 제공한다.

또한 이 장에서 제시한 지리적 연구는 특정 상품이 정체성 표현과 형성 매체로 작동할 수 있음을 검토했다. 물질문화의 일부로서 다양한 '위치재'와 일상용품 및 서비스에 대한 연구는 상품의 사회적 삶과 사회생활에서 '장소화된' 상품의 역할을 모두 탐구하는 데에 필수적이다. 상품에 의미가 부여되고, 상품이 수행과 소유 의식을 통해 일상생활에 통합되는 방식을 다룬 문헌은 상당히 있지만 (Gregson et al., 2000), 상품이 어떻게 탈상품화, 탈가치화, 재활용되거나 쓰레기로 전락하는지에 관한 연구는 훨씬 적다(하지만 Hetherington, 2004를 참고).

소비 실천, 상품과 장소 간의 복잡한 관계를 강조하면서, 지리학자들은 상품의 구매, 사용, 의미와 경험이 단순한 '정체성 가치identity value'로 환원할 수 없다고 주장했다. 소비 실천은 공간적·사회적·윤리적·정치적으로 구성된 체현과 배치 과정을 통해 자아와 타자의 경계를 만드는 데에 작용한다. 소비하는 주체의 신체, 정체성화, 실천은 사소한 문제가 아니라 사람들이 '세계'에 연결되고 세계를 구성하는 데에 매우 중요하다.

더 읽을거리

Bell, D. and Valentine, G (1997) *Consuming Geographies: We Are Where We Eat.* London: Routledge.

Cook, I. and Crang, P. (1996) 'The world on a plate: culinary culture, displacement and geographical knowledges', *Journal of Material Culture*, 1 (2): 131-53.

Gregson, N. and Rose, G. (2000) 'Taking Butler elsewhere: performativities, spatialities and subjectivities', *Environment and Planning D: Society and Space*, 18 (4): 433-52.

Gregson, N., Brooks, K. and Crewe, L. (2000) 'narratives of consumption and the body in the space of the charity shop', in P. Jackson, M. Lowe, D. Miller and F. Mort (eds), *Commercial Culture: Economics, Practices, Spaces.* Oxford: Berg. pp. 101-21.

Longhurst, R. (1997) '(Dis)embodied geographies', *Progress in Human Geography*, 2 (4): 486-524.

Valentine, G. (1999) 'Eating in: home, consumption and identity', *The Sociological Review*, 47 (3): 491-524.

Valentine, G. (2002) 'In-corporations: food, bodies and organizations', *Body & Society*, 8 (2): 1-20.

5장

연결성

소비 문헌에서 풀리지 않는 한 가지 딜레마는, 소비와 생산 두 영역을 이분법적인 범주로 위치시키거나 소비를 문화적 현상으로, 생산을 경제적 현상으로 가정하여 이를 강화하지 않고 소비와 생산의 상호의존성을 이해할 방법을 찾는 것이다. 이 장에서는 생산과 소비의 연결을 다루는 다양한 관점을 살펴본다. 생산과 소비를 특정한 방식으로 바라보는 것은 권력과 행위자가 구성되는 방식에 영향을 준다. 제한된 영역으로서의 소비 개념과 여기서 파생된 소비자 및 소비자 공간의 본질주의적 구성에 이의를 제기하고자 다양한 연결 양식이 사용된다. 이 장에서 분석하게 될 세 가지 연결 양식은 사슬, 회로, 행위자 네트워크이다.

상품과 소비 연결하기 : 상품사슬

상품과 소비 과정을 연결하는 사슬chain이라는 비유는 특정 영역에 걸쳐 사회적 관계에 구조를 부여하는 강력한 개념이다. 상품사슬commodity chain은 "상호 연결되어 있으면서도 상품과 서비스의 생산 및 유통과 관련된 개별적인 활동"을 나타내는 '연결 고리links'로 구성된다(Blair and Gereffi, 2001: 1888). 상품사슬 개념은 농업 생산, 가공, 제조, 유통, 마케팅, 소매, 구매, 사용과 같은 다양한 네트워크 접속점nodes이나 단계를 통해 (상품) 구상부터 폐기까지 상품의 이동을 연구하는 수단으로 사용되었다. 지리학자에게 특히 중요한 것은 이러한 네트워크 접속점의 '자리매김placing'과 이 점들 간의 사회적 · 공간적 연결에 대한 것이다[글상자 5. 1 참조].

5.1 강의실에 등장한 생닭
생산과 소비의 연결 구조

마이클 와츠Michael Watts는 오븐에서 바로 구울 수 있는 닭을 강의실에 가져와 학생들에게 그 닭을 평가하게 했다. 그는 학생들에게 그들이 실제로 보고 있는 것이 "사회적 관계의 묶음"이라고 했다(Watts, 1993: 307). 와츠는 미국에서 닭을 소비하는 것이 소비자를 광범위한 사람과 장소, 생산-소비의 과정과 연결시킨다고 보았다. 여기에는 닭의 유전자 조절과 번식, 질병과 성장 조절을 촉진한 닭고기의 일부는 자연으로 분류되고, 일부는 기계가 만드는 산업화된 상품이 되게 하는 배터리 생산자, 사료 회사, 과학 연구 및 개발 조직으로서의 농부가 포함된다. 닭고기를 소비하는 것은 병아리와 식품을 생산하는 다국적기업, 닭을 키우는 계약 농부, 가금류 가공산업과도 연결된다. 미국의 가공산업은 "미국에서 가장 급여가 적고 위험한 일 중 하나"로, 이주민 노동력의 상당 부분을 고용한다(Watts, 1999: 307). 와츠는 지리적으로 고도로 세분화된 시장(예를 들어, 미국 소비자는 가슴살을 선호하는 반면, 아시아 수입업자들은 다리와 발, 날개를 선호한다)에서 미국이 세계 최대의 육계 생산 및 수출국이라는 점을 언급하며, 닭고기가 세계적인 상품임을 설명하였다. 이 예시는 닭고기 생산 체계의 복잡성을 보여 줄 뿐만 아니라, 와츠의 말대로 "판매용 상품인 닭과 같이, 사소한 것에서 시작하여 전후 미국 자본주의의 역사로 끝난다"(Watts, 1999: 308).

닭을 소비하는 것이 학생들을 다양한 과정과 실천에 연결시키는지를 보여 준 와츠의 사례는 강력하다. 이 사례는 상품과 장소의 일대기biographies와 지리학 그리고 이것들이 변형되는 과정을 연구하는 것은 생산과 소비의 연결 구조, 조직, 거버넌스를 생각해 볼 가능성을 제시하는 방법과, 이러한 연결이 장소와 공간을 가로질러 구성되는 방식을 보여 주며, 이러한 특성으로 인해 다양한 연결 양식을 탐구하는 지리학자들이 많은 관심을 갖는 주제이기도 하다.

많은 상품사슬 연구 문헌들이 다루고 있는 것은 소비의 수직적 접근이다. 이 방식은 다양한 지점을 가로지르는 상품 과정, 관계 및 실행의 선형적인 변화를 탐구하는 것을 포함한다. 이 접근법은 특정 상품의 생산 이면에 존재하는 사회적 관계를 드러내는 것을 목표로 한다. 사슬이라는 비유를 생산과 소비 관계에 적용하는 것은 상품 궤적의 공통점과 차이점을 탐색할 수 있게 하며, "현대 자본주의의 주요 특징 중 세계화 시대에 나타난 변화의 역학"을 밝힐 수 있는 잠재력을 보여 준다.

사슬 비유는 두 가지 지적 전통으로 요약된다. 공간을 가로지르는 사슬 구조 및 통제에 초점을 맞춘 글로벌 상품사슬(GCC)과, 사슬을 따라 상품을 추적하는 공급 체계systems of provision에 대한 것이다.

글로벌 상품사슬

초기의 상품사슬 연구는 국경을 넘어 나타나는 생산과 소비의 연결 역학에 초점을 맞추는 경향이 있었다. 글로벌 상품사슬 연구는 세계체제론world systems theory*에서 비롯되었으며, 개별적 네트워크 접속점이나 장소의 특수성보다는 생산과 소비의 정치경제학적 관점을 강조했다(Leslie and Reimer, 1999). 초기 글로벌 상품사슬(GCC) 문헌의 대부분은 핵심 국가의 소비를 위해 차이, 공간 사이의 특정 연결의 결과를 설명하는 데에 유의미했다. 이 문헌들은 세계 주변 지역에서 상품이 생산되는 방식을 묘사하는 산업 상품 분석에 초점이 맞추어져 있었다(Gereffi and Korzeniewicz, 1994 참고).

상품이 만들어지고 공간을 가로질러 이동하는 것을 기록한 글로

---

* 레이크스Philip Raikes 등(Raikes et al., 2000)은 상품사슬 개념이 이매뉴얼 월러스틴 Immanuel Wallerstein(1974)의 세계체제론에서 나왔다고 주장한다. 세계체제론 관점에서의 현대사회 분석은, 특정 장소에서 공간의 변화와 발전이 자본축적과 관련된 정치경제적 결정과 연결되어 끊임없이 변화하는 핵심부와 주변부 및 반주변부를 생성하는 시스템이며, 자본주의적 세계경제로서 세계를 바라보는 시각을 포함한다. 상품사슬은 특정 노동 분업이 나타나는 상품 시스템의 기초를 형성한다. 이것은 시간이 흐르면서 자본주의 세계 체제의 주기적인 팽창과 수축에 규제된다.

벌 상품사슬 연구는 생산/소비 과정의 공간성과 생산 및 소비를 변형시키고 규제하는 강력한 행위주체agents의 역할을 강조한다. 제조업체와 구매자, 유통업체와 같은 '행위주체'는 사회적 관계와 그와 결부된 물질, 사람 및 지식의 흐름을 매개하는 데에 중요한 역할을 한다. 그들의 행동은 특정한 정치적 · 경제적 · 사회적 관계로 구성되는 제도적 맥락을 사회적 · 공간적 배경에 두고 해석이 이루어진다. 따라서 글로벌 상품사슬 접근법은 사슬이 형성되고 작동하는 장소를 기반으로 하는 차이와 공간 사이의 특정 연결의 결과를 설명하는 데에 유익하다. 글로벌 상품사슬은 세계화의 경제적 측면과 노동의 공간적 분리 및 이로 인해 발생하는 사회적 · 공간적 불평등과 밀접한 연관이 있다(Blair and Gereffi, 2001).

기업은 생산 조직을 조정하고 통제함으로써 사슬을 주도하며 선도기업을 중심으로 권력이 부여된 사슬의 연결 고리를 가진다. 선도기업의 유형은 사슬을 특징짓는 거버넌스와 그 결과로 사슬이 '자리를 잡으면서' 이루어지는 지역 개발의 윤곽을 결정한다(Gereffi, 1999). 특히 핵심적인 행위주체가 어떻게 생산 및 무역 네트워크를 설정하고 유지 관리하는지(Raikese et al., 2000: 394)에 대해 GCC 접근 방식은 소비와 생산의 조직적 · 제도적 측면을 강조한다. 상품사슬을 관리하는 조직에는 두 가지 양태가 있다: 생산자(공급자) 주도 상품사슬과 구매자 주도 상품사슬(그림 5. 1 참조).

생산자 주도 사슬은 수직적으로 통합된 다국적기업이 상품생산

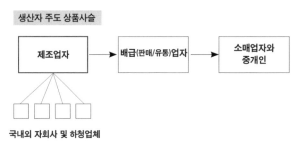

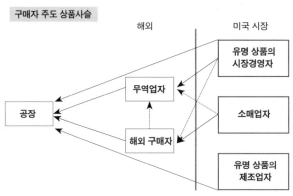

그림 5. 1 상품사슬을 주도하는 생산자와 소비자(Gereffi, 1999)

의 사슬을 통제하는 것이 특징이다. 이러한 기업들의 성장은 제2차 세계대전 이후 자본주의적 축적을 기반으로 하는 포드주의 체제의 발전과 관련되어 있다. 선진국과 개발도상국, 수출가공지역의 수입 대체 전략도 생산자 주도 사슬의 성립을 촉진했다(Gereffi, 2001). 생산자 주도 사슬(또는 '공급자 주도 사슬')은 자동차, 항공기, 컴퓨터 기업과 같은 자본 및/또는 기술집약적 산업이 대표적이다. 반면에 구매자 주도 사슬에서 사슬의 형태와 운영은 제조 및/또는 생산과정을 지시하는 소비 측과 관련된 회사(소매업체, 마케팅이나 디자인 회사 같은)에 의해 움직인다. 이런 회사들은 종종 생산과 공급 유형을 결정하고 제품 사양에 따라 상품을 조달하기도 한다[글상자 5. 2 나이키 사례 참조].

제레피[Gereffi, 2001]는 1960년대 구매자 주도 사슬의 등장은 운송 및 통신의 발전과 더불어 개발도상국의 산업 전략이 수입 대체에서 (미국 정부와 IMF 및 세계은행이 정책적으로 권고하는) 수출지향형 성장으로 전환되는 데에 도움을 주었다고 주장했다. 선진국 소매업체와 시장 사이의 경쟁 심화로 인해 기업은 역외 아웃소싱 네트워크의 성장과 조직에 참여하게 되었다[Gereffi, 2001: 32-3]. 구매자 주도 사슬은 의류, 신발, 장난감이나 가전제품과 같은 노동집약적 산업과 관련이 있으며, 제레피는 이러한 산업의 형성이 '제조업체로의 이동'에서 '소비자 유인'으로의 전략 변화를 반영하는 것이라고 보았다. 이런 기업 중 대다수는 제품이나 서비스 특성 자체보다는 정체성이나 이미지를 마케팅 우위에 두는, 브랜드 주도형 기업이다. 구매자 주도 사슬이 등장한 결과, 생산과정의 가장 비싼 부분이 노동력이 풍부하고 값싼 지역으로 재배치되었다. 그 결과 정보, 노동, 기술, 상품, 물류, 마케팅 및 디자인 등과 관련된 흐름은 핵심 국가에 남게 되고, 제조와 가공 또는 조립은 임금과 노동조합 수준이 낮고 근로자의 권리와 근로자 보험이 제대로 보장되지 않는 '주변' 국가에 위치하게 되어 생산과정이 지리적으로 분리되었다. 종종 수직적으로 통합되는 생산자 주도 사슬과는 다르게, 구매자 주도 사슬은 공식적·비공식적 계약(제휴나

하도급계약 같은)으로 연결된 다양한 독립 기업들로 구성되기도 한다
(Gereffi, 2001).

생산자 혹은 구매자 주도 사슬의 구분은 생산(소비 흐름과 관계)을 통해 표현되는 권력과 행위자 문제를 고려하고자 할 때 유용하다. 그러나 세계화된 세계에서 사슬의 복잡성과 폭이 증가한다는 것은 사슬을 가로질러 성립하는 권력과 통제의 관계를 파악하기가 그만큼 어렵다는 뜻이다. 또한, 인터넷을 매개로 하는 사업의 성장은 제레피의 구매자/공급자 주도 사슬 개념을 복잡하게 만든다. 1990년대 중반에 인터넷을 중심으로 조직되는 제3의 거버넌스가 부상했지만, 제레피(Gereffi, 2001)는 그것의 부상이 함축하는 바는 명확히 제시하지 않았다.

GCC 문헌은 자본주의적 기구들(보통 다국적기업과 같은 형태)과 금융기관 및 규제 기반시설을 통해 관리되는 경제적·정치적 프로젝트로서의 세계화 개념과 연결된다(Whatmore and Thorone, 1997). 이러한 연구들은 소비가 보여지는 방식(즉, 착취적 자본주의 관계를 가리는 가면으로서)뿐만 아니라 개발의 정치경제 자체에도 영향을 미쳤다. 이 작업은 주변부의 생산 효과를 강조하는 경향이 있고, 소비를 생산에 대한 더 의미 있는 탐구의 시작점으로 제시되기도 하였다(Leslie and Reimer, 1999). 상품사슬은 기업이 직장 관행을 개선하고 직원을 위한 더 높은 월급과 조건을 확보하도록 장려하는 소비자 캠페인을 통해 개별적 차원의 정치적 동원 기반을 제공했다. 노동자들의 시위는 주

와 지방 주 입법, IMF와 WTO의 신자유주의적 규제 정책에 저항하는 것에 초점을 맞추었다[Blair and Gereffi, 2001]. 이러한 캠페인은 일반적으로 소비자 인식을 높이고 구매 결정에 영향을 미침으로써 변화를 일으켰다[글상자 5. 2 나이키 사례 참조](나이키의 브랜드 전략과 직장 내 관행은 학계와 대중의 많은 관심을 끌었다).

5.2 소비자 행동주의와 글로벌 사슬
나이키 "JUST DO IT"과 "JUST STOP IT"

"세계의 소비자와 노동자가 연합한다. 그냥 하라Just do it! 그렇게 하면 우리는 이미지가 전부인 나이키 같은 거대 제조사의 행동에 영향을 미칠 수 있다." 이것은 해외 공장 근로자들의 조건을 개선하겠다는 나이키의 결정에 대한 1988년 5월 15일자 《워싱턴포스트》지 기사의 첫 문장이었다[Dionne, 1998].

주식회사 나이키는 세계 최대의 스포츠 신발 및 의류회사이다. 나이키 브랜드와 '스우시swoosh' 아이콘은 대부분의 사람들이 보자마자 알아보는 상징이 되었다. 루리Celia Lury(1999)는 나이키 브랜드 상징의 반복이 시간과 공간을 재구성하여 브랜드의 내구성을 제품의 내구성과 분리시킨 것이 나이키 브랜드의 힘이라고 주장했다. 그 결과, 나이키 상품의 객관적인 특성, 용도, 의미는 브랜드 효과 중 하나가 되어 버렸다. 나이키 브랜드는 스포츠의 힘과 감성을 최첨단의 혁신과 결합시킨, 반항적이고 개성적인 참신함과 경쟁력을 압축한 이미지다. 나이키가 선택한 존 매켄로, 안드레 아가시, 마이클 조던, 캐시 프리먼 같은 '유명세가 높은 운동선수'들은 브랜드 인지도를 높이는 데에 결정적이었다. 2003년 나이키의 수입은 107억 달러에 이르렀다(Nike Inc., 2003).

이 회사는 1964년 CEO 필 나이트Phil Knight가 일본에서 수입한 운동화를 트럭 뒤에서 팔면서 시작되었다. 오늘날 나이키는 브랜딩에 지출하는 비용에 '제한 없음'이라는 비즈니스 철학을 장려하는 거대한 디자인 및 마케팅 회사이다(Klein, 2000). 나이키는 상품 제조에 직접 관여하지 않지만, 독립적으로 소유 및 운영되는 공장에 제조를 하청하여 소비재를 생산하는 방법과 장소, 시기를 관리한다(Korzeniewicz, 1994). 복잡한 3단계 계약 시스템으로 나이키는 생산 요소와 소비자 수요 변화에 맞춰 자원과 생산을 지리적으로 이동시킨다(Donaghu and Barff, 1990). 이렇듯, 나이키의 하청, 공급 및 금융 계약의 복잡성(Goldman and Papson, 1998 참고)에 구매자 주도 사슬이라는 은유가 불안정하게 자리 잡고 있다(Jackson, 2002b). 대다수의 나이키 신발과 의류는 아시아의 공장(Schoenberger, 1998)에서 생산되며, 나이키 관련 공장에 약 50만 명의 근로자가 고용되어 있다고 알려져 있다(Larimer, 1998). 태국, 베트남, 인도네시아, 중국처럼 임금이 낮고 노동조합 가능성이 제한된 나라에서 제품이 생산된다. 생산 단가가 16.70달러인 나이키 운동화 한 켤레는 미국 전역에서 약 100달러에 판매된다(Beder, 2002).

1990년대 내내 나이키의 '상품사슬'과 관련된 다양한 인권침해를 소비자에게 경고하는 일련의 캠페인이 실시되었다. 이러한 인권 문제에는 공장에서 벌어지는 신체적·정신적·성적 학대와 열악하고 해로운 노동조건, 노동조합 결성 기회 부족이 포함된다(Connor and Atkinson, 1996). 또한 노동자에게 최저임금보다 낮은 요율로 지급하거나, 최저임금이 지급되는 경우에는 그것을 정당화하거나 공정한 '생활living' 임금 개념을 부각시키는 논쟁이 불거졌다(Schoenberger, 1998 참고). 소비자에게 나이키 제품과 후원을 보이콧하라고 장려하는 캠페인이 꽤 있었지만, 대다수 캠페인들은 이것이 신발과 의류가 생산되는 나라의 노동자들에게 피해를 준다고 여겨진다(Oxfam community Aid Abroad, 2003). 시위의 수사학은 종종 '도덕성' 담론과 임금과 광고, 홍보 지출 간의 상대적 불평등에 초점이 맞추어져 있다(타이거 우즈가 나이키 상품을 홍보하는 대가로 연간 약 2천만 달러를 받는다는 내용이 자주 인용된다). 인터넷은 회사와 시위 활동에 관한 정보를 퍼뜨리는 주요 수단이 되었다. 인터넷에서 검색해 보면 나이키의 브랜드 이미지에 대항하며 소비자 캠페인의 기반이 된 슬로건들을 찾아볼 수 있다. 나이키, 그렇게 하지 마라, 나이키, 정의로워라, 나이키처럼 하지 마라, 나이키를 불매하라, 나이키 로고를 금하라('NIKE-Don't Do It', 'Nike-Do It Justice', 'Just Don't Nike', 'Just Boycott It', 'Ban the Swoosh', 'The Swooshtika').

하트윅Elaine R. Hartwick(1998)은 이미지에 의존하는 것이 나이키 같은 기업을 보이콧하거나 의미에 대한 기호학적 논쟁을 포함하는 소비자들의 압력을 취약하게 만든다고 지적한다. 1997년까지 나이키는 '제3세계 노동력 착취의 상징'이 되었다(Beder, 2002). 반反나이키 캠페인은 나이키 제품이 생산되는 조건에 대한 소비자

인식과 사회정의의 문제를 고취시키려 노력했다.* 이와 같은 캠페인은 개인들에게 시위 조직 및 참여, 로비 활동 조직(나이키 제품을 착용하는 스포츠 팀이 소속된 학교나 대학),** 나이키 본사에 편지와 팩스, 이메일 발송에 적극 참여하도록 장려했다.

'지식 있는' 소비자의 주권은 자주 강조되며, 개인들이 나서서 나이키 소매점 밖에서 시위하고 쇼핑객에게 이 관행을 알리는 전단지가 배포된다. 존스Rebecca Johns와 부랄Leyla Vural은 '노동착취 중단 캠페인'이 어떻게 노동조합 구성원뿐만 아니라 '소비자 공동체'를 동원했는지에 주목했다[Johns and Vural, 2000: 1195]. 이 캠페인은 생산과정에 초점을 맞추기보다는 소매업체를 겨냥하면서, 소비자가 소매업체에 압력을 가해 공급망에 대한 억압을 제거하고 제조업체와 소매업체가 제조 및 판매하는 상품을 책임지도록 하였다 [그림 5. 2 참조]. 이 캠페인은 대통령 직속 의류 산업 전담반에 로비 활동을 하고 노동착취 없는 도시운동Sweatshop-Free Citites Movement을 전개하여, 1997년 미국에서 노동착취 금지법Stop Sweatships Act을 통과시켰다. 1997년 '노동착취 근절No Sweat' 협정의 일부로서 적절한 근로조건 기준을 설정하고 작업장의 기업윤리규범 준수에 합의

---

* 이런 캠페인들은 다국적 통제, 국제무역 및 금융, 환경, 제3세계 부채 및 빈곤 같은 쟁점과 관계된 폭넓은 반세계화 운동과 연결되어 있다.
** 실비Rachel Silvey[2002]는 나이키의 작업 환경에 대한 대학의 항의와 나이키 로고가 있는 의류 생산자를 위한 행동강령의 의미를 조사한 콜로라도대학위원회에서 자신이 맡은 역할을 논의하면서, 노동규율이 단순히 사슬의 끝에 위치한 공급자의 특징이 아니라는 점에 주목한다. 대학의 민영화는 다국적 기업의 규율 효과(계약 자금을 인출하겠다고 위협하여)가 사슬의 끝에 위치한 소비로까지 확대되었음을 보여 준다.

한 기업 중에는 나이키와 리즈 클레이본도 포함되었다(Hartwick, 1998).

1990년대 후반까지 나이키의 대표들은 소비자 운동가들의 주장을 일축하고, 회사가 운동화를 '제조'하지 않는다고 주장하며 제기된 문제들을 부정하는 태도로 일관했다. 그러나 1998년 5월 필 나이츠는 공개적으로 비판에 답변하고, 공장의 작업 조건을 개선하는 일련의 조치들을 발표했다. 나이츠는 여전히 착취적인 노동조건에 대한 보고서를 반박하면서, 비호의적인 매스컴의 관심이 회사 이미지를 얼마나 훼손했는지도 언급했다. 그는 이후에 아시아 공장들이 미국 작업장의 대기질 기준을 준수하도록 회사의 기업윤리규범을 개정하고, 공장에 대한 독립적인 모니터링을 강화하고, 15세 미만 어린이의 노동을 금지시키고, 현지 최저임금을 지급하겠다는 계획을 발표했다. 노동착취 반대 캠페인은 회사 관행에 변화를 이끌어 내는 데에 성공했으

"제3세계의 자원을 제2세계에서 만들어
제1세계가 소비한다"

그림 5. 2 상품사슬 정치의 가시화(Ted Goff의 카툰)

나, (작업장 관행에 관한 언론의 관심을 통해) 상품물신주의를 폭로한 것이 정책과 관행을 변화시켜 회사에 대한 행동이나 소비자 행동주의로 이어졌는지 판단하기란 쉽지 않다. 이처럼 투명성, 사회적 책임, 홍보 및 소비자 단체에 대한 담론은 기업과 소비자 집단에 따라 상당히 다르게 구성, 상상, 해석, 실행될 수 있다(Silvey, 2002 참고).

하트윅(Hartwick, 1998)은 소비 및 소비자 제도가 상위의 행위자와 연결되며 새로운 종류의 정치를 만들어 내고 있다고 주장했다. 소비자에게 행동주의 전략의 기초로서 생산 관행을 인식시키는 것은 순진한 소비자라는 개념과 연관되어 있으며, 상품 흐름에 대한 학문적 이해를 특권화한다(Jackson, 1999). 그럼에도 불구하고 〔1997년 노동착취 근절에 관한 합의와 같은〕 새로운 형태의 산업 거버넌스의 출현은 소비자에게 부여된 행위자의 역할에 방점을 둔다(Johns and Vural, 2000). 만약 새로운 정치가 등장한다면, 그것은 통일된 것으로 간주될 수 없으며, 대신에 분열되고 다양한 이해관계가 있는 커뮤니티가 구축한 결과로 보아야 한다(Jonhs and Vural, 2000).[*]

글로벌 상품사슬에 관한 연구는 대부분 상품사슬의 '생산' 측면에

---

* 분열된 정치가 정치적 행위에 해당하는지에 관해서는 논란이 있다(식품정치에 관한 다양한 의견은 Goodman and Dupuis, 2002: 5 참고).

주목하며, 제조업과 농업에 초점을 맞춰 왔다. 예를 들어 신선한 과일과 채소, 신발, 전자제품, 자동차에도 적용되었다(Raikes et al., 2000을 보라). 반면에 관광, 의료, 금융 서비스, 숙박, 여행 서비스 같은 소비자 서비스는 상대적으로 덜 검토되었으며, 이 산업에는 상품사슬 개념을 적용하기가 쉽지 않다(Clancy, 1998)(글상자 5. 3 참조). 지난 10년간 소매 지리학자들은 구매자 주도 기업들이 생산, 판매, 소매 공간에 영향을 미치기 위해 개발한 능력에 관심을 기울였다. 글로벌 상품사슬 연구는 제조업자와 소매업자 간의 관계 변화를 식별하는 데에 기여했다. 기업 관계를 변화시키는 조직적이고 기술적인 규제 변화는 제도적 권력의 형태와 운영에 영향을 미쳤다. 예를 들어, 버트Steve Burt와 스파크스Leigh Sparks(2001)는 월마트 연구를 통해 상품이 소비자에게 최종 판매될 때까지 공급자가 상품 소유권을 유지하는 경우에 권력이 사슬을 통해 작용한다는 것을 증명했다. 이는 월마트의 현금 흐름을 개선하고, 공급업체를 소비자와 재고 수준 및 공급 체계에 더욱 민감하게 만드는 효과를 발생시켰다.

클랜시(Clancy, 2002)의 연구는 섹스관광을 소비, 표상과 재생산을 구성하는 좀 더 일반적인 사회적 관계의 일부로서 다루었지만, 섹스관광이 물질적·상징적으로 (재)생산되고, 인터넷으로 매개되고, 마케팅되는, (이 사슬과 다른) 수평적 과정의 교차점은 조사하지 않았다. 또한 여행사의 역할, 항공 일정, 관광객 흐름과 여행, 섹스관광이 노동자와 소비자 모두에 의해 구성되는 방식, 이와 관련된 정치

섹스관광의 사례

클랜시Michael Clancy는 섹스관광 연구에 글로벌 상품사슬 접근 방식을 적용했다. 그는 섹스관광이 "여성, 남성, 어린이의 성적 정복"이 또 다른 관광 기념품이 되는 '현대적' 관광소비주의의 궁극적인 형태라고 주장했다(Clancy, 2002: 73). 사슬의 조직이나 거버넌스 구조가 구매자 혹은 생산자 주도 모델을 따르지 않지만, 섹스서비스의 생산과 소비는 종종 같은 지역에서 발생하기 때문에, GCC 접근 방식을 섹스관광에 적용하면 권력과 교환관계를 강조하는 데에 유용하다(Clancy, 1998: 129). 그의 연구는 대부분의 섹스관광지인 남반구 국가(주로 여성)를 원시적이고, 이국적이고, 제약이 없는 곳으로 묘사하고 있음을 보여 준다. 그는 왜 섹스관광 상품사슬이 쿠바에 안착했는지를 연구하며, 이를 경제위기와 그것이 여성에 미치는 영향, 가격에 민감한 산업에서 상대적 비용 하락, 묵인을 통한 정부의 승인과 연결짓는다. 클랜시는 섹스서비스 사슬이 다른 종류의 구매자 주도 사슬의 권력 관계에 영향을 미치는지에 주목했다. 포주, 술집 주인, 관광 가이드 등과 같은 중개인들은 생산과정을 통제하며 이 서비스 '생산자'의 몫보다 훨씬 많은 잉여가치를 뜯어 낸다. 클랜시의 연구는 지역 수준에서 생산과 소비의 연결을 조명하고, 다른 규모와 연관지어 이를 이해하는 GCC 연구의 통찰력을 보여 준다.

는 중점적으로 다뤄지지 않았다. 뒤에서 다룰 공급 체계는 다른 사슬 간의 상호작용과 상품의 의미에 더 중점을 둘 것이다.

공급 체계

글로벌 상품사슬 연구 문헌은 생산과 소비의 연결이라는 광범위한 정치경제를 강조하지만, 공급 체계 접근은 사슬의 특정 요소에 초점을 둔다. 공급 체계와 프랑코폰 필리에르Francophone filière에 기반한 연구는 상품 자체의 변형(과 궤적)을 다룬다[Fine and Leopold, 1993a 참고].* 이 연구들은 상품의 흐름과 상품을 둘러싼 지식을 형성하는 체계, 공간성과 사회적 관계를 조사한다. 그러나 글로벌 상품사슬과 공급 체계 접근 사이의 구분이 점차 흐려지고, 구매자-공급자 접점에 중점을 둔 공급 체계 연구가 이루어지면서 두 접근 방식 간에 상당한 상호보완성이 생겨났다[Goodman, 2001; Leslie and Reimer, 1999].

파인과 레오폴드[Fine and Leopold, 1993a; Fine, 2002]는 다양한 사례를 통해 상품과 소비가 연결되는 방법을 정확하게 파악하였고, 그것이 공급

---

* 프랑코폰 필리에르 전통(프랑스 식민지의 경험이 있거나 프랑스어를 사용하는 국가들 간의 생산-공급 네트워크를 나타내는 개념)은 주로 농산물에 적용되어 왔으며, 다양한 연구 전통과 사상에서 비롯되었다. 필리에르filière(순서, 절차, 단계) 개념은 상품과 상품 변형에 대한 물리적 흐름을 구축하는 데에 중점을 두며, 공급 체계 연구처럼 특정 상품을 둘러싼 권력의 생성과 구조화 및 작용을 포함한다[Raikeset et al., 2000]. 굿먼Goodman(2001)은 노동과정이 필리에르의 주된 개념적 기초라고 주장한다.

체계 관점과 가장 밀접하게 관련되어 있다는 것을 알아냈다. 다양한 장소와 관행에 초점을 맞춘 공급 체계systems of provision(SOP)는 상품의 변형과 상품이 위치한 '시스템'과 관련하여, 대상의 상징적 의미와 담론 및 물질적 사용을 통합한다. 일반적인 접근은 사슬을 따라 다양한 장소에서 일어나는 상품의 변형을 강조하는 수직적이고 선형적인 방식으로 사슬을 인식한다면, SOP 접근은 수평적 요소들(광고, 디자인 및 소매 등 많은 상품에 걸쳐 조사된 공통된 단계 혹은 네트워크 접속점 같은)의 상호작용을 수용한다(Glennie and Thrift, 1993; Leslie and Reimer, 1999). GCC 연구 문헌에서 나타난 것과는 다른, 생산과 소비 현장의 특수성을 중심으로 구성된 회사 위주의 권력관계가 아닌 다차원적인 권력관계에 기반한 정치적 이해가 필요하다(Fine, 1993: 600).

그러나 GCC 연구 문헌과 마찬가지로, 공급 체계 관점은 특정 상품 뒤에 숨겨진 사회적 관계의 폭로만 지속적으로 강조(마르크스주의 전통을 따르는)한다고 비판받았다(Goodman and Dupuis, 2002: 6). 이 접근법은 복잡한 활동 사슬로 소비가 결정되며, 그 결과 공급 체계를 기술할 때 소비 상태status와 그 변형에 대한 효과가 크게 작용하지 않는다고 본다(Lockie and Kitto, 2000). 그러므로 "소비자는 단지 생산 구조 속으로 다시 사라지기 위해 나타날 뿐이다"(Goodman and Dupuis, 2002: 7). GCC 전통에서 유래한 연구와 마찬가지로, 공급 체계 연구는 정부, 자본 흐름, 규제 형태를 구성하는 더 넓은 사회적 관계와 상품 변형의 상호작용을 특징으로 하는 구조적 흐름을 발견하려는 경향이 있다.

공급 사슬 체계 연구는 공간적·사회적 맥락에서 상품 궤적에 대한 가치 있는 통찰력을 제공했다. 이 연구들은 사물의 사회생활(상품의 일대기)을 탐구함으로써[Friedman, 1994][글상자 5. 4 참조], 상품이 형태와 의미를 획득하는 맥락을 강조했다.

그러나 일부 논평가들은 SOP 접근법이 생산과 소비를 연결하는 복잡한 관행과 관계에 충분히 관심을 기울이지 않았으며[Hughes, 2000], 예를 들어 상품의 물질성이 사람들의 사회적 삶에 어떻게 영향을 미치는지 보여 주지 않는다고 지적한다[Lockie and Kitto, 2000]. 레슬리Deborah Leslie와 레이머Suzanne Reimer[1999]는 이를 반박하며, 공급 체계 접근은 소비 수요를 단지 생산을 형성하거나 사슬 활동의 마지막 단계로 보는 경제적·기술적 변화 및 규제 양식에 대한 강조를 넘어선다고 주장한다. 파인[Fine, 2002: 90]은 저서 《소비의 세계The World of Consumption》에서 소비 연구에서 다루어지는 경제와 물질의 중요성을 거듭 주장하며, 공급 체계 접근이 물질과 문화를 적절하게 통합시킬 수 있다고 주장한다. 그는 문화적 체계가 각 공급 체계에 결부되어 있고, 그렇기 때문에 "상품의 이미지와 실체 사이"의 긴장을 해결할 수 있다고 말한다.

소비는 단순히 상품사슬의 최종 연결점에 위치한 것이 아니기 때문에, 상품을 둘러싼 사회적 관계는 중요한 역할을 한다. 패션 의류에 관한 레슬리의 연구는 생산-소비 사슬의 물질적·상징적 토대를 설명해 준다. 패션 사슬은 그 생산이 매우 글로벌화되어 있으나,

"전시와 마케팅, 최종 소비가 신체에 국한된" 사슬이다(Leslie, 2002: 62).

패션 관련 판매업의 고용조건(최저임금, 할당제, 엄격한 규제 체제, 감시 기술, 구체화된 실적, 신체 움직임과 외모 통제 등)은 다른 사슬 지점에 있는 여성들의 노동환경과 공통점이 많다(Leslie, 2002: 73). 상품으로서 패션 의류는 소매, 광고 및 소비 장소에서 노동자의 신체적 주체성에 영향을 주고, 노동과 생산 및 소비의 경계를 모호하게 한다. 〈글상자 5. 4〉는 공급 체계 접근을 가져와 "상품으로서 의류의 특수성이 사슬 전체에 어떤 반향을 일으키는지" 고찰한다.

 중고의류 산업
문화정치가 만든 상품사슬, 잠비아의 '살라울라'

캐런 트란베르크 핸슨Karen Tranberg Hansen은 저서 《살라울라: 중고의류의 세계와 잠비아Salaula: the World of Secondhand Clothing and Zambia》(2000)에서 수십억 달러 규모의 중고의류 산업의 상품사슬을 이루는 다양한 현장을 조사하여, 서구에서 기부된 옷이 북미와 유럽의 분류지sorting house로, 그리고 잠비아로 향하는 과정을 추적했다. '살라울라'는 중고의류를 지칭하는 반투어Bemba로, "쌓아올린 더미에서 샅샅이 뒤져 골라내는 행위"를 의미한다. 살라울라는 잠비아 사람들에게 중요한 것은 옷이 어디서 왔는가가 아니라,

일상생활 맥락에서 어떻게 중고의류를 선택하고 다루는가임을 단적으로 보여 준다.

중고의류 무역은 17,18세기까지 거슬러 올라가나, 제2차 세계대전 종전 이후부터 아프리카로 보내는 중고 수출시장이 크게 성장했다. 이 성장은 자선단체의 의류 기부와 상업적 구매자에게 과잉 재고를 판매함으로써 이루어졌다. 1980년과 1995년 사이에 전 세계 중고의류 수출액은 1980년 2억 7백만 달러에서 1995년의 1억 4천 백만 달러로 6배 증가했다(Hansen, 2000: 115). 핸슨은 1980년대 이후로 "중고의류는 자선보다는 이익 창출과 관련

그림 5. 3　뉴질랜드 오타키의 의류 수거함. 일부는 자선 기부에, 일부는 상업적 재활용 기업에 간다.

되었다"고 주장했다. 예를 들어, 미국에서 자선단체로 기부되는 의류의 약 50퍼센트가 섬유 구제 산업textile salvage industry에 판매된 다(Hansen, 2000: 102)[그림 5. 3 참조]. 일부 재료는 섬유 재처리 및 걸레로 재활용되므로, '최종' 소비자에게 유용한지 여부에 따라 중고의류를 분류하는 것은 공급 체계에서 중요한 사회적/물질적 관행을 따른다.

잠비아로 향하는 의류는 대부분 미국이나 유럽에서 탄자니아, 모잠비크, 남아프리카의 항구로 향한다. 45~50킬로그램의 의류 더미는 무게를 기준으로 잠비아 재정 당국에 관세를 내고 통관된다. 그 다음에 옷 화물의 일부 혹은 전체가 개인 상인에게 판매된다. 잠비아 루사카Lusaka는 살라울라 '무역 중심지'로, 이곳에서 상인들은 의류를 구매하여 다른 상인에게 판매하거나 다른 상품으로 교환하여 '최종' 소비자에게 판매한다. 도매업자의 수익성은 종종 현지 소비자에 대한 지식 및/또는 평판, 특정 시점의 재고 공급원을 포함한 문화적 요인으로 결정된다. 상인은 의류의 판매 가능성과 상품성에 대한 지식을 바탕으로 구매하기 때문에, 살라울라에서 성공적으로 거래하려면 의류의 진열과 조합 등을 잘 알아야 한다. 예를 들어, 미국에서 온 의류는 유럽에서 온 옷보다 더 낡고 질이 떨어진다고 간주된다.

피부에 직접 접촉하는 의류는 판매 가능성이 낮다고 한 〈글상자 4. 6〉의 영국 자선 상점 사례연구 내용과 달리, 상당수의 속옷과 란제리, 잠옷과 신발들이 팔린다. 소비자가 그 옷이 기부된 옷임을 알고 있어도 이력이 없으면 '새것'이다. 수입된 살라울라 의류와 잠비아 의류를 구분하기 위해, 살라울라 옷더미는 (제1세계 자선 상점에 있었던 상태 그대로) 세탁이나 다림질을 하지 않는다. 상인들이 옷더미를 공개하면, 옷에 있는 주름과 구김을 증거로, 다른 잠비아인들이 이전에 입던 것(잠비아 소비자들에겐 바람직하지 않은)이라는 의심이 해소되고, "공급지에서 나온 신선한" 옷임이 입증된다(Hansen, 2000: 172).

살라울라 연구는 또한 제1세계와 제3세계 소비자의 문화정치와 물질적 현실 사이의 연결을 보여 준다. 핸슨은 많은 제1세계 소비자가 그들의 의류 기부가 자선이 아닌 수익성을 기반으로 재분배되는 상품사슬의 일부가 될 수 있다는 사실을 모를 수 있다고 지적한다. 1964년 이후 정부의 수입대체정책과 1991년 무역자유화 이후 잠비아에서 의류는 항상 잠비아의 고용 문제뿐 아니라 현지 생산되는 의류와 살라울라 의류에 대한 규제와 이용가능성에도 영향을 미치는, 일상생활의 중요한 정치적 쟁점이 되었다. 살라울라는 일부 상위 소득수준층을 제외한 모든 잠비아인이 구매한다. 의류 매장에서 구매하는 옷들에 비해 저렴할 뿐만 아니라 선택의 폭이 넓고 가성비가 높다. 게다가 살라울라 거래는 전통적인 재단사의 상권을 위협하지 않는다. 오히려 많은 사람들이 트레이닝복이나 드레스, 담요와 같은 새로운 품목으로 의류를 수선하거나 판매 가능성이 낮은 의류를 재활용하는 일에 종사한다.

핸슨의 연구는 장소를 가로지르는 중고의류 사슬의 다양한 문화적·물질적 사회성과 공간성을 다룰 뿐만 아니라, 글로벌 상품사슬의 부정적 및/또는 착취적 측면에 초점을 맞춘 문헌들을 보려고 하기 때문에 흥미롭다. 핸슨은 논쟁의 복잡성을 인식하며, 이런 효과가 좀 더 폭넓게 해석되어야 한다고 제안한다. 살라울라가 잠비아의 물질문화를 전유하여 잠비아인의 생활에 긍정적으로 기여했다는 것이다. 잠비아의 '살라울라' 개념의 형성은 '선진국의 기부'로 구성된 개발 담론을 기반으로 하지만, 그 옷들은 소비자에 의해 새로운 '취향과 스타일'로 재정의되어 공간적으로 특정한 문화경제 생산을 이해하는 수단이 된다. 핸슨은 잠비아의 의류 담론이 서구 패션 따라하기보다는 순환, 전용, 브리콜라주〔도구를 닥치는 대로 써서 만든 것〕되는 방법을 강조하며, 살라울라가 세계에서 어떤 위치를 점하는지 주목한다(Friedman, 1994: 112-16). 핸슨의 연구는 상품의 사회적·경제적 일생이 그것이 소비되는 방식의 차이를 만들어 낸다는 것을 증명했다. 핸슨은 사슬이 자리 잡은 장소를 단순히 거슬러 올라가는 것을 뛰어넘어, 상품이 의미 있게 만들어지는 맥락으로서 상품의 이동과 관행을 강조했다.

글로벌 상품사슬과 공급 체계 관점은 모두 "상품이 사슬을 따라 신체에서 도시와 세계 무대에 이르기까지 다양한 규모와 경로로 자리 잡는지", "다양한 스케일에 따라 개별 상품이 다르게 표현되는지"를 이해하는 데에 매우 유용하다(Leslie, 2002: 62). 마르크스적 정치경제학적 관점에 근거한 GCC와 SOP 연구는 권력의 정치를 소비보다는 생산 영역에 위치시키는 경향이 있다(Goodman and Dupuis, 2002). 이러한 관점은 소비의 역동적인 역학을 간과하거나 "변화를 위한 투쟁의 장소—위치적 그리고 사회적 장소"(Johns and Vural, 2000: 1196)로서 소비를 적절히 문제화하지 못하는 결과를 초래할 수 있다. 파인(Fine, 2002)은 이 관점에 동의하지 않지만, 생산과 소비의 상호의존성과 상품사슬 시스템을 따라 여러 지점에서 권력이 어떤 영향을 미치는지 살피는 연구는 여전히 많지 않다는 점을 지적한다.

상품회로

선형적이고 일방향적인 상품사슬 개념의 취약점은, 사슬의 다양한 지점과 네트워크 접속점을 잇는 연결이 필요하다는 암묵적 가정에 있다(Miller, 1997). 반면에 회로식 접근은 시작도 끝도 없는 회로에 정치경제 요소와 후기구조주의 요소를 결합함으로써 생산이나 소비를 특권화하지 않는다. 비선형적 혹은 회로식 접근은 상품의 변형과 이와 관련된 사회적 관행, 관계 및 정치가 반드시 연결된다기보다는 이를 우발적으로 연결될 수 있는 순간으로 간주한다. 다양한 형태의 연결을 통해 상품, 사람 및 관행의 움직임을 추적하는 것은 어떤 '상품의 순환 국면moment of commodity circulation'이 다른 것보다 우선한다는 편견을 바로잡는 데에 도움이 된다(Hughes, 2000: 177).

뒤 게이Du Gay 등(Gay et al., 1997)은 상품 '국면moments'을 이해하기 위해 문

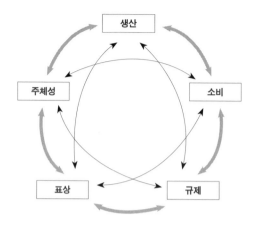

그림 5. 4 상품회로(Gay et al., 1997, 저자 동의를 얻어 수정함)

화의 회로circuit 개념을 사용했다[그림 5. 4 참조]. 상품은 회로상 모든 네트워크 접속점node에서 행해지는 관행을 연결하고, 소비자는 회로를 통해 (사슬의 최종 소비 단계에서 생산의 사회적 관계를 거슬러 올라가기 보기보다) 의미를 만들고 구성하며 해석할 수 있다. 상품의 변형과 상품 의미의 번역은 재현과 정체성, 생산, 소비 및 규제 과정을 거치며 발생하며(선형적인 사슬을 따라가는 것이 아니라), 각 과정은 많은 상호작용을 통해 다른 과정들과 연결된다. 상품 연구에는 회로를 통해 이동하거나 관통하는 상품들을 추적하는 것이 포함된다. 회로는 별개의 구획으로 나누어져 있지만, 이 구획들은 복잡하고 우연한 방식으로 겹치고 뒤얽힌다[Gay et al., 1997: 4][글상자 5. 5 참조].

문화회로 접근법
소니 워크맨 이야기

뒤 게이 등 연구자들은 《문화연구 수행: 소니 워크맨 이야기Doing Cultural Studies: The Story of the Sony Walkman》(1997)에서 문화회로 접근법이 소니 워크맨 연구에 어떻게 적용될 수 있는지 설명한다. 연구자들은 상품이 연결되는 다양한 방식에 초점을 맞춘다. 예를 들어, 이 접근 방식에는 워크맨의 언어 표상과 광고가 정체성 구축에 어떤 역할을 하는지 탐색하는 것이 포함될 수 있다. 이런 것들은 문화적 인공물로서 워크맨이 생산한 것의 일부이며, 물건이 기술적으로 생산되는 방법과 ('정체성과 표상' 문제를 통해 역방향으로 순환하는 문화의 생산과 생산의 문화를 포함하는) 물질문화를 통해 의미가 부여된다. 소니가 워크맨의 정체성을 어떻게 (재)창조하는지도 중요하다. 이 정체성은 결국 소비자, 생산과 소비 간의 발화를 강조하려는 미디어 및 디자이너의 역할과 연결된다. 상품이 사람들의 삶에서 갖는 의미는 소비의 중요한 부분이지만, 생산이나 소비, 회로의 다른 접속점이 규제를 받기 때문에 잘 전달되지 않는다(Gay et al., 1997: 4-5). 그러므로 뒤 게이가 지지한 문화회로적 접근(Gay et al., 1997)은 생산과 소비에 대한 양분적 접근을 극복하려 함에도 불구하고, 이 노력은 모순되게도 문화를 생산과 소비에서 분리해서 문화에 어느 정도 특권을 부여하게 되었다.

파인(Fine, 2002)은 뒤 게이 등이 주장한 문화회로의 임의적이고 환원적인 성격을 비판하면서, 자본의 순환으로 인한 문화 영역의 압박을 충분히 다루지 못하였다고 지적했다. 그는 자본주의사회의

> 문화적·물질적 구조, 긴요한 문제들은 피할 수도 무시할 수도 없는데, 많은 연구들이 오로지 문화적 맥락을 가진 상품회로 현장에만 공을 들인다고 비판했다(Gay et al., 2002: 106).

지리학에서는 비선형적 접근을 중요하게 다루어 왔다. 비선형적 접근은 광고와 생산자 및 소비자 관계를 고찰하거나(Jackson and Taylor, 1996), 중고 소비 순환을 통해 장소와 해석에 집중하기도 하고(Gregson et al., 2002b), 식품의 소비와 생산을 연구하는 데에 적용되었다(Cook and Crang, 1996; Hollander, 2003). 문화회로 접근 방식을 이용하는 '전치displacement' 개념 (Cook and Crang, 1996)(글상자 4. 7 참조)은 요리문화가 한 장소에서 다른 장소로 시스템이나 네트워크를 가로질러 순환하고 재구성될 때 상품의 의미와 관행이 재구성됨을 설명해 준다.

최근의 많은 연구들은 '회로'보다는 '시스템'이나 '네트워크'를, 장소를 관통하여 담론적이고 물질적인 변형과 관행을 보여 주는 상품과 지식의 흐름의 은유로 사용하는 경향이 있다(이런 연구들이 다음 절에서 서술할 행위자 네트워크 접근 방식과 반드시 연결되는 것은 아니다). 이 연구들에서 "수직적인 질문과 딜레마"는 소비의 수평적인 사회-공간적 관계를 둘러싸고 있는 것으로 보인다(Crang, 1996: 63). 여기서 강조하는 것은, 다양한 맥락 속에서 생산자와 소비자를 연결하는 회로를 통해 작동하는 권력의 구성과 표현, 그것에 대한 번역과 순환이다. 예를 들면, 홀랜더(Hollander, 2003)의 슈퍼마켓 내러티브 연구(제품 포장에 등장하는 장소와 생산에 관한 이야기)는 식품 정보의 여과와 규제의 정치, 그리고 식품 소비의 정치가 어떻게 수많은 모순으로 형성되는지, 가령 (윤리적, 유기농, 환경 담론 같은) 설탕에 대한 서사가 어떻게 소비자에 의해 생산, 수용 및 해석되는지 탐구한다.

캠벨Hugh Campbell과 리핀스Ruth Liepins(2001)는 비선형 접근 방식으로 '유기농' 식품을 연구했다. 그들이 보기에 유기농은 "세계를 이해하고, 재구성하는 심지어 (농업 상품을) 지배하는" (유기농을 재배되지 않는 작물들과) 경쟁하는 것으로 의미가 부여되는 담론의 영역이었다 (Campbell and Liepins, 2001: 25). 이러한 해석은 상품이 장소를 통해 상호작용하는 방식과 의미가 변형되는 다양한 방법에 대한 이해를 포함한다. 이를 통해 그들은 '유기농' 개념이 사회적으로 구성되는 방식(예를 들면 유기농 표준의 형성 및 해석, 글로벌 식품 공포와 사회운동을 통해)뿐만 아니라, 유기농 생산과 소비의 맥락(농장, 상업적 지역과 같은) 및 '유기농'의 의미가 구성되는 과정과 형식(재배자, 조사관 및 기업의 영향을 통해)을 포함하고 있음을 알 수 있었다.

다른 비선형 관점은 "물건의 수송"을 조사하는(Jackson, 1999) 초국가 연구에서 명백히 드러난다(글상자 5. 5 참조). 이 관점은 소비와 생산의 장소와 국면들 사이의 변형과 연결을 강조한다. 상품화 과정 또는 비상품화 과정에서 상품이 이동하는 경로와 다양한 문화적 매개의 의미 구성을 연구한 잭슨(Jackson, 1999), 드위어Claire Dwyer와 잭슨(Dwyer and Jackson, 2003), 크랭 등(Crang et al., 2003)은 기업과 상품, 직원과 소비자의 정체성이 협상되고 구성되는 과정을 추적하였다. '민족' 음식과 패션에 관한 이들의 연구는 상품회로에 틈이 생기기도 하고 애매모호할 수 있다는 것을 보여 주었다.

행위자 네트워크 이론

행위자 네트워크 이론actor network theory(이하 ANT)에서 '네트워크'라는 은유는 사슬이나 회로라는 은유로 표현되는 것보다 더 복잡한 상호 관계를 묘사하는 데에 사용되며, 상품 연결이 "상호의존의 그물" 및 관계로 인식될 수 있게 한다(Hughes, 2000: 188). 상품사슬이나 회로 연구 문헌과 마찬가지로, 행위자 네트워크 관점은 통일된 이론이 아닌 인간과 비인간 행위자가 어떻게 연결되어 있는지를 탐색하는 일련의 접근법이다.

후기구조주의를 기반으로 브루노 라투르Bruno Latour, 존 로John Law, 미셸 세르Michel Serres, 마이클 칼론Michael Callon(Law and Hassard, 1999; Serres and Latour, 1995) 등이 발전시킨 ANT 접근 방식의 주요 특징 중 하나는, 사회 세계를 일련의 영역이 아닌 사물로 함께 묶인 순환으로 보기 때문에 경제 영역과 문화 영역의 구분이 흐려진다는 것이다(Latour and Woolgar, 1986). 여기서 중요한 점은 수정된 '행위성agency' 개념이다. 행위성은 의도를 가진 이성적 인간에게 부여되는 것이 아니라 작용하거나 영향을

미치는 "물질적 연합 및 관계 네트워크의 집합적 능력"으로 이해된
다(Lockie and Kitto, 2000: 11). 자신이 위치한 네트워크 안에서 잠재력을 지닌
(Murdoch, 1997a) 사람과 개체, 자연과 대상 및 담론은 대칭적 관계로 간주
된다. 자연과 문화의 분리는 기존의 존재론적 범주가 아니라 네트워
크 구축 과정의 결과로 간주되기 때문에 비판 받는다(Goodman, 2001).

라투르(Latour, 1999)는 사람을 행위능력으로, 네트워크를 조직으로 등
치시켜서는 안 된다고 말한다. 인간의 모든 활동은 (육체성corporeality,
주체성, 아이디어와 윤리를 포함하는) 다양한 순환으로 연결되기 때문
에 늘 네트워크에 연결되어 있다(Law, 1994). 행위자actor나 행위소actant는
동물이나 기계 또는 사물과 같이 사람이 아닐 수 있다. 음악 CD는
듣는 이로 하여금 신체적·감정적·영적 효과를 불러일으키는 역
할을 하는 행위소라고 할 수 있다. 그러므로 행위성은 (음악을 듣는
것과 같이) 행위자가 행하는 것이 아니라 행위자에게 행위, 주관성,
의도성과 도덕성을 제공한다(Latour, 1999). ANT에서 소비는 네트워크
안에서 확립된 관계로 결정되는 행위성과 더불어, 소비가 발생하
는 관계적 설정으로 구성된다(Murdoch, 1998). 예를 들면, 음악을 듣는 행

---

* 일부 연구자들은 ANT가 구조-행위능력 논쟁을 다룬다고 주장하는 반면에, 라투르
  (Latour, 1999)는 자신의 의도가 이 논쟁에서 한자리를 차지하거나 모순을 극복하려는 것
  이 아니라 인간 이외의 행위자에게도 관심을 기울여 순환 과정 어딘가에 우회하는 지
  점이 있음을 알리는 데에 있다고 하였다.

위는 스테레오의 기능과 그 위치, CD의 재료와 사회적 생산, 소리가 순환하여 느껴지는 몸-마음, 방 안(혹은 다른 곳)에 있는 다른 사람과 '다른 것들', 심지어 이전에 음악을 듣던 경험과도 연결되어 있다. 그러므로 행위자 네트워크는 영향을 미치는 모든 요소들이 연결된 행위다.

ANT 개념화는 인문 지리와 상품사슬에서 스케일에 대한 고려를 특징으로 하는 일부 이원론을 우회하는 전략을 취한다(스케일을 이해하고자 하는 비非ANT 접근은 3장에서 논의했다). 상호작용은 국지적이면서도, 항상 어느 정도는 멀리 떨어진 행위로 구성된다(Murdoch, 1997b: 321). 스케일은 표현의 수준(글로벌, 국가, 지역, 신체와 같은)이 아니라, "사물이 어떻게 분할division과 구별distinctions을 가로질러 '연결되는지'"의 측면에서 개념화된다(Murdoch, 1997b: 322). 그러므로 핵심 문제는 "스케일의 문제가 아닌 연결성의 문제"이다(Suryanata, 2002: 72).

네트워크는 항상 지역적이며 그렇기 때문에 특정 시간-장소의 맥락에서만 이해될 수 있으며, 실제로는 공간을 가로지르는 물리적 확장 측면에서만 글로벌화된다. 라투르(Latour, 1993)는 모든 지점에서 지역적이지만 국가를 가로질러 뻗어 나가는 개념을 설명하기 위해 글로벌한 철도의 예를 든다. 네트워크는 "주체, 객체, 영역, 현장을 연결하며 동원, 축적, 재조합을 통해 시간-공간"을 주름지게 하고 접기도 한다(Murdoch, 1998: 357). "공간 분석은 또한 네트워크 분석"이므로, 연구자의 과업은 "지역화와 세계화"의 범위를 따라 네트워크를 추적하는 것이다(Murdoch, 1997b: 332-4).

스케일은 행위자 사이에 설정된 이질적인 연결의 결과를 나타낸다(Murdoch, 1998: 321). 이질적인 연합은 이미 구성된 것이 아닌 지속적으로 '만들어지는' 다양한 범위의 물질과 관계, 활동으로 구성된다(7장에서 설명한 정체성 형성 방법과의 유사성에 주목)(Thrift, 2000a: 5). 개체, 사람, 사물은 이러한 네트워크 안에서 수행적인 방식으로 참여·결합·규율되며, 행위자의 역할은 원인보다는 결과로 나타난다(Murdoch, 1997b). 네트워크는 물질 자원과 조건, 행위소가 형태 변화 없이 한 위치에서 다른 위치로 이동할 수 있는 기계장치나 사람이나 동물, 돈 같은 유형의 "불변적 이동체immutable mobile"의 순환이 일어나면서 안정적인 사회적 관계를 구축할 때 지속된다(Thrift, 2000a: 5). 중개자와 중개자는 서로 연결되고 교차되어 네트워크를 유지하는 일을 수행한다(Thrift, 2000a: 5). 불변적 이동체는 네트워크가 견딜 수 있도록 돕는 반면에, 네트워크는 고정된 개체가 아니라 변화하는 일련의 변형과 기형deformation의 효과이다.* 담론은 일관성, 패턴화, 수행적 관계 형태로 나타나며 행위자, 개체, 장소 간의 관계를 설정하는 명령 양식

---

* 필 크랭Phil Crang의 전치displacement 개념은 모빌리티 지리학과 사회생활의 틈새, 이동, 수송과 통로, 간결함과 덧없음의 공간(그리고 그러한 공간이 고유의 효과와 중요성을 갖는다고 볼 필요성)을 탐구하라는 마이크 크랭Mike Crang(2002: 571)의 의견을 수용한 것이며, 이동성의 순서와 연결성에 대한 생각과도 관련이 있다.

으로 작동한다(Law, 1994).

　권력(힘)에 대한 질문은 네트워크의 일부 지역의 중심에서, (멀리 떨어져 있음에도 불구하고) 행위자가 다른 것들의 외양/위치/형태에 영향을 미치게끔 허용하거나 제한 혹은 가능하게 하는지에 집중되어 있다(Murdoch, 1998). 그러므로 네트워크 분석은 개발도상국의 생산자와 선진국의 소매업자 및 소비자를 "네트워크에 등록된 상호 연결된 전체 호스트host 간의 복잡한 흐름"의 산물로 해석한다(Hughes, 2000: 178). 세계 절화cut flower 무역에 관한 휴즈(Hughes, 2000; 2001)의 연구는 이에 대한 적절한 예시를 제공한다. 휴즈는 무역에 영향을 미치는 소매업체의 힘은 복잡한 네트워크를 자신에게 유리하게 만들고, 특정 종류의 지식(관리 및 기술과학 지식과 구매, 꽃 관리, 전시의 미학, 꽃과 선물의 문화적 의미)을 유통시키는 능력에 달려 있다는 것을 보여 준다.

　네트워크 접근은 "상품사슬 조정을 지도화하고, 이를 통해 공간과 장소 및 영역의 사회적 구성을 평가"하는 구성 틀로 사용되었다(Pritchard, 2000: 790; Smith, 2003의 세계 도시 행위자 네트워크 참고). 히칭스(Hitchings, 2003)는 새로운 접근 방식을 취해 네트워크 속에서 발생하는 권력의 수행을 강조했다(글상자 5, 6 참조).

　ANT는 네트워크 구성에 대한 전제를 바탕으로 소비 연구에 다양한 통찰력을 제공한다. 첫째, (상품사슬, 공급 체계 및 문화회로 문헌과 비교했을 때) 행위자/행위소의 행위 혹은 네트워크 접속점에 의한 행위능력의 선험적 가정에 대한 회피다. 둘째, 네트워크화의 인과

5.6 ANT 접근법
식물과 사람의 관계

히칭스Russell Hitchings(2003)는 개인적인 원예 활동을 관찰하며, 행위자 네트워크의 한 양상으로 '식물과 사람의 관계'에 초점을 맞추었다. 행위소로서 식물에서 시작하여, 히칭스는 식물의 성장을 끌어내는 정원사의 역할과 더불어 식물이 별개의 개체로 존재하게 된다는 점에 주목했다(Hitchings, 2003: 107). 그가 사람들과 네트워크 조사를 시작했을 때, 식물은 수동적인 개체였다. 정원은 인간의 창의적 결과물로 이해되었고, 사람들은 정원 디자이너로서 역할을 수행했다. 히칭스의 연구는 진부해 보일 수 있지만, 사물이 어떻게 함께 살아가는지, 권력이 어떻게 네트워크를 통해 식물(식물을 심는 사람으로서의 정원사)과 사람(디자이너로서 정원사) 사이를 오가며 왔다 갔다 하는지 이해할 수 있는 중요한 통찰을 제공하였다(그림 5. 5 참조).

그림 5. 5
히칭스의 ANT 연구는 식물과 사람 사이에서 진자 운동을 하며, 네트워크상에서 하나의 제휴를 통해 권력이 바뀌게 되는 과정을 보여 준다.

적 요소로서 연결성과 이동성에 대한 강조이다. 아마도 가장 논란이 되는 셋째는 자연, 동물 및 무생물에 대칭적으로 부여되는 행위성이다. ANT 접근을 활용한 지리적 연구들은 대부분 농산물 네트워크에 대한 연구였다. 예를 들어, 식품 네트워크에 관한 ANT 연구는 식품의 정치가 어떻게 생산의 정치와 결합될 수 있는지에 대한 일부 통찰을 제공한다(Goodman and Dupis, 2002: 15). 〈글상자 5. 7〉은 커피 네트워크에 대한 와트모어와 손(Whatmore and Thorne, 1997)의 ANT 연구와 스미스(Smith, 1996)의 스타벅스 카페에 대한 담론적 분석을 검토한다. 각각의 연구는 소비자와 생산자 간 복잡한 관계에 관한 일부 관점을 제공하며, 다양한 방식으로 소비정치가 작동함을 보여 준다.

5.7 소비와 생산의 연결
공정무역 커피 네트워크

스미스Michael D. Smith(1996)는 커피의 역사가 자본주의 및 유럽 식민주의의 성장과 밀접한 관계가 있으며, 유럽과 (구)식민지 사이에 존재하는 지배와 종속 관계의 확립에 기여했다고 제안한다. 현대의 커피 공급 시스템 역시 남부의 개발도상국과 북부의 부유한 산업국가를 연결하는 종속 관계를 구체화한다. 생산과정과 유통은 거대 무역회사와 다국적 식품회사가 지배한다. 예를 들어, 유럽의 상위 5개 커피 생산회사가 통제하는 시장이 무려 77

퍼센트에 달한다(Renard, 1999: 494).

와트모어Sarah Whatmore와 손Lorraine Thorne(1997)의 ANT 연구는 공정무역 커피를 분류하고, 수입하고, 판매하는 카페다이렉트Cafedirect라는 영국 컨소시엄의 발전을 탐구했다. 연구팀은 9개의 개별 커피 생산협동조합으로 구성된 CECOOAC-Nor이라 불리는 수출협동조합인 페루의 카페다이렉트 파트너를 조사했다. 와트모어과 손은 파트너십, 동맹, 책임, 공정성 담론이 상업적 커피 네트워크를 특징짓는 것들과는 매우 다른 방식으로 수행된다는 사실을 발견했다. 대안적인 커피 생산자가 불공정무역 커피 생산자와 똑같은 공간, 시장 관행과 규율(예를 들어, 계약 기한, 재고 관리, 적시 생산, 유통과정)을 사용했는데도 불구하고, 공정무역 네트워크에서 기업의 주문 방식은 "신고전파 경제이론의 비용 최소화, 사리를 추구하는 개인"과는 상당히 다른 연결 방식으로 설명되었다(Whatmore and Thorne, 1997: 298; Tan, 2000).

공정무역 커피 네트워크는 재배자에게는 공정한 가격을, 소비자에게는 우수한 제품을 적용하는 공정성이라는 수행을 통해 구성된다. 커피는 이 네트워크에서 매우 중요한 행위소이다. 예를 들면, 질이 낮은 커피콩은 공정무역에 적합하지 않은 상품으로 상업적 네트워크에서 판매될 것임을 의미한다. 유기농법의 장려와 향상도 공정 거래 상품의 마케팅에 활용될 수 있는 '연결성'을 강조한 주문 방식이다.

와트모어와 손(Whatmore and Thorne, 1997)의 연구는 생산자와 소비자를 연결하는 연관성(관계와 대상)을 중시했지만, 소비자와 커피의 소비와 그것이 이루어지는 장소의 잠재적인 역할은 검토하지 않았다. 사람과 사물, 관행 및 관계 간의 연결을 이해하는 수단으로서 혼종적 연계가 갖는 가능성에도 불구하고, ANT 접근 방식은 생산 영역과 그 안에 있는 제도적 행위자를 강조하는 경향이 있다. 일부 사람들이 주장하듯, 소비자들의 선택에 대한 '블랙박싱black boxing'(존재하지만 지각하지 못하게 하여 내부의 영역을 알 수 없는 상황의 은유)은 상품사슬과 ANT 접근 모두 지속적으로 관심을 갖는 영역이다(Lockie and Kitto, 2000).

이와 대조적으로, 커피 생산과 관련된 문화적 관행에 대한 스미스의 연구는 지역 소비 관행과 공간성, 담론과 정치가 커피 생산의 정치경제와 어떻게 연결되는지를 조사했다. 그는 커피 음용 담론을 조사함으로써 스타벅스가 마케팅과 매장 정보 전략으로 어떻게 커피 음용을 "당연한 소비 행위에서 취미와 유사한 무언가"로 변화시켰는지를 보여 준다(Smith, 1996: 509). 스타벅스는 상품과 소비에 상징적(판매 가능한) 의미를 부여하고자 커피 생산의 역사적·현대적 경제지리 요소를 개조refashion하고, 전유 및 재분배한다(Smith, 1996: 515). 예를 들면, 스타벅스는 미국 소비자가 상상적이지만 본질적이기도 한 제3세계의 커피 재배 지역을 돌아다니며 마신다는 느낌을 주는 스타벅스 여권을 고안했다. 스미스는 스타벅스의 마케팅 전략이 생산관계를 상품 자체의 일부로 만들어 (특정하고 부분적인) 생산관계를 의도적으로 강조한다고 결론지었다. 이로 인해 상품 생산을 뒷받침하는 (노동조건과 같은) 지배와 착취 구조를 소비자의 장소/시야에서 제거한다.

스미스(Smith, 1996)는 커피 상품사슬의 최종 소비에 초점을 맞춘 생산관계에 대한 부분적인 설명을 통해 마케터와 소매업자의 담론에 부여된 잠재적인 힘을 강조하고자 했지만, 그의 연구는 소비 행위가 가진 변화시키는 힘에 대해서는 설명하지 않는다. 스미스는 그의 연구가 스타벅스 담론에서 주체의 위상subject position만을 기술할 뿐, 소비자가 그에 반응하는 방식은 설명하지 못함을 순순히 인정하였다. 와트모어와 손(Whatmore and Thorne, 1997)의 연구도 소비자를 네트워크의 행위소로만 다룰 뿐, 소비자 집단의 구성이나 복잡성은 논의하지 않는다.

그렇다면 소비의 '블랙박스' 문제를 극복할 가장 좋은 방법은 무엇일까? 스미스는 어떤 장소에서 민족지적(혹은 국지적) 연구를 시작하여 동일한 방식으로 다른 장소에서도 시행한 뒤, 이 연구들을 연결하는 것을 제안한다. 이 방법은 공간과 시간 차원에서 소비와 생산 과정, 관행, 주문 방식, 담론을 연결하는 수단뿐 아니라, 상품사슬 네트워크를 통한 지식과 담론과 관행 및 인간과 비인간 개체의 흐름, 순환, 번역과 변형을 이해하게 해 준다. 이러한 가능성에도 불구하고, 상품사슬과 네트워크 접근에서 소비의 중요성에 대한 논의는 지리학자에게 딜레마로 남아 있다.

거버넌스, 관계적 권력, 담론 작용 개념은 ANT 문헌에서 중요하게 다루어진다. 네트워크는 거버넌스 메커니즘 구성에 통합되어 있으며(Lewis et al., 2002), 담론은 그 내구성 확립에 도움을 주는 질서 양식으로서 작용한다(Law, 1994). 권력은 관계적 효과이고, 네트워크 흐름과 이질적인 연결을 경유하는 '원격 제어remote control'를 통해 작동한다

(Whatmore and Thorne, 1997: 290). 타자의 이해관계를 해당 네트워크의 일부로 정렬하고 동원하는 '번역' 과정을 통해 다른 행위소actant〔인간과 비인간을 포괄하는 어떤 행위의 실체〕를 네트워크에 연결하려는 시도들이 이루어진다(Lockie and Kitto, 2000: 8). 그러므로 중요한 것은 권력 행사가 아니라 행동하는 능력이다(Goodman and Dupuis, 2002: 18). 그러나 사람들이 동원할 수 있는 언어와 입장을 언제든지 폐기할 가능성이 있기 때문에, 네트워크를 통해 변화를 불러일으키는 능력은 사슬 또는 회로 접근 방식보다 훨씬 멀리 떨어져 있고 분산되어 있는 것처럼 보인다(Leslie and Reimer, 1999).

그럼에도 불구하고 굿먼David Goodman(1999)은 ANT가 자연과 문화의 분리라는 근대적 존재론을 논박함으로써 자연의 급진적 정치를 형성할 잠재력이 있다고 보았다. 네트워크 접근은 비위계적이고 비본질적인 행위소(사람이든 사람이 아니든) 개념을 통해 새로운 형태의 존재와 가시성, 저항의 관행과 공간을 허용한다. ANT는 "(특정 장소에) 위치한 사람과 인공물, 코드와 생물의 복잡한 얽힘 그리고 세계를 가로지르는 특정한 연결 형태의 태피스트리tapestry의 유지"를 통해 생산과 소비 관계의 더 미묘하고 복잡한 이해를 제공한다(Whatmore and Thorne, 1997: 289).

행위자 네트워크 이론과 공간적 상상력을 바탕으로 한 후기구조주의적 정치경제의 발전(Larner and LeHeron, 2002a; 2002b)은 생산과 소비 관계가 어떻게 '모습을 갖추고', 형식과 정당성 및 권력을 갖게 되는지 이해하려는 진일보한 시도를 보여 준다(Larner, 1998). 관련 연구들은 후기구조주의적 거버넌스 개념을 강조하면서, 정부의 "누구 혹은 무엇"이 아니라 "다양한 맥락에서 타인과 우리 자신을 지배하는 것에 대해 어떻게 생각할지"에 초점을 맞춘다(Dean, 1999: 18). 이 관점을 지지하는 지리학자들은 담론적 형성의 변화가 정치경제적 담론과 공간의 재구조화에 영향을 미친다고 주장한다. 주로 세계화 탐구에 초점을 맞추었지만, 후기구조주의 정치경제는 "사람과 사물 간의 관계가 원거리에서도 조정 효과를 발휘하도록 어떻게 상상되고, 조립되며, 번역되는지"를 탐색한다는 점에서 특정한 소비 과정과 담론에 대한 통찰을 던져 준다(Larner and Le Heron, 2002a: 417)[글상자 5. 8 참조].

5.8 후기구조주의 정치경제
모성의 형성과 우유 소비

뉴질랜드 낙농위원회(NZDB)와 영양실조퇴치를 위한 어머니운동(MMCM)이 스키랑카 지역을 대상으로 구축한 '모성motherhood' 이미지는 네트워크 접근이 소비에 적용되는 과정을 보여 준다. 앨리슨 그리너웨이Alison Greenaway와 웬디 라너Wendy Larner, 리처드 르 헤론Richard Le Heron(2002)은 NZDB와 MMCM이 어머니를 우유 소비자로 각기 다르게 묘사한 것이 어떻게 스리랑카에서 분유 시장의 등장과 모성 형성 방식에 결정적인 영향을 미쳤는지를 입증했다. NZDB는 자신들이 (과학적으로 가치 있는) 영양, 신뢰

할 만한 제품과 식품 안전에 대한 어머니들의 필요를 충족시켰다고 보았다. 반면에 MMCM은 구매한 분유 소비를 지양하며, 여성의 자율권을 지지하고 영양실조에 대처하는 수단으로서 자급자족을 장려했다. 두 기관 모두 영양실조 문제를 해결하는 핵심 행위자로서 어머니에 초점을 맞추었지만, NZDB는 어머니를 우유 소비에 대해 다양한 정보를 바탕으로 선택하는 능동적이고 자율적인 소비자로 보는 반면에, MMCM은 어머니를 상품화에 취약한 세계화의 수동적인 희생자이자 모성애를 유지하고 적극적인 사회변혁을 성취하기 위해 모유수유가 필요한 존재로 보았다. 영양과 소비, 저항과 자율성을 연결시키는 지배 담론의 긴장이 스리랑카의 우유 시장을 형성한 가운데, 우유의 상업화에 감추어진 담론들이 은폐된 채 작동하고 있다. 역설적이게도, MMCM과 NZDB 모두 우유 소비자로서 어머니를 내세우면서도 낙농산업에서 비공식적인 소규모 우유 생산자로서 여성의 역할은 인정하지 않는다(Greenaway et al., 2002).

그리너웨이 등(Greenaway et al., 2002)의 연구는 권력의 기하학이 네트워크를 구성하는 구심성과 주변성의 패턴에서 발생한다는 것을 증명한다. 그러므로 네트워크를 구성하는 연관성의 선과 흐름을 추적하는 것은 권력이 어떻게 '형성'되는지를 이해하는 열쇠가 된다(Murdoch, 1997b: 335). 네트워크를 구성하고 작동시키는 인간 행위자가 아닌 행위소 개념의 강조는 메시Messey의 권력 기하학 개념과 ANT 이론[글상자 1, 11 참조]의 차이를 보여 준다.

권력과 정치, 연결성

이 장에서는 소비를 시공간적 행위가 아닌, 다양한 스케일과 시간에 걸쳐 생성 및 재생산되는 사회적 관계의 영역으로 개념화하는 여러 관점을 개괄했다. 이 관점들은 순간적인 행위 대신에 소비가 자리매김되고, 물질적이며 상상되고, 연결되고 변화하는 일련의 문화적 · 경제적 과정임을 증명했다. 여기서는 특히 사슬, 회로, 행위자 네트워크라는 세 가지 연결 양식에 초점을 맞추었다. 각각의 연결 방식은 권력에 관한 서로 다른 관점, 따라서 생산과 소비의 정치가 구성되는 방식에 관한 각기 다른 가정을 함축한다. 각 관점은 지리학자에게 상품이 공간을 가로질러 이동하고 의미를 가지게 되는지 방식에 관한 다양한 통찰을 제공한다.

글로벌 상품사슬은 생산과 소비사슬을 따르는 상품 흐름의 불균등성을 강조하며, 특히 경제적 세계화 과정과 관련된 상품의 역할에 주목한다. 파인과 레오폴드[Fine and Leopold, 1993a; Fine, 2002]의 공급체계론은 상품과 그것에 내재된 구조 및 역사에 따라 연결 관계가 어떻게 다른지를 증명했다. 상품회로 연구는 상품이 순환하고 의미를 갖게 되는 네트워크 접속점을 강조한다. 이러한 관점은 상품 관계의 수평적 측면을 가로지르는 변화에 집중할 수 있다는 이점이 있고, 상품과 그에 대한 지식이 특정 장소를 통해 어떻게 이동하고 번역 및 변형되는지를 숙고하게 한다. 행위자 네트워크 접근 방식은 상품 관계의 복잡성을 고찰할 수 있게 하며, 원거리에서 이루어지는 과정이 행위자(인간이거나 비인간이거나), 대상 및 관계가 구성되는 장소 사이의 관계를 통제함을 강조한다.

사슬과 회로 및 행위자 네트워크 접근은 연결 방식을 통해 생겨나는 일종의 공간을 다루었지만, 생산과 소비 관계가 다양한 장소에 초점을 맞춰 상하 사슬, 회로를 통해 또는 상품 네트워크를 따라 형성되는 주체성과 사회성을 탐색하는 연구는 많지 않다. 주요 관심사는 여전히 권력이 이동하는 선과 기하학을 잘 추적하는 것(Leslie and Reimer, 1999)과 연결의 정치가 만들어지는 방식(Hartwick, 2000)을 비롯해 권력의 공간성을 지도화(혹은 시각화)하는 것에 맞춰져 있다. 행위자, 행위소, 사물 및 장소 간의 기존 사회적 관계를 변형시키는 특정한 권력 기하학의 결과를 알기 위해서는 더 많은 통찰력이 요구된다. 또한 소비에 대한 (근대주의적) 규제, 특히 주정부와 지방정부의 규제와 집합적 소비 분야에 대한 연구는 많은 현대 소비이론에서 제외되어 있는 것으로 보인다(그럼에도 불구하고 Clarke and Bradnford, 1998; Fine, 2002; Pacione, 2001; Preteceille, 1986 참고). 실천과 담론으로서의 소비에 대한 규제, 거버넌스, 여러 형태의 프레임(국가와 기업, 지방정부, NGO, 상품사슬 행위자, 소비자와 같은 특정한 행위소를 통한)은 심도 있는 탐구가 필요하다. 이는 소비의 사회성, 공간성 및 주관성 간의 연결을 더 깊이 이해할 수 있게 한다. 제도나 규제에 대한 연구는 소비 지리에서 많이 다루어졌지만, 그 외의 측면에 관한 연구는 여전히 부족하다. 이 장에서 논의된 식품이나 원예 상품 외에도 생산과 소비의 연결을 살피는 것, 장소·사물·사람·상품 사이에 존재하는 연결의 복잡성과 역동성을 탐구하는 것은 매우 중요하다.

더 읽을거리

Crang, p. and Cook, I. (1996) 'The world on a plate: culinary knowledge, displacement and geographical knowledges', *Journal of Material Culture*, 1: 131-53.

du Gay, P., Hall, S., Janes, l., Mackay, H. and Negus, k. (1997) *Doing Cultural Studies: the Story of the Sony Walkman.* London: Sage.

Gereffi, G. (2001) 'Beyond the producer-driven/buyer-driven dichotomy', *IDS Bulletin*, 32(3): 30.

Hartwick, E. R. (2000) 'Towards a geographical politics of consumption', *Environment and Planning A*, 32(7): 1177-92.

Hughes, A. (2000) 'Retailers, knowledges and changing commodity networks: the case of the cut flower trade', *Geoforum*, 31: 175-90.

Hughes, A. and Reimer, S. (2004) 'Introduction' in A. Hughes and S. Reimer, S. (eds), *Geographies of Commodity Chains.* London: Routledge. pp. 1-16.

Leslie, D. and Reimer, S. (1999) 'Spatializing commodity chains', *Progress in Human Geography*, 23(3): 401-20.

Murdoch, J. (1998) 'The spaces of actor-network theory', *Geoforum*, 29(4): 357-74.

Whatmore, s. and Thorne, L. (1997) 'Nourishing networks: alternative geographies of food', in D. Goodman and M. J. Watts (eds), *Globalising Food: Agrarian Questions and Global Restructuring.* London: Routledge. pp. 287-304.

앞 장에서는 소비와 생산의 연결을 탐구하는 세 가지 방법에 대해 논의했다. 지리학자들은 문화와 생산, 경제, 소비의 착종錯綜과 공간에서의 상호 구성에 대한 연결의 광범위한 윤곽 너머를 보려고 노력해 왔다. 지리학 내에서 상품과 상업문화에 관한 연구는 이분법적인 범주로서의 소비와 생산에 도전하는 최전선에 있었다. 본 장에서는 음악, 맥도날드, 토착관광이라는 세 가지 사례 연구를 통해 상업문화를 검토한다. 이러한 사례 연구는 사람, 사물의 집합이 어떻게 장소와 결합하고, 다양한 방식으로 상업문화와 조응하며 주체를 형성하고 위치시키는지를 보여 준다. 상업문화 개념은 또한 세계화를 균질하고 일방적인 소비 경험과 공간을 생산하는 것으로 보는 관점을, 정보와 상품·사람의 흐름이 초국가적 공간에 결합되는 방식을 설명한다.

상업문화의 이해

문화는 사람들이 만들어 내는 의미 있는 관계와 경험 그리고 장소를 창조하는 일상생활의 사회적 관행으로 구성된다. 모트Frank Mort는 "소비문화란 시장market과 대중적인 경험과 생활 방식이 현장에서 만나는 지점"이라고 설명한다(Mort, 1988: 215). '소비문화'는 보통 소비 성향, 소비 관행, 생활양식 또는 소비 대상을 근거로 한 소비자 집단을 준

거점reference으로 삼는다. 소비를 단순히 '문화적인' 문제로 추론하기 보다는 '상업문화commercial culture'라는 개념을 사용해 소비와 생산 그리고 생산과 소비, 상업과 문화, 물질과 상징 사이의 불가분한 연결을 압축적으로 보여 줄 수 있다[글상자 6.1 참조].

6.1 상업문화
문화적 과정에 내재된 상업화

지난 20년간 소비 지리학자들은 경제적인 것과 문화적인 것, 상징적인 것과 물질적인 것의 이원론을 극복하고 상반된 방식을 조화시킬 방법을 모색해 왔다(Clarke and Purvis, 1994; Gregson et al., 2001b 참고). 《상업문화Commercial Cultures》의 편집자인 피터 잭슨Peter Jackson과 미셸 로Michelle Lowe, 다니엘 밀러Daniel Miller, 프랭크 모트는 문화적 생산의 측면이 어떠한 형태로 "다양한 종류의 문화적 차이의 상업화와 본질적으로 관련되어 있는지(Jackson et al., 2000: 1)'를 살피는 연구들을 옹호해 왔다. 혼종화된hybrid '상업문화'의 등장에 관한 연구 또한 시장과 상업화 과정이 어떻게 다양한 문화적 과정에 내재되어 있는지를 이해하는 한 가지 방법이다. 경제와 관행, 공간 간의 연결을 따라가다 보면 상업문화를 연구하는 방법에 이르게 된다(Jackson et al., 2000). 여기에는 시간적·공간적 맥락을 통해 관행, 흐름, 네트워크, 관계의 특수성과 그것의 이동, 조합, 치환, 투과성을 이해하는 것이 포함된다.

문화와 경제의 상호의존성을 다룬 연구는 수없이 많다. 맥도웰과 코트의 서비스문화 연구(McDowell and Court, 1994), '디즈니 문화'가 어떻게 서비스산업 전달에 스며들었는지를 다룬 브라이먼Alan Bryman의 연구(1999) 등이 그 예이다. 그러나 경제적인 것에서 문화적인 것, 또는 문화적인 것에서 경제적인 것의 변곡을 인식하는 연구는 문화-경제적 분할을 극복하기보다는 오히려 둘 간의 구분을 다시 언급한다. 그렉슨과 그 연구진(Gregson et al., 2001b)은 문화산업에 대한 연구나 문화화 논문에 등장하는 문화는 주로 경제적인 것으로 간주되는 현상과 활동을 설명할 때 종종 부연하는 역할로 쓰인다고 지적한다. 예를 들어, "경제는 점점 더 문화적 특성을 지닌 품목의 생산과 유통 및 소비에 관한 것"(Gregson et al., 2001b: 621)이라는 식이다. 그러나 문화가 의미의 생산과 일상적인 행동과 관점을 아우르는 과정과 실천에 관한 것이라면, "경제와 문화를 결합시켜 설명하기 위해서는, 의미와 실천은 불가분의 것으로 간주되어야 한다"(Gregson et al., 2001b: 630). 물론, 어떻게 한쪽에 치우치지 않으면서 이러한 이분법을 조화시키느냐는 과제가 남는다.

상업문화를 검토하려면 공간 구성에 대한 감각은 물론이고, 권력이 작동하고 분배되는 방식에 대한 탐구가 뒷받침되어야 한다(제5장 참고). 잭슨(Jackson, 2002b: 15; McRobbie, 1997: 85 재인용)에 따르면, 소비의 정치는 물질적 영역과 상징적 영역을 관통하는 사고를 포함해야만 한다. 그래야 정치적 논쟁과 사회변화의 원인이 되는 긴장과 갈등 요인을 규명할 수 있다. 다음에 이어지는 음악 관련 논의는 미학과 취향, 스타일 등의 '문화적' 문제가 어떻게 권력과 불균등, 억압 등의 '정치적' 문제와 분리될 수 없는지를 검토한다(Jackson, 1993: 208).

음악: 상업문화의 정치 탐구하기

상업음악은 문화와 경제, 관행과 공간을 통해 의미가 구성되고 권력이 표현되는 것을 이해하는 데 있어 매혹적인 통찰을 제공한다. 음악의 구매와 사용 그리고 경험은 자신과 다른 사람들 간의 경계를 나타내며, 음악을 통해 만들어진 공간성과 음악 생산의 정치에 대해 생각할 계기를 제공한다. 음악은 사회적 투쟁의 장소이며, 음원의 생산과 소비를 둘러싼 담론적·물질적 관행은 젠더화·인종화·계급화되어 있다(Revill, 1998). 음악은 제1세계와 제3세계의 정치 그리고 세계와 지역의 교차점이 구성되는 영역이기도 하다(Kong, 1995: 190).

음악은 "지리적 장소뿐만 아니라, 일상적인 장소 인식과 연결되며, 공간을 가로지르는 사람·제품·문화 이동의 일부"로서 그것이 만들어 내는 소리와 의미를 초월한다(Connell and Gibson, 2003:1). 음악은 문화

---

* 예를 들어, 새뮤얼 코울리지 테일러Samuel Coleridge-Taylor 같은 흑인 작곡가의 인종화된 음악 담론은 음악을 이성적인 부르주아지 (그리고 백인의) 서구 정신보다, 자연에 더 가깝고 따라서 더 원시적이고 육체적인 것으로 간주한다.

산업과 관광 및 지역경제 개발 전략 촉진을 통해 정치적 사회화 전략과 애국심 또는 국가 정체성의 구성 및 '장소 만들기'의 구성 요소로 사용되었다(Smith, 1994). 음악은 지역의 특정 내러티브를 구성하는 데에 중요한 역할을 한다. 예를 들어, 영국 블랙번에서 하우스댄스를 위해 산업용 창고를 불법 사용한 것은(엑스터시 약물 소비와도 관련해) 파티 참석자/주최자, 건물 소유주, 경찰과 지역 주민, 정치인과 지역 당국 사이에 긴장을 유발하였으며, 1980년대 말과 1990년대 초 관습을 위반하는 새로운 소리경관soundscape으로 자리 잡았다(Ingham et al., 1999).

지리학적 관심이 노래의 서정적 내용과 텍스트 묘사 분석에 집중된 동안(Kong, 1995), "소리 그 자체는 사회적·경제적·정치적 공간의 구성에서 중요하고 적극적인 역할을 해 왔다"(Revill, 2000: 597). 이러한 이유로 음악은 가사 전달 수단 내지는 사회적 상호작용과 표시를 위한 채널 같은 다른 의사소통 매체가 아니라 그 자체로 의사소통 수단으로 이해해야 한다(Revill, 2000: 597). 텍스트라기보다 퍼포먼스로서 음악을 강조하는 것은 방법론적·이론적 초점을 단순히 '읽는 것'이 아닌 지리가 체화되고 경험되며 만들어지는 방법에 관심을 집중시킨다(S.J. Smith, 2000).

만일 음악이 그 생산을 통해 강력하게 구성된다면, 이는 음악 소비의 특징으로도 볼 수 있다. 청취자들이 '연주'하는 방식은 '듣는 것도 음악을 만드는' 것으로 음악의 정치적·경제적·감정적 공간에 영향을 미친다(S.J. Smith, 2000: 634). 음악은 창조적이고 생산적인 소비자에 의해 공간과 사람, 장소를 형상화하여 하나의 퍼포먼스로 받아들여진다. 한 예로, 오스트레일리아 밴드 '휘틀럼스Whitlams'의 음악은 그들 고향인 시드니 뉴타운의 도심 변화에 반대하는 급진적인 정치를 반영하고 구성한다(Carroll and Connell, 2000). 이후 휘틀럼스의 팬으로 구성된 '커뮤니티'는 하위 집단들이 지배적인 권력 시스템과 협상하는 데에 초점을 맞추었다. 이와 같이 음악은 특히 청소년 하위문화와 관련해, 개인의 의사 표현 방식과 정체성 형성 과정에 상당한 영향을 미쳤다(Chatterton and Hollands, 2002; Wallace and Kovacheva, 1996). *

음악은 일상생활의 지리에 널리 퍼져 있고, 때로 서서히 퍼져 하나의 구성 요소로 자리 잡았다(Kong, 1995). 음악은 콘서트나 나이트클럽 참석, CD나 카세트테이프, 비디오 등을 구입하고 감상하는 선택을 통해 직접적으로 소비되지만, 다른 소비 경험이나 장소 생산의 일부로서 소비되기도 한다. 예를 들어, 레스토랑에서 연주되는 음

---

* 물질적 대상의 전유와 변형을 위한 매개체로서의 상위parent문화와 연계된 '하위문화subculture' 개념(Hebdige, 1979 참고)은 그 자체로 비판받았다. 하위문화 개념 중 전유와 변형 개념은 (항상) 그것이 파생된 상위문화와 관련하여 '이미 형식이 갖춰져 있는 것'처럼 다루어졌기 때문이다(Bennett, 1999). 그러나 베넷Bennett이 보기에, 하위문화를 바라보는 이러한 관점은 소비 관행을 둘러싼 일관성과 암묵적인 집단 기반을 제공한다(Bennett, 1999: 4). 베넷은 그 대안으로 마페솔리Maffesoli(1996)의 소비자 부족consumer tribes 개념과 쉴즈Shields(1992a)의 '신新부족neo-tribes' 개념이 유용하다고 주장한다. '부족' 개념은 포스트모던 사회의 특징인 문화적 소속의 유동성과 불안정성을 반영하여 사회성의 장소가 개개인의 소비 관행의 중심에 있음을 보여 준다(Bennett, 1999).

악은 분위기나 '무드'를 제공할 수 있지만, 소비 경험을 방해할 때에는 '소음'으로 해석될 수도 있다. 음악은 인식의 일부이자 장소에 존재하는 것이며, 공적·사적 공간에서 능동적이거나 수동적으로 소비된다[Frith, 1996][글상자 6. 2 참조].

드노라와 벨처의 연구는 현대음악을 특징짓는 상업문화가 어떻게

 6.2 매장 음악의 수행성
생산자-소비자 퍼포먼스

쇼핑몰과 소매 공간 연구에서 시각의 특권화[3장 참고]는 음향/음악의 편재성과 음악이 소비에서 차지하는 잠재적 중요성을 상대적으로 소홀히 했음을 의미한다[Denora and Belcher, 2000]. 티아 드노라Tia DeNora와 소피 벨처Sophie Belcher[2000]의 연구는 전시된 상품에 상응하여 감정을 북돋는 음악의 역할을 조사하기 위해 고프먼의 수행performance 개념[글상자 4. 4 참조]을 적용해 소비자, 직원, 매장 관리자를 관찰하고 인터뷰했다. 그들은 매장에서 재생되는 음악이 쇼핑객의 정체성을 추정하는 음악에서부터 판매되는 '브랜드' 품목 또는 판매 제품 및 장소의 배타성과 특수성을 높이는 음악에 이르기까지 매우 다양하다는 것을 발견했다[Denora and Belcher, 2000: 93]. 음악은 생산자-소비자 수행performance이 일어나는 '장면'의 일부를 제공했다. 쇼핑객들은 음악에 맞춰 발을 들썩이거나 음악에 맞춰 몸을 흔들고 심지어 따라 부르기까지 했다. 또한 매장

음악은 그 매장에서 제공하는 상품과 관련하여 직원의 감정적 이입을 유도하기도 하고, 기업의 본사가 재생할 음악의 타이밍과 내용을 결정하고, 경우에 따라서는 매장에서 회사 음악만 재생할 수 있도록 하는 등 매장 관리의 감시 도구가 되었다. 소매점의 음악은 소비의 촉각과 신체적인 경험을 촉진할 뿐만 아니라, 상품의 사회적 맥락을 비롯하여 직원 규제와 감시를 확립하는 수단을 형성한다. 소매 음악은 결과적으로 수행적인 동시에 수행에 관한 것이다.

문화정치와 장소 생산에 복잡하게 연관되어 있는지를 보여 준다. 상업문화는 뮤지션 혹은 소비자 간의 시작도 없고 끝도 없는 관계망을 통해 구성된다(S.J. Smith, 2000). 예를 들어, 소프트웨어 기술과 인터넷 배포 시스템의 변화는 창조성(다양한 공연 행위를 통한 음악의 창작과 해석을 포함하는)과 재생산(작업물의 다양한 복사본 제조), 배포와 소비(판매 기관과 소비자를 모두 포함)의 네트워크를 변화시킨다(Leyshon, 2001: 60).

디지털 기술의 발전으로 인터넷상에서 오디오 파일의 복사 및 배포, 소비는 물론이고, (주로 압축된 MP3 형식으로) 개인용 컴퓨터 파일 다운로드까지 가능해지면서, 음악 네트워크의 물질적 형태와 그것을 구성하는 상업적 문화도 바뀌기 시작했다. 일부 음악산업 관계자들은 MP3와 이와 유사한 형식의 등장을 반기며, 이로 인해 업계의 권력관계가 소매상에서 다시 뮤지션과 아티스트 쪽으로 기울어질 것이라고 기대했다. 일각에서는 이 기술을 음악산업의 판매와 기존 형태의 소유권(및 착취)을 위협할 잠재적인 불법복제 형태로 보기도 한다(Leyshon, 2001: 52).

이러한 변화로 음반 제작자 측과 음반 판촉업계(가령, 레코드사 대 대형 음반 판매점) 간의 긴장은 더욱 팽팽해졌다. 제작 자체에 중점을 두는 기술과 문화적 소비 형태에 기반을 두는 기술 간의 결속 관계가 끊어진 것이다(Du Gay and Negus, 1994).

음악 소비를 둘러싼 자유의 문제라던가, 에이전시와 표현에 관한 여러 담론에도 불구하고, 소비자의 선택은 종종 판매 관리retail management로 검토되고 규제된다. 뒤 게이와 네구스Keith Negus(Du Gay and Negus, 1994: 411)에 따르면, 소비 경로는 "전자, 통신과 미디어 기업의 디자인 사무소, 마케팅 부서, 회의실과 조립공장으로 직접(및 외부로) 연결된다". 예를 들어, 레코딩회사의 경영진이 내리는 결정은 기존의 혹은 잠재적 소비자 선호를 바탕으로 산출한 음악의 시장성이 기준이 된다. 정보기술, 그리고 소비자 판매량을 집계하는 사운드스캔SoundScan(판매시점 기술) 같은 제품은 음악 유통사에게 소비자가 이용할 수 있는 제품의 범위와 성격, 이익 수준을 통제할 권력/지식을 가져다주었다(McCourt and Rothenbuhler, 1997). 판매시점POS: Point-of-sale 기술은 또한 제품의 디자인과 개발 및 기타 프로세스 통제권까지 소매업체가 갖는 역방향 통합을 촉진했다(Du Gay and Negus, 1994: 397). 소수의 소매업체가 여러 매장을 운영하는 음악 소매업의 구조는 산업 관계뿐만 아니라 시장에 내놓을 상품을 결정하는 데까지 소매업체의 영향력을 확장시켰다. 직영점이 아닌 독립 점포의 경우, 대형 레코드사가 직접 거래할 만큼 경제적인 이익이 크지 않기 때문에 어쩔 수 없이 틈새시장을 공략하는 경향이 잦다(Du Gay and Negus, 1994). 따라서 음악의 생산/소비, 그리고 산업 구조의 형성과 소비자의 오디오 '바이트byte' 접근 형식을 둘러싼 논쟁은 복잡한 네트워크를 통해 생산자와 소비자 관계가 흐려지거나 명확해지는 소비의 정치와 지리를 수반한다. 〈글상자 6. 3〉의 사례 연구는 힙합 음악을 구성하는 상업문화의 일부 현상으로 동맹과 긴장을 탐구한다.

6.3 소비의 문화정치
힙합의 정치화, 상업화, 혼종화

시장 교환의 공식적 공간을 통해 작동하는 상업문화에 힙합 음악을 통합하는 것은 소비의 문화정치와 무관하지 않다. 힙합과 힙합의 가장 유명한 구성 요소인 랩rap은 1970년대 '길거리'와 '블랙 아메리카black America'의 도시 지역에서 형성되었다고 알려져 있다. 힙합의 사운드와 가사는 '검은 대서양'이라는 디아스포라 맥락에서 일상과 욕망에 대한 묘사이자, 불만과 저항, 분노를 중심으로 한 정치화를 모두 대변한다(Gilroy, 1993). 힙합의 정치는 기교적stylistic 유산의 일부로서 창의적이고 미학적인 변동성을 구현하는 스타일의 정치이기도 하다(Neal, 1997). 랩은 지역 기반 문화의 산물로서 종종 대기업의 음악 상품을 선택적으로 재해석하여 기존의 사운드나 이미지, 기술을 소비하고 창의적으로 전유하고 재구성한다(Connell and Gibson, 2003: 183).

랩의 상품화는 랩 음악도 이제 독창적이고 시장성 있는 상품 및 '지적'재산권의 생성에 관심을 가게 되었음을 의미한다(Negus, 1999). 주요 레이블 회사들이 독립적인 랩 음악사를 인수하고 '진정성'을 유지하기 위해 상대적으로 자율적으로 기능하도록 허용했지만(Connell and Gibson, 2003), 네구스(Negus, 1999)는 음악산업의 기업 조직이 힙합을 주변화시켰다고 보는 입장이다. 이러한 주변화는 거리에서 탄생한 급진적인 흑인음악이라는 힙합의 신화를 유지하는 한편, "현대 음악산업의 변화하는 비즈니스 관행과 미학의 중심"인 상업문화를 만들어 낸다(Negus, 1999: 492). 미국에서 흑인음악이 주요 레코드사들 사이에서 불안정한 수익을 내는 것으로 악명이 높은 이유는 다른 유형의 음악보다 경제적 투자가 적고, 음악 계급에서 '흑인음악' 부문에 아프리카계 미국인 경영진이 없고, 음악의 '저장 수명'이 짧다는 편견 때문이다. 트랙 제작과 타인의 지적재산권을 통합하는 데에 드는 비용과 업계의 지불 구조상, 힙합과 랩 음악에는 자체적인 의제를 가진 (강력한) 기업 공간이 없었다(Negus, 1999). 힙합과 랩이 디아스포라 사람들에게 희망의 생명선이 될 수 있지만, 핵심 질문은 그러한 음악이 노동이자 새로운 사고가 실행될 수 있는 장소, 즉 단순히 음악을 하고 싶다는 것을 실현하는 것뿐만 아니라 생계가 가능한 수단으로 기능할 수 있는가이다(McRobbie, 1999).

그러나 회사 측의 '견제'와 규제 가능성에도 불구하고, 새롭고 급진적인 힙합 형태가 계속 등장했다. 힙합 음악이 미국 안팎에서 사회적·문화적 장벽을 넘어 확산하면서, 랩에 대한 지속적인 재정의는 레코딩산업이 대중음악 제작을 조직화한 방식 때문만은 아니다(Negus, 1999: 504). 한 예로, 프랑스와 독일의 랩은 미국에서 발전한 랩과 유사하지만 국가나 인종 문제와 관련하여 중요한 차이를 보이며, 그들이 위치한 사회구조에 대한 다른 도전을 보여 준다(Connell and Gibson, 2003).

힙합의 상업적 생존 가능성과 사회비판적 메시지를 확산할 가능성은 힙합이 암묵적으로 비판하는 새로운 디지털 기술의 성공에 크게 좌우되었다(Neal, 1997). 이런 음악에서 혼성성에 대한 강조(다음 절 참고)와 새로운 민족적 정체성의 위조는 그 음악을 "주변 문화의 이국적 타자성에 대한 새로운 견해"로 마케팅하려는 레코드 산업에 의해 그것이 어떠한 방식으로 포장되고 상품화되는지를 간과하게 만들었다(McRobbie, 1999: 148). 힙합의 세계화로 인종차별과 주변화에 대한 급진적 저항과 반대를 불러일으킬 수 있었지만, 힙합의 정치화는 상업화로 누그러졌다(Miles, 1998b).

상업문화는 사실 어느 정도 혼종성을 띠고, 그 장소에서 섞이고 다르게 재혼합된다(Qureshi and Moores, 1999). 영국 뉴캐슬 지방 백인들의 힙합 음악 소비에 관한 베넷의 연구(Bennett, 1999)는 이 지역에 등장한 다양한 담론과 정치를 보여 준다. 힙합이 '진정한' 흑인음악으로 간주되는 곳에서 힙합의 향유와 소비는 흑인 정치에서 정치적 유사성을 인식하고/하거나 자신의 노동계급 경험과의 유사성을 발견한 의식 있는 소비자를 분리하고, 소비자 스스로 구별 전략을 촉발하는 전략으로 발현되었다. 이들은 다른 형태의 흑인음악을 전유하는 것을 부적절하거나 무식하고 진정성이 없는 것으로 간주했다(1970년대 복고패션주의자들이 카니발류 패션 착용자들을 구성한 것과 거의 동일한 방식으로)(글상자 4. 6 참조). 뉴캐슬 지역의 또 다른 힙합 음악 소비자 및 생산자들은 이곳의 힙합 소비자들에게 뉴캐슬 노동계급이 의미하는 바를 힙합의 일부로 각인시켰다(Bennett, 1999). 마찬가지로 짐바브웨, 이탈리아, 그린란드, 아오테아로아/뉴질랜드의 힙합의 경우도, 단순한 전유를 넘어 토착적 저항 언어, 그들의 지역 정치 및 그들과 관련된 '도덕적' 지리를 표현할 수단을 만들려는 복잡한 토착화와 싱크리티즘syncretism(혼합주의) 방식으로 구성된다(Mitchell, 2000: 52).

음악과 같은 문화적 관행의 상품화, 위치한 맥락에 따라 그 행위자와 담론이 상업문화를 구성하는 방식을 이해하는 것은, 소비가 공간적·사회적 현상으로 작동하는 방식과 그에 따른 권력의 기하학을 이해할 수 있게 한다. 상업문화로서의 음악을 논하다 보면 결국 미학이나 취향, 스타일 등의 '문화적' 문제가 "권력, 불평등, 억압 등의 정치적인 문제"와 불가분의 관계를 맺고 있음을 확인하게 된다(Jackson, 1993: 208). 음악의 소비에 관한 핵심 질문은, 음악산업이 소비자를 겨냥해 생산한 음악의 맥락 안에서 소비자들이 얼마나 그들만의 의미를 구성할 수 있는가, 그리고 음악의 상업성과 창의성 사이의 끊임없는 협상과 흐름이 어떻게 복잡한 권력의 기하학을 만들어 내는가 하는 것이다(Miles, 1998a).

음악의 소비와 생산은 매우 정치적인 일이다. 음악 상품이 만들어지고 마케팅되고 판매되는 방식, 일부 견해/가치를 다른 것보다 우선시하고 이입하는 방식, 그리고 레코딩 아티스트와 회사, 소매업체, 소비자 같은 다양한 집단의(랩과 랩의 소비를 구성하는 것과 같은) '문화적' 의미가 공간을 가로질러 모이고 변형과 경쟁 및 재확인하는 방식은 권력의 비대칭을 구현한다. 다음 절에서는 상업문화를 구성하는 사람, 사물, 상품의 흐름을 가장 잘 이해할 방법으로 이 아이디어들을 세계화 과정과 연관지어 살펴보겠다.

상업문화와 세계화

세계화란 그 자체로 논쟁의 여지가 있는 개념이지만, 일반적으로 세계의 상호연결성이 증가하고 사회적 관계와 제도가 공간을 가로질러 확장되는 것과 그로 인한 감각까지 포함한다(Amin, 2002). 소비의 관점에서 세계화는 주로 문화적 동질화, 문화제국주의 및/또는 미국화(그림 6.1 참조) 개념과 관련되어 있다. 그러나 상업문화 연구는 이 개

그림 6.1 세계적 동질화Global homogenization 패러다임은 장소의 미국화와 연결된다 (Herb Cartoon, Chris Beard).

넘을 비판하며, 세계화는 문화적인 동시에 경제적 현상이며, 그것 이 일어나는 장소는 단순히 글로벌 대상이나 과정, 지식의 주창자 나 수신자가 아니라고 주장한다.

세계적 동질화

하우즈David Howes(1996)는 상품 유통이 일으키는 문화적 효과에 대한 근 대적 사고가 전 세계적인 동질화 패러다임에 지배되어 왔다고 지적 한다. 이러한 관점은 글로벌 문화의 수렴으로써 세계화를 파악한 다. 시장을 통한 공간의 재식민지화, 대개 서구에서 유래된 대량생산품에 의한 지역 생산품의 대체, 뒤이은 문화적 차이와 다양성이 침식된 결과가 세계적 동질화이다. 물질적 대상의 관행, 의미, 이미지의 전이와 상징주의도 탈영토화, 곧 전통적인 위치에서 '원래'의 정체성과 기호 및 의미가 단절되는 현상과 관련이 있다(Short et al., 2001). 글로벌 균질화 연구들은 코카콜라, 나이키, 리바이스 등과 같은 글로벌 브랜드 회사들의 관행을 증거로 인용한다.

리처(Ritzer, 1993)의 '맥도날드화McDonaldization' 이론은 글로벌 수렴의 징후로 여겨진다. 맥도날드화 개념은 패스트푸드점의 원칙이 점차 세계적인 규모의 생산 및 소비 조직으로 확산되었다는 점에 근거한다.

그림 6. 2 변화하는 공공공간의 성격. 러시아 최초의 맥도날드는 1990년 모스크바에 문을 열었으며, 현재 러시아에서 운영하고 있는 약 103개 체인점 중 하나이다(2022년 현재 러시아에 있는 약 850개의 맥도날드는 러시아와 우크라이나 전쟁으로 완전 철수되었다).

리처(Ritzer, 2002)는 효율성, 계산 가능성(물건과 노동의 수량화 가능한 속성을 근거로), 예측 가능성, 통제 수단의 합리화에 대한 집착이 이제 교육과 가족, 법률과 사법 시스템, 기독교 교회를 비롯한 다양한 범위로 확대되었다고 주장한다. 하지만 리처는 통제에 대한 합리화 원칙의 집합으로서의 맥도날드화와 맥도날드의 지리적 확장을 명확하게 구분하지는 않았다(Smart, 1999). 리처의 이론은 현대 조직에서 나타나는 통제의 본질에 대한 도발적인 반성을 제공하지만, 맥도날드 매장의 세계적인 성장을 글로벌 동질화 관점으로만 보기에는 너무 단순한 면이 있다. 새로운 레스토랑이 생겨나면서 다양한 상업문화가 나타났고(그림 6. 2 참조), 〈글상자 6. 4〉에서 보여 주는 사례처럼 맥도날드의 지리적 확대는 문화적·경제적 동질화와 이질화의 측면을 모두 보여 주기 때문이다.

6.4 맥도날드화
소비의 문화적 (재)생산과 변형

마오즈 아자랴후Maoz Azaryahu는 1994년 이스라엘 골라니 교차로에 위치한 국립군사성지 부근, 맥도날드가 개점한 뒤 발생한 갈등을 고찰했다. 맥도날드의 개점은 추모 공간으로서 골라니 교차로가 갖던 의미를 무너뜨렸다. 이미 사망했거나 여전히 목숨이 위험한 골라니 여단(이스라엘의 현역 부대) 소속 병사들을 추모하는 장소로서 골라니 교차로는 사별과 애국의 사당이자 공동체의 신성한 공간이었다(Azaryahu, 1999: 482). 맥도날드의 골라니 고원 개점은 그 자체로 '기념물'이 되었지만, 이 기념물은 "이스라엘 사회, 특히 이스라엘의 미국화로 얘기되는 문화적 변화"의 은유로 기존의 기념물들과 완전히 다른 것이었다(Azaryahu, 1999: 486). 맥도날드의 상륙에 대한 반대는 (그곳에 부족했던) 음식 소비 장소로서의 실용적인 기능보다는 이른바 레스토랑 체인 문화 때문이었다. 음식 자체가 주는 즐거움보다는 사교 장소로서 맥도날드가 갖는 기능은 인접한 기념관의 음침한 신성함과 병치되었다. 유족의 압박과 이츠하크 라빈Yithak Rabin(당시 총리 겸 국방장관)의 개입으로 결국 타협안이 나왔다. 맥도날드는 추도식이 거행될 때에는 매장 문을 닫기로 했고, 건축물을 개조하고 주변에 나무를 심어 골라니 기념지의 시각적(및 상징적) 중요성을 복원했다.

하지만 미국화의 상징인 맥도날드의 이스라엘 진출은 복합적으로 해석되었다. 많은 사람들은 맥도날드가 이스라엘 전통을 해친다고 생각했으며, 특히 종교를 믿는 유대인들은 맥도날드 상륙을 세속 사회의 징후이자 유대 음식 율법에 대한 부정으로 보았다(Azaryahu, 1999). 그러나 맥도날드(버거킹이나 서브웨이 같은 다른 미국인 소유 패스트푸드 체인점보다 더 많은)가 미국인의 삶의 방식을 대표하며 많은 이스라엘 사람들에게 부정적인 감정만을 일으킨 것은 아니다. 맥도날드는 오히려 이스라엘이 "동질화된 글로벌 소비자 문화"에 통합되었음을 의미하는 것으로 여겨졌다.

로빈 컨스Robin Kearns와 로스 바넷Ross Barnett은 1976년 뉴질랜드에 맥도날드가 들어온 것이 "뉴질랜드 경관의 다국적 식민지화의 강력적 상징"[Kearns and Barnett, 2000: 89]이었지만, 그 이후로 뉴질랜드 어린이들의 일상에서 흔히 볼 수 있는 일부가 되었다고 주장한다. 오클랜드 소재 주요 고등교육 아동병원인 스타십 병원 내 맥도날드 입점은 "뉴질랜드 건강관리 상업화에 대한 광범위한 내러티브"[Kearns and Barnett, 2000: 81]라는 논란을 일으켰다.

이 사례에서 논란이 된 것은 이스라엘에서처럼, "건강 기업이 간 적 없는 길에 과감히 뛰어든"[Kearns and Barnett, 2000: 84] 맥도날드와 관련된 의미와 도덕성의 문제였다. 일부 사람들은 스타십에서 맥도날드를 운영하는 것은 식이 문제와 빈곤 관련 질병이 두드러진 지역에서 윤리적으로 의심스러운 테이크아웃 음식을 수용해도 된다는 건강 전문가의 승인이라고 여길 수 있다는 점을 지적했다.

이는 1997년 맥도날드와 경영진 사이에 체결된 거래가 "약화된 공중보건 시스템에 대한 민간 부문의 약탈적 행동"이었다는 인식에 근거한다[Kearns and Barnett, 2000: 86]. 개발에 찬성하는 쪽은 실용주의와 품질 및 편의성, 최상의 서비스 제공을 근거로 했다. 스타십의 잠재적 수혜자가 브랜드 이미지의 소비자라는 점을 감안하면, 맥도날드는 소비자를 위한 "쇼핑몰로서의 병원"이라는 확장된 상징주의의 일부일 뿐만 아니라, 잠재적 후원자를 위한 상품으로서 병원이 가진 이미지와 시장성을 지지하는 맥도날드 그리고 판매 가능한 스타십이라는 은유[Kearns and Barnett, 2000: 90]를 만들어 낸다. 결국 이스라엘에서처럼 스타십 병원에서도 맥도날드는 다양한 양보를 해야 했다. 외부 간판을 최소화하고, 영양소가 추가된 메뉴를 넣었으며, 1년에 두 차례 전국적인 건강 인식 캠페인을 하기로 약속했다. 컨스와 바넷[Kearns and Barnett, 2000: 90]은 역설적이게도 프랜차이즈 형태의 매장이 병원 진료 공간에서 맥도날드화된 과정의 합리성과 효율성을 확대 경험하는 동시에, 소비자에게 매혹적인 공간에서 환상적인 식사를 하는 경험을 제공한다고 주장했다.

골라니 교차로의 맥도날드 매장과 스타십 병원의 사례는 새로운 프랜차이즈 개점을 둘러싼 다양한 담론을 제시한다. 골라니 교차로에서 맥도날드는 추모와 애국심, 신성한 공간을 둘러싼 도덕적 지리와 충돌했지만, 다른 이들에게는 정치적·문화적 동맹의 강화로 인식되었다. 스타십을 둘러싼 논쟁은 소비주의와 보건관리의 상품화, 건강한 식생활, 친근하고 정상적 치료 경관의 형성이라는 담론 안에 위치했다. 따라서 식사 경험 자체가 상품의 상업문화 논쟁에 얽히게 되었다. 이와 같은 논쟁을 이해하려면 맥도날드의 경제적·문화적 (재)생산, 의미, 상상, 상품 및 경험의 소비와 생산이 장소와 공간을 가로질러 변형되는 방식을 고찰해야 한다.

따라서 "경관과 음식 취향의 글로벌 동질화의 아이콘"이 된 맥도날드 같은 기업조차도 문화적 동질화 논지에 대해 비판적이다 (Azaryahu, 1999: 481). 장소와 인간은 다른 곳에서 기원한 (변하지 않는) 문화나 문화적 대상의 수동적이고 수용적인 행위자가 아니다(Miller, 1998). 맥도날드는 특정 지역에서의 상품 생산, 과정과 마케팅을 바꾸었으며, 사람들은 위치한 장소에 따라 맥도날드 경험에 다르게 반응하고 경험을 형성했다(왓슨James L. Watson이 1997년에 출간한《골든 아치 이스트Golden Arches East》에서 아시아 국가의 맥도날드 탐사 이야기를 참고하라).

혼성화, 잡종성, 초국가주의

소비 대상과 문화가 국경을 넘어 어떻게 변화하는지를 이해할 두 번째 패러다임은 '크레올화creolization'와 연결되어 있다. 이것은 물질적 대상이 국경을 넘어 "기존에 통용되었던 문화가 더 이상 유효하지 않을 때" 일어난다(Howes, 1996: 2). 혼성화는 어떤 장소로 상품이 유입되는지에 초점을 맞춰(동질화 패러다임에서 제시하는 미국이나 서양 같은 제1세계로부터의 유출과 반대되는) 상품에 어떤 의미와 용도가 부여되는지를 살핀다. 크레올화의 초점은 현지인이 그들만의 혼성적인 매체를 구성하기 위해 받아들인 문화 요소들을 어떻게 선택적으로 수용하는가이다(Barber and Waterman, 1995). 문화는 이질적이고 지역성을 띠며, 공통점 없는 요소들이 융합한 결과로서 크레올화된다. 크레올화 패러다임이 강조하는 것은 수동적인 수용자라기보다 문화 생산자로서 사람들의 능동적이고 창조적이며 경험적인 역할이며, 진정성 있거나 잠재적으로 타락할 수 있는 문화라는 측면은 전제하지 않는다.

크레올화 패러다임은 문화적 변화를 역동적이고 유동적인 것으로 보지만, 상품의 의미가 전이 과정에서 변하지 않는다고 보는 '수용 문화receiving culture' 개념에 기대고 있다. 이것은 변화의 기원이 항상 경계가 있는 공간의 '바깥에' 있으며, 변화의 과정은 그 (외부적인) 구성에서 동질적이고 정적임을 의미한다. 따라서 이 개념은 문화를 토착화된 측면(전통적, 지역적)과 수입된 측면(현대적, 세계적)으로 구성하는 이원론을 만들어 낸다. 크레올화는 행위자들의 창의성과 지역화 과정을 참작하긴 하지만, 세계화 패러다임과 마찬가지로 소비자의 수동성에 초점을 맞춘다[Jackson, 1999].

크레올화와 연결되어 있는 바바[Bhabha, 1994]의 혼종성hybidity 개념은 사물과 그것을 둘러싼 상업문화 사이의 접점을 이야기할 때 더 유용하게 쓰인다. 혼종문화는 "혼합주의(싱크리티즘syncretism) 그 이상이다. 그것은 단순히 두 개 이상의 근원에서 나온 혼합물이 아니라 차이에서 새로운 무언가를 창조하는 것이다"[Shurmer-Smith and Hannam, 1994: 139]. 혼종성은 만남의 장소를 포함하고 문화적 흐름 사이의 경계를 통해 구성된다. 그것은 통로이고 "경계, 무언가가 존재하기 시작하는 곳"이다[Bhabba, 2001: 140]. '새로움'의 장소로서 중간 장소/통로는 변위, 분리, 혼합주의, 병치, 재정의와 (재)창조의 장소일 수 있다[Bhabba, 2001: 140]. 이러한 의미에서 혼종성은 동일성과 차이성 간의 구분을 초월하고 대체하는 사물과 과정을 가리킨다. 교차문화적 소비 개념을 뒷받침하는 '서구와 나머지' 세계를 대체하고 재창조하는 것이기도 하다.*

---

* 도린 매시Doreen Massey[1999]는 혼종적 공간이 중립적인 공간이 아니라 권한을 부여하거나 부여하지 않을 수 있는 특정 권력 기하학과 관련되어 있다고 본다.

동질화, 크레올화와 혼성화는 세계를 보는 부분적인 방식으로 반드시 상호배타적이지는 않다. 문화적 혼종성의 또 다른 측면으로 네더빈 피에테르세Nederveen Pieterse(1995)는 초문화적 수렴transcultural convergence이라는 개념을 든다. 예를 들어 문화의 혼종적 형태가 출현할 수 있지만, 다른 한편으로는 동질화 과정과 새로운 종류의 분파주의particularism로 인해 차별적인 경험도 있을 수 있다. 이와 유사하게, '재영토화' 개념은 탈영토화보다 문화, 정체성, 사회성이 전통/위치 및 기원에서 멀어지는 변형 과정을 통해 형성되는 방식을 더 잘 보여 준다(Short et al., 2001). 초국가주의에 대한 최근 연구들은 공간을 가로질러 이동할 때 사람과 제품에 일어나는 일을 추적함으로써 상업(혹은 상품)문화의 혼종성 형성의 본질을 다루기 시작했다(글상자 6. 5 참조).

비선형적인 초국가주의 연구

6.5 이스트와 아노키를 구성한 문화적 차이

초국가주의에 대한 소비지리학자들의 연구는 다국적 상업문화 속에 있는 사람과 상품을 추적하여 지역과 세계의 상호 구성을 조사하기 위해, 진정성 있는authentic 장소 혹은 기원지 문화에 대한 가정을 피한다. 여기에는 상품의 차이와 의미가 어떻게 이동하는지(Jackson's 1999 'the traffic in things'), 그리고 각각의 맥락 안에서 공간을 가로질러 상품이 생산, 소비되고 번역, 대체되는 방식이 포함된다[Crang et al., 2003].

비선형적 접근법[5장 참고]으로 분석한 초국가주의 연구는 고착된 공간 속에서 사람들이 다른 대상, 자본, 사람, 지식과 관계를 맺는 방식과, 초국가적 공간을 "복잡한 네트워크와 회로, 흐름으로 특징지어지는 다중 거주 및 다차원 공간'"으로 구성하는 과정을 살핀다[Crang et al., 2003: 441]. 영국에 기반을 둔 여성복 회사인 이스트EAST와 인도에 기반은 둔 아노키Anokhi에 대한 연구는 문화적 차이 개념이 초국가적인 차원에서 서로 다른 방식으로 생산되고 소비되는 것을 보여 준다. 이 연구는 두 회사가 '인도'를 상상하는 방식과 차이에 따라 물질적·상징적인 디자인이 다르게 나타날 수 있음을 가정한다. 예를 들어, 이스트는 특정 장소가 아닌 에스닉하거나 이국적인 형상을 만드는 반면, 아노키는 현지의 장인정신과 블록 프린팅 같은 독특한 생산 기술을 강조한다(조금 역설적이지만, 인도에서는 윤리적이고 지속가능한 상품을 선호한다). 드위어와 잭슨[Dwyer and Jackson, 2005] 또한 영국의 소비자가 의미와 가치를 협상하고 바꾸는 방식을 조사하여 생산자가 인도를 상상하는 방식과 유사한 긴장을 보여 준다. 그들은 이스트와 아노키가 모두 민족적 차이의 역동적이고 유동적인 생산에 관여한다는 점을 지적하며, 상업문화는 양가적인 공간이라고 결론지었다. 결과적으로 소비자는 다국적 네트워크에 '붙잡힌[caught-up]' 공간에서 자신과 타인, 그리고 초국가적 상품이 의미를 능동적으로 구성한다[Dwyer and Jackson, 2003]. 아노키와 이스트에 대한 사례 연구는 비선형적 접근법이 상품과 서비스 이동과 경제, 문화적 차이의 상품화에 대한 인식을 잘 설명해 주며[Jackson, 1999: 15], 초국가적 공간에서 서로 다른 위치에 있는 생산자와 소비자가 어떻게 살아가는지를 알 수 있게 한다[Jackson, 2002b]. 결국 소비와 초국가주의에 대한 연구는 상품과 상품을 둘러싼 문화에 대한 구체적인 공간적 이해를 높여 준다.

세계화되는 세상에서 생산과 소비 네트워크의 강력한 효과를 이해하는 것은 단순히 콘텐츠나 '무엇'의 변화가 아니라(맥도날드의 상륙 혹은 새로운 상품과 지식 및 관행의 유입처럼), 변화의 형태, 이를테면 사람들이 "더 폭넓게 이해할 수 있는" 방식으로 차이를 알게 되는 것이다[Wilk, 1995: 124]. 초국가주의 연구는 상대적으로 안정화된 과정(직물 디자인 같은)[글상자 6. 5 참조]이 활발히 작동하여 일부 차이들을 강력하게 촉진하고 다른 것을 포섭하는지를 조사함으로써 이에 대한 의문을 풀기 시작했다.

관광: 타자로서 문화를 소비하는 것?

관광을 상업문화의 일환으로 연구한다는 것은, 생산과 재현, 정체성 형성과 소비 행위를 통해 사람들이 서로의 차이점을 소통할 수 있는 방법을 알아보는 것이다. 많은 수의 관광과 비교문화에 대한 (혹은 다문화cross-cultural) 소비 연구는 토착문화를 '타자'로 보고, 토착문화 관행과 이미지, 공예품을 전유하는 것에 초점을 맞추었다(Scheyvens, 2002). 그러나 상업문화는 진정성 있고 고정된 '문화' 개념에 부여된 타자에 대한 착취가 아닌 혼종화된 공간과 존재를 생산해 낸다.

여타 사회적 과정과 마찬가지로 관광은 그것이 발생하는 역사적·공간적·사회적 맥락에서만 이해할 수 있다. 소비 과정으로서의 관광은 일상적인 측면뿐 아니라 환상과 탈출을 포함할 수 있으며, 친숙한 장소와 익숙하지 않은 장소 사이의 실제와 상상의 차이를 활용한다. 상업문화의 관점에서 볼 때, 관광은 공간의 의미를 조직화하는 도관conduit이 되며(Hughes, 1998), 가이드북이나 광고, 관광 책자 같은 매체와 사진, 견학, 관광 코스, 패키지여행 같은 관광 관행에 대한 참여를 통해 관광 '상품'의 생산자와 소비자를 연결하는 복잡한 문화정치에 묶여 있다.

식민주의, 제국주의, 인종차별, 젠더 담론은 토착관광이라는 상업문화가 어떻게 재현되고 가시화되는지를 보여 준다. 관광 판촉물은 종종 토착민을 '현대' 세계와의 관계에서 제거된 원시적이고 정적이며 변하지 않는 사회의 구성원으로 묘사한다(Morgan and Pritchard, 1998). 한 예로, 사이드(Said, 1978: 1)가 지적하듯, "동양을 도피처(서양으로부터의)로 묘사하는 것은 가장 심오하지만 반복적인 '타자'의 이미지 중 하나로 일종의 환상을 제공한다. 동양과 마찬가지로 태평양 지역도 이국화되어 있어, 뉴질랜드는 일종의 '태평양의 아르카디아〔이상향〕'로 간주된다(Hall, 1998). '주변화Marginalization'는 자아와 타인의 차이에서 생겨나는 '타자성otherness'의 구성과 강력한 관광객 시선의 결과로서 발생한다.*

상업문화로서의 관광 연구에서 뉴질랜드/아오테아로아는 특히 흥미로운 사례(글상자 6. 6 참조)를 제공한다. 관광은 차이의 구성에 관한 것이지만, 상품화된 형태의 관광은 경제적 가치 창출에 관한 것이다. 관광산업은 뉴질랜드 경제에 146억 달러(GDP의 9퍼센트)를 기여하는, 낙농산업에 이어 두 번째로 큰 수출 수입원이다. 또한 관광을 상업문화로 재현하고 실천하는 것을 둘러싼 논쟁은 파케하(주로 유럽 혈통의 비마오리인)와 마오리(아오테아로아 토착 거주민) 사이에 존재하는 정체성 구축과 헤게모니적 권력관계 과정과 분리될 수 없다.

1840년 영국의 합병과 제2차 유럽의 식민이주 물결(1차는 18세기) 이래로, 마오리족의 전통과 풍습, 역사는 "이 새로운 이주자들에게 '전수된' 지식에 의해 새로운 문화적·역사적 틀로 재해석되었다"(McGregor and McMath, 1993: 45). 19세기 식민화는 질병과 분쟁, 토지 몰수 및 그에 따른 생계 수단의 말살을 초래했다. 물론 최근 들어 전체 인구

---

* 파케하Pakeha(유럽 혈통의 백인) 뉴질랜드인으로서 마오리족에 관한 나의 주장이나 마오리를 정의 가능한 연구 대상으로 삼는 것은, 그들과 함께하는 것이 아닌 그들을 대변하거나 논의 대상으로 만들며 '타자화' 과정을 포함한다고 주장할 수 있으나, 이는 분명히 나의 의도가 아님을 밝힌다.

가 증가했지만, 뉴질랜드인 7명 중 1명(뉴질랜드 전체 인구 380만 중 52만 6,281명)이 자신을 마오리족으로 인식하는 상황에서, 이들에 대한 평가가 고용률과 소득 통계에서는 과소 대표되는 반면에 실업 수치에서는 과대 대표되는 것으로 나타났다(1996년 총 실업 인구 중 27.7퍼센트. 2001년 뉴질랜드 통계 기준). 불행히도 사회 통계는 마오리족을 일종의 하층계급으로 제시하는 경향이 있어, 마오리족 정체성의 긍정적인 측면을 가리고 이위iwi(부족)와 화나우whanau(가족)의 차이, 아오테아로아의 일상생활에서 마오리의 적극적인 참여와 기여를 숨긴다. 진짜 문제는 물질적 차이와 불평등이다. 가령, 관광업의 정치적·경제적 요인은 관광업 직업훈련과 교육에 대한 대한 접근을 방해하고 재정 확보를 더 어렵게 만들었다(TheStaffordGroup, 2001).

1970년대 마오리덤Maoridom(마오리족 문화의 세계관)에서 일어난 문화 르네상스 이래로 마오리의 재현과 자치, 토지, 자결권 문제가 마오리의 중심 문제가 되었다.* 시슨스Jeffrey Sissons(1993)는 마오리족과 파케하족 모두의 이익을 대표하는 국가 이미지 향상을 포함해, 전통의

---

* 이는 코항가 레오kohanga reo와 쿠라 카우파파kura kaupapa(마오리 문화와 언어를 교육하는 유치원과 학교)의 형성과 관련이 있다. 일반적으로 교육에서 타하 마오리taha Maori(쉬운 단어, 가벼운 인사말, 마오리 민요 등을 배우는 교육 과정)를 점점 더 강조하고, 미디어 보도가 늘었으며, 파케하가 제기한 토지 소외 및 관련 불만을 해결할 입법 활동이 이어졌다. 또한 마오리와 파케하 간의 사회경제적 격차를 줄이는 조치와 마오리 시위 및 토지 점유에 대한 문제 제기도 증가했다(Webster, 1993).

체계화를 가져온 국가 조치와 관련지어 문화적 르네상스를 이해해야 한다고 강조했다. 마오리족 전통의 체계화는 '민족화ethnicization', 즉 신념과 가치, 관습과 장소의 선택적 전유를 낳아 마오리 문화의 분열과 객관화를 초래했으며, 그 결과 마오리 문화는 민족적·토착적 특징의 상징이자 전략적 국가 자원이 되었다(Sissons, 1993). 이는 국가 관광 전략 안에서 마오리족의 구성과 재현, 그리고 '토착관광 상품'을 만들어 냈던 상업문화에 중요한 의미가 있다. 뉴질랜드 관광의 상업문화를 초국가적 혼종성 형태로 이해하면, '마오리족'을 한낱 소비 대상으로 재현하는 것을 넘어, 상업문화를 통해 소비가 생산되는 방식을 이해할 수 있다[글상자 6. 6 참조].

6.6 마오리 관광과 예술
진정성? 전유와 혼종성 사이

"마오리족은 뉴질랜드 관광청 환영 행사에 넌더리가 나 있다"[마오리부 장관 Parekura Horomia, Espiner가 인용, 2001: 2]. 호로미아 정부는 마오리족에게 단순한 문화 '공연자'가 아닌 관광사업의 소유주이자 투자자가 되어 달라고 요청했다. 뉴질랜드/아오테아로아의 마오리 관광 관행과 담론은 상업과 문화가 불가분의 관계임을 보여 준다. 마오리족 근로자들의 과소 대표성, 낮은 투자 수준 및 재정 자원 부족은 마오리 관광의 문제인 동시에 마오리를 대표하는 '것들

things'의 문화적 포장 및 마케팅과 관련된 재현의 문제와 결부되어 있다(TheStaffGroup, 2001).

뉴질랜드에서 관광업이 처음 공식화된 것은 1870년대이다. 그 후 1980년대 초까지 마오리는 그 정신적 실존이 낭만화되고 생활양식이 에로틱하여 "국가적 관광 상품에 배경색과 독특함"을 더하는, 이국적인 땅에 사는 "품위 있는 야만인"으로 관광 안내 책자와 엽서, 가이드북에 재현되었다(McGregor and McMath, 1993: 45)[그림 6. 3 참조]. 그러나 이 과정에서 마오리족 대리자가 없었던 것은 아니다. 19세기 후반에 몇몇 부족(iwi)의 정체성은 관광업에서 그들이 담당한 역할과 강하게 연결되었다(Ryan and Crotts, 1997). 식민지 시기 많은 테아라와족Te Arawa 여성 가이드들도 "상당한 경제적 · 정치적 힘"이 되었다(Taylor, 1998: 2).

마오리족이 관광업에 재정적으로 참여하게 된 것은 20세기 후반에 와서야 비로소 가능해졌다(Barnett, 1997). '마오리 관광 상품'에 대한 소비자들의 수요가 지속되면서 여행사의 93퍼센트가 항이hangi(지열로 익혀 내는 요리), 마오리 '콘서트 파티', 마오리 온천 관광, 마오리 마을 등 진짜 '마오리 문화'를 대표하는 것으로 보이는 국내inbound 관광 패키지를 판매하고 있다(The Stafford Group, 2001: 19). 관광 활동의 인기와 수요가 소비자의 토착관광 경험을 보여 주진 않지만, 근래의 아시아와 유럽 국가에서 온 여행자들에게는 너무 인위적이지 않은 '진짜' 환경에서 '토착민'을 구경하는 것보다 진정성에 대한 욕구가 더 중요해졌다(Tourism New Zealand, 1995).

이러한 연유로, 최근 몇 년간 뉴질랜드 관광청의 마케팅은 자연 그대로의 깨끗하고 푸르고 스펙터클한 환경뿐 아니라 모험

그림 6. 3
뉴질랜드 환영 행사를 하는 마오리족.
뉴질랜드 관광청과 테즈먼 국제항공
(Bureau and Tasman Empire Airways
Limited)이 후원하는 관광 광고[1953]
(뉴질랜드 관광청 허가, 이미지 제공: 뉴
질랜드 웰링턴, 알렉산더 턴불 도서관)

관광과 장소의 실제 문화적 체험을 강조한 '완전무결한 순수pure'
캠페인에 초점을 맞추고 있다. 이 캠페인은 뉴질랜드를 해외에
선전하기 위해 마오리족의 이미지를 사용하면서도 마오리족을
과소 표현하여 문화적으로 무감각하다는 비판을 받았다[Espiner,
1999]. 이후로 해외 관광객들이 뉴질랜드 어느 곳에서나 볼 수 있
는 마오리족의 얼굴 모코moko(문신) 대신, 웹사이트에 가상의 포
휘리powhiri(환영식)를 포함시키는 등 마오리 문화에 좀 더 현대적

인 관점을 통합하려는 노력이 진행되었다(Espiner, 2001).

관광업에서 '진정성' 문제는 마오리족 내에서도 제기되었다. 일부에서는 플라스틱 재질 포이poi(마오이 여성들이 춤출 때 실에 달아 돌리는 마나 갈대 공)와 플라스틱 재질 피피우스pi-pius(아마천으로 만든 전통 치마)의 사용을 두고 촌스럽고 둔감한 '플라스틱 포이' 문화로 변질되었다고 지적하고(Sell, 1999), 또 다른 이들은 문제는 플라스틱 포이 자체가 아니라 카파하카kapa haka(공연예술)의 구체화된 행위와 이것이 발생하는 맥락이 변화한 것이라고 주장한다(Murray, 2000). 한 예로, 마오리가 운영하여 괄목할 만한 성공을 거둔 관광회사인 타마키 투어Tamaki Tours는 부족 원로들과 상의하여 전통적 의례도 존중하고 낭만화된 고풍스러운 마오리 이미지도 대체할 관광 상품을 개발했다. 바로 '마을 거주 체험'으로, 이는 방문객들에게 전통과 현대의 문화적 관점에서 '진짜' 정서적·영적 체험을 제공했다(The Stafford Group, 2001: 114).

그러나 '전유appropriation'와 '상업화'의 논쟁은 뉴질랜드 내부의 문제만이 아니다. 2002년 BBC가 BBC 1 채널 프로그램 오프닝용으로 촬영한 장면에 웨일스 럭비팀이 하카 춤을 추는 장면이 들

---

* 모코moko는 특별한 끌을 사용해 얼굴에 홈집을 내어 줄무늬를 새기는 문신이다(남자는 이마에서 턱 끝까지, 여자는 턱과 입술). "모코의 본래 의도는 그 사람이 어느 조상의 가계에 속하는지, 어떤 특별한 기술을 가진 사람임을 상징하는 것이었다"(Darcy Nicholas, The Domination 인용, 2002: 19). 오늘날에는 상대적으로 소수의 마오리인만이 모코가 있지만, 이 상징은 패션디자이너 장 폴 고티에Jean-Paul Gaultier가 일부 모델에게 적용하는 등 제품 홍보용으로 국제적으로 쓰이고 있다(Clarke, 1999).

어갔다.[**] 마오리족 변호사인 마우이 솔로몬은 BBC가 "식민주의의 아이콘"으로 하카를 선택하여 브랜드를 개편한 것이 아이러니하다고 보았다[Quirke, 2002b: 1]. 오프닝 촬영 당시 선수들에게 직접 하카를 가르친 마오리계 영국인 조 허틀리는, 누구에게나 '자신의' 문화를 가르칠 권리가 있으며, 하카를 이런 식으로 사용하는 것은 하카 공연의 문화적·영적 의미를 참가자들에게 교육의 의미로 수행되었기 때문에 적절했다고 주장했다[Quirke, 2002a: 3]. 맥락이 제거된 채 이루어지는 공연들의 문화적 관행에 대한 정당성 논쟁이 흥미로운 이유는, 이 논쟁에서 다루는 관행들이 이동하여 '상업'문화로 번역되는지뿐만 아니라 특정 장소에서 만들어진 생산물의 '진정성'에 관한 판단과 관련되기 때문이다. 한 예로, 하카 전문가인 피타 샤플스는 팝가수 로비 윌리엄스의 팔 문신(특정 마오리족 사회iwi에서 나온)이 단순히 '재미'로 하카를 각색한 것보다 더 공격적이라고 지적한다. 그의 문신이 부족의 지적 재산권에 대한 노골적인 전유라고 믿기 때문이다[The Dominion, 2001].

　최근 몇 년간 혼종성과 초국가주의 개념은 암묵적으로 상업문화를 둘러싼 담론의 일부로서 인정되었다. 한 예로, 마오리 학자 겸 예술가인 다시 니콜라스Darcy Nicholas는 마오리가 현대 세계의

[**] 하카는 국가 행사나 스포츠 행사, 관광쇼뿐 아니라 마라에marae(아족subtribe 이나 하푸hapu의 모임 장소) 환영식, 시상식, 장례식이나 결혼식 같은 마오리족 또는 비마오리족 공동체 행사에서도 공연된다[Marray, 2000: 350]. 이것과 관련된 논쟁들은 하카가 공연되는 맥락과 관습에 대한 이해(또는 이해 부족), 공연의 의미와 의의, 하카에 참여하는 사람들의 의도와 결부되어 있다.

일부로서 '다른' 세계 문화에 속하는 기호와 재료, 개념을 자유롭게 사용하고 있다고 믿는다(The Dominion, 2002: 19). 그는 모코와 하카의 마나mana(명예/권위/힘)가 장식과 오락물로 쓰여 의미가 희석됨으로써 문화적 관행/형태가 "디자인과 예술 세계와 그 너머의 모든 창조적 가능성"을 만들어 냈기 때문에 '전유'보다는 혼종성 개념으로 설명하는 것이 적절하다고 본다(The Dominion, 2002: 19). 뉴질랜드 패션디자이너 찰스 워커Charles Walker 역시 마오리 예술은 살아 있고 생기 넘치며 변화하고 있다고 믿는다. 그는 마오리 전통의 예술 형식의 생산이 전통과 현대의 경계가 없고, 과거의 상징과 기호를 비전통적인 분야(현대의 패션, 미디어, 도예 같은)에 사용하였다는 점을 강조하였다. 또한 전통적인 분야(조각 같은)에도 현대적인 기법으로 예술을 새롭게 만들어 내기 때문에 마오리 예술은 혼합주의(싱크티리즘)에 기반한다고 볼 수 있다(Steed, 2000: 22).

그리하여 지적재산권과 관광 활동 그리고 재현 논쟁은 마오리 공예품과 관행의 재현에 대한 권력투쟁 이상을 나타낸다. 그 것들은 물질문화에 대한 우려와 상업문화의 변형을 보여 준다. '진정성'은 이러한 상품과 사람 혹은 그들의 재현이 재현되는 맥락에 관한 것일 뿐 아니라, 사람과 상품, 정보와 아이디어의 초국적 흐름에 개방된 장소에서 정체성과 문화가 어떻게 구성되는지에 대한 질문과 연결되어 있다. 좀 더 비판적인 시선에서 본다면 문화가 무엇이며, 그것이 장소를 둘러싸고 어떤 방식으로 구성되는지에 대한 본질주의적 관점과 좀 더 유연한 입장 간의 논쟁이라고 볼 수 있다.

〈글상자 6. 6〉의 사례 연구는 "관광을 특징짓는 다양하고 복잡하며 가끔은 혼란스러운 과정"[Squire, 1998: 93]과 토착관광을 상업문화로 구성하는 수많은 사회적 관행을 보여 준다. 마오리 관광 사업의 소유권과 통제에 작용하는 경제적·제도적 장애물; 마오리 문화를 '위치짓고' 본질화하는 국가 체계; 마오리족 세계를 정적인 경관으로 위치짓거나 문화를 '문화적 공연'으로 축소시키는 토착관광의 표현; 이 모든 것은 '행위자'를 다양한 방식으로 배치하려는 권력 무리에 의해 뒷받침되며, 변화를 해석하는 근거로서 '문화적 전유' 개념을 부적절하게 만든다.

마오리족 문화의 전유는 본질적인 이해라는 관점(종종 동등하게 정의할 수 없는 전통과 진정성 개념에 묶인)에서 마오리 문화를 개념화하고, 다른 상업문화와 분리되어 있다는 가정은 소유권을 '지적재산' 또는 '관광 상품' 같은 상업용어로 명시해야 할 필요성 때문에 복잡한 문제로 남는다. 만약 문화가 기호나 상징이 아니라 특정한 사회적 맥락에서 벌이는 일상적인 투쟁에 관한 것이라면, 웹스터Webster의 말처럼 '진정한 것'은 문화를 소유한 사람들의 손에 남고 문화의 외양만 전유하게 될 것이다[Sissons, 1993: 12]. 그러나 '진정한 것'이 과연 무엇인지, 그리고 그것이 다른 상업문화에 의해 전유되고 포섭되는 문화의 측면 외부에 존재할 수 있는지 여부에 대한 질문은 여전히 남아 있다[Murray, 2000].

혼종성을 전제하는 본질주의적 출발점을 굳이 언급하지 않더라도, 초국가주의 개념(Crang et al., 2003)은 관광을 통해 '맞닥뜨리는 장소'들의 다양한 의미와 핵심 관점을 제시한다. 초국가주의는 표현과 의사소통, 식별과 생계 수단으로서 마오리 상업문화와 관련된 권력/지식 형태의 동시적 존재를 개념화한다.

〈글상자 6. 6〉의 사례 연구는 또한 초국적 상업문화의 수행에서 소비자와 생산자의 역할을 이해할 필요성을 강조한다. 소비자 선호도와 경험에 대한 연구는 구체적인 관광 경험이 어떤 형태로 표현되고 생성, 소비되는지에 대해 이제 막 관심을 갖기 시작했다. 형태와 관행, 사람, 생산(콘서트 파티, 현지인 마을 방문)과 소비(참여, 촬영, 녹화, 기념품 구입, 엽서 발송, 공예품 구입)의 관계가 결합되어 '마오리족'과 '파케하'의 서로 다른 담론을 생산하고, 담론은 다시 위치지어진 맥락 속에서 다양한 수행을 통해 변화한다. 진정성의 구성은 '상품화된' 공연이 뉴질랜드 내부 혹은 외부에 위치하느냐에 따라 달라진다. 담론으로서의 토착관광은 뉴질랜드/아오테아로아의 일상생활 문화에서 마오리족 문화를 분리하려는 경향을 보인다. 이러한 분리는 활성화될 수도 있고 비활성화될 수도 있는 문화정치를 생산하는 방식으로 작동한다. 따라서 마오리족 관광의 역설은 토착관광 또는 '문화' 관광에 관한 담론이 한편으로는 토착문화를 타자화하는 관점을 구성할 수 있지만(이국적, 다른, 고유한 것에 대한 욕망), 다른 한편으로는 "정치적·경제적 인정을 쟁취하는 투쟁에서 정당성을 획득하는" 수단을 제공할 수도 있다는 점에 있다(Ryan and Crotts, 1997: 900).

연결로서의 상업문화

본 장에서는 잭슨 외[Jackson et al., 2000] 등의 논의를 따라 음악, 패스트푸드 매장 확장, 토착관광의 생산과 소비를 통해 상업문화가 어떻게 표현되는지 이해하기 위해 경제와 관행, 공간 사이의 연결을 탐구했다[Jackson et al., 2000]. 상업문화를 구성하는 생산과 소비의 복잡한 네트워크는 상품과 사람, 지식이 흐르는 특정한 시간적·공간적 맥락에 기반을 두고 있다. 최근 초국가주의에 대한 지리학자들의 연구는 상업문화의 형성과 번역, 유통뿐 아니라, 사람과 사물, 장소 간의 특정한 실천과 담론, 관계 집합을 통해 구성되는 공간의 유동적이고 관계적인 성격을 보여 준다. 사람들의 공간적 구성과 관계 중심의 사물object을 강조하는 것은, 크레올화 내지 동질화 접근법으로 세계화를 고정시켜 표현하는 것을 실질적으로 비판할 수 있게 한다. 이렇게 상업문화의 복잡한 작동을 탐구하면 실재와 타자성, 마주침의 장소들을 형성하는 융합과 변형, 권력 기하학을 이해할 수 있다.

더 읽을거리

Amin, A. (2000) 'Spetialities of globalisation', *Environment and Planning A*, 34 (3): 385-99.

Azaryahu, M. (1999) 'McDonald's or Golani Juntion? A case of a contested place in Israel', *Professional Geographer*, 51 (4): 481-92.

Connell, J. and Gibson, C. (2003) *Sound Tracks: Popular Music, Identity and Place*. London: Routledge.

Crang, P., Dwyer, C. and Jackson, P. (2003) 'Transnationalism and the spaces of commodity culture', *Progress in Human Geography*, 27 (4): 438-56.

Jackson, P., Lowe, M., Miller, D. and Mort, F. (eds) (2000) *Commercial Cultures: Economies, Practices, Spaces*. Oxford: Berg.

Kearns, R. A. and Barnett, J. R. (2000) '"Happy Meals" in the Starship Enterprise: interpreting a moral geography of health care consumption', *Health and Place*, 6: 81-93.

Smith, S.J. (1994) 'Soundscape', *Area*, 26 (3): 232-40.

지금까지 소비를 이해하는 다양한 접근 방식을 다루었다. 지리학에서의 소비 연구를 살피고, 이해하고, 표현하는 이러한 방식들은 저자인 나 자신의 입장과 불완전한 관점으로 구성되었다. 소비에 관한 대중서적을 쓰는 것은 그 자체로 수행적performative이라 할 수 있다. 이미 출판된 학문적 지식과 그 지식의 지리를 암묵적으로 특권화하여 소비에 관한 특정한 재현을 재인용하고 이끌어 내었다. 그러나 출판된 책, 유통 대상으로서 이 책은 예측하거나 통제할 수 없는 방식으로 전파되고 번역되는 활동성을 가질 수 있다.

이 책에서 설명하는 소비를 해석하고 소비에 접근하는 다양한 방법들 역시 수행적이다. 지리를 보고, 이해하고, 행하는 이 방식들은 특정한 사회적 관계, 관행 및 담론을 전면에 내세워 현실을 만들어 내고, 다른 사람들을 포섭함으로써 '차이를 만든다.' 이러한 연구 수행에서 "논쟁이 어떻게 진행되고 규정되는지, 누가, 어떻게, 무엇을 설명하지 않는지"를 규명하는 것이 핵심적인 사안이다[Gregson et al., 2001b: 617]. 결과적으로, 소비에 관한 지식이 생산/소비되는 맥락과 감각을 이해하고 그와 관련된 윤리와 정치적인 문제들을 고찰하는 것은 매우 중요하다.

수행성: 지리를 보기, 하기, 되기

히칭스는 우리가 세상에 대해 생각하는 방식이 항상 어느 정도는 "이 세상에서 우리를 둘러싸고 있는 특정 사물의 능력과 속성에 의해 알게 된다"고 주장한다(Hitchings, 2003: 102). 그의 진술을 통해 지식이 장소에 존재하고, 장소와 연결되어 작동한다는 것을 알 수 있다. 지식이 위치지어지고 수행적이라는 주장은 새로운 것은 아니지만,[*] 탐구할 가치가 있다. 소비 지식을 수행적인 것으로 개념화하는 것은 '무엇을 하는가?'와 '무엇을 할 수 있는가?'를 고찰할 수단,[**] 곧 다양한 관점을 통해 특정한 사회성, 공간성, 주체성을 강조하는 방법에 대한 사고방식을 제공한다.[***] 소비 연구의 대상과 주제는 연구자와 독자가 모두 그 구성에 가담함으로써 관계적 맥락으로 구성된다 [글상자 7. 1 참조].

------

[*] 지식이 수행적이라는 점은 관찰의 이론 의존성을 다룬 라코프George Lakoff와 존슨 Mark Johnson(1980)과 올슨G. Olsson(1980)의 저술에 함축되어 있다.

[**] 이 장에서 언급한 아이디어에 대해 논평해 준 오클랜드대학의 Richard Le Heron과 Wendy Larner에게 감사한다. "무엇을 하는가"와 "무엇을 할 수 있는가"라는 두 가지 질문은 라너의 것으로, 라너와 르 헤론의 후기구조주의 정치 · 경제에 관한 새로운 연구의 핵심 주제이기도 하다(Larner and Le Heron, 2002a; Greenaway et al., 2002).

[***] 관광지에서 통용되는 사진 경관에 대한 크랭(Crang, 1997)의 연구와 관광지에서 소비되는 돈의 구성에 대한 데스포르주Luke Desforges(2001)의 연구는 소비에 대한 다양한 지리적 관점을 통해 '사진 찍기의 실행practices of picturing' 속에 소비 주체와 대상이 어떤 형태로 시간과 장소에 내재되는지를 생각해 볼 수 있게 한다(Crang, 1997: 331).

7.1 소비 주체로서 수행하기

행위자 네트워크 이론Actor Network Theories은 행위소와 사물이 미리 구성되어 있지 않으며, 사물의 종류가 순환하고 변화하는 방식을 미리 결정하는 것은 아무것도 없다는 관계적 권력 개념에 기반한다. 그러나 네트워크라는 은유는 사회적·공간적 맥락의 적용을 통해 재인용re-cited되기 때문에 그 자체로 수행적이다. 예를 들어, '네트워크'라는 단어를 생각할 때 떠오르는 것을 생각해 보자. 많은 독자들은 인터넷이나 월드와이드웹 이미지가 가장 먼저 떠오를 것이다.

따라서 우리가 네트워크라고 알고 있는 개념과 구분하여 독립적인 네트워크 개념을 떠올리기는 어려울 것이다. 행위자 네트워크 이론의 초기 옹호자 가운데 한 명인 브루노 라투르는 정확히 이러한 이유 때문에 네트워크 개념을 더 이상 좋아하지 않는다고 했다. 그에 관점에 의하면, '네트워크'는 (왜곡없이 말끔한) 통신 수단의 담론적 수행과 같은 것이다. 이는 인터넷의 대중적인 개념화와 유사하지만, 라투르가 처음에 주장한 바와 같이 번역과 변형을 기반으로 하는 유동적이고 순환하는 개체와는 많이 다른 것이다(Latour, 1999).

이 간단한 설명은 관찰observation에 대한 이론적 의존성뿐만 아니라(Olsson, 1980) 생산–소비 관계가 해석되는 관계적(위치적) 맥락을 보여 준다. 소비–생산 관계가 구성된다고 가정되는 형태(예: 사슬, 공급 체계, 네트워크, 상업문화)는 결과적으로 소비가 어떻

게 실현되고, 장소에서 어떻게 해석되는지에 관한 다양한 해석
의 가능성과 결과를 보여 준다.

소비에 대한 관점은 예를 들면 사회적-공간적 관계가 사슬, 상품
관계의 집합, 또는 이질적인 인간적/비인간적 관계의 다발로 만들
어졌음을 '발견'하는 것이라 할 수 있다. 소비에 대한 다양한 관점은
서로 다른 사회-공간적 관계, 결과적으로 서로 다른 지리에 영향을
미친다(Sayer, 2003). 소비가 지리적 대상subject으로 수행됨에 따라, 지리를
보고 행하는 방식에 내재된 권력과 한계, 가능성을 인식할 수 있게
된다. 여기에는 소비의 지리적 담론과 관행이 어디에 어떻게 위치하
고, 구체화되고, 배태되고, 수행되고, 여행되는지에 대한 고려뿐 아
니라, 소비에 대한 다른 관점, 누가/무엇이 포함되고 배제되는지, 이
에 대한 (도덕적) 판단이 파생되는 권력과 지식(공식/비공식, 학문/개인
등)까지를 이해하려는 노력도 포함된다.

퍼셀Mark Purcell(2003: 318)은 이러한 질문들에 대해 비판적으로 생각하
는 것은, '주의를 기울이거나 듣는' 연구자의 능력을 제한하며 심지
어 관점 자체에 대한 비판적 분석을 금지하는 '전통'을 극복하게 하
여 일종의 '관행의 섬islands of practice'을 떠날 수 있는 방법을 제공한다
고 말한다. 소비 관점을 수행적 개체로 개념화하는 것은 사물과 지
식 자체가 끊임없이 다양한 종류의 작업을 수행하고, 다양한 권력

기하학에 영향을 미치며, 이러한 '행동'이 시간과 장소를 관통하여 어떤 반향을 일으키는지를 이해할 수 있게 한다(Sack, 1992).

예를 들어, 글로벌 상품사슬 관점은 제도적 연결을 조립하고 가시화하고, 선형과 수직 관계로 생산과 소비를 연결하여, 사슬 전반에 영향을 미치는 권력을 탐색함으로써 소비자들의 저항을 바탕으로 (사슬의) 변형 가능성을 활성화시킨다. 이와 반대로, 음식의 문화정치 연구는 정치경제적 연구에서 무시된 권력을 가시화된 형태로 만들어 냈는데, 이는 사회적 관계가 어떻게 의미가 구성된 영역을 형성하는지를 살펴 권력이 행사되고 형성·협상되며 논쟁을 일으키는지를 볼 수 있게 한다. 이 두 가지 관점은 모두 소비에 대한 중요한 통찰을 제공하지만, 연구 대상, 권력관계를 분석하는 능력, 정치적 변화가 일어날 수 있는 방식에서 차이를 보인다.

이 글은 공간을 통해 소비가 어떻게 작동하는지 이해하고자 사람과 사물이 다양한 방식으로 조합될 수 있음을 보여 주고자 하였다. 특정 인식론의 장점과 한계에 대한 논의를 넘어, 이러한 지식들이 수행되고 움직이면서 변형되고 인용되는지를 생각하는 것은 (지식을 구성하는) 아이디어가 어떻게 위치하는지를 이해하는 것뿐만 아니라 아이디어가 공간을 가로질러 움직일 때 어떤 모습으로 변형되는지를 살펴보는 것까지 포함한다. 그러므로 다음과 같은 질문을 고려하는 것이 중요해진다. "무슨 이유로, 어디에서, 어떤 결과로, 정치경제적 관점은 소비를 효과로 생산했는가?", "'대안' 또는 '주류'

로서의 소비 형태의 틀은 무슨 일을 하는가?", "교환, 쇼핑, 사용, 폐기와 같이 소비 과정에서 고립된 부분을 연구할 때의 가능성과 한계는 무엇인가?" "서로 다른 사고의 출발점(예: 상품, 소비자, 개체 간의 관계, 경험 또는 사건으로 시작)이 어떻게 이해에 도전하고 통찰을 추가하고 이해를 제한하거나 가능하게 할 수 있는가?", "어떤(그리고 누구의) 맥락과 경험, 담론에서 특정한 소비 관점이 생겨났는가?" 이러한 질문들은 지식 생산뿐 아니라 지식의 유통과 소비의 문제가 된다(Desforges and Jones, 2001).

소비의 지리학에서 부재absences를 식별하는 것은 중요하다. 부재는 침묵을 알리는 신호일 뿐만 아니라, 지식이 공간을 통해 생산되고 소비될 때 그것이 불균등한 형태로 이루어진다는 것을 알려 주기 때문이다. 앵글로아메리칸 지리학과 영어의 헤게모니는 다른 이야기와 세상을 보는 방식, 특히 언어와 위치성이 이러한 권력 공간을 지향하는 사람들(나와 같은)에게는 눈에 띄지 않을 수 있음을 보여 준다.* 지식의 불균등한 생산과 소비는 제1세계 공간에서 수행된 연구만을 강조하거나 노동자 및 중산층 소비의 경험과 관행 등을 소홀히 하는 결과를 낳는다.

소비는 국가 내, 그리고 전 세계적인 심각한 불평등을 야기한다.

---

* 그럼에도 불구하고 앵글로아메리칸 지리학은 비앵글로아메리칸 담론을 끌어들이는 혼종적 구조로 간주되어야 한다(Samers and Sidaway, 2000).

제1세계 다수의 소비 관행은 특정한 생활양식이나 정체성 선택에 초점을 맞추지 않기 때문에 사회적 배제의 원천으로 작용할 수 있다[Williams et al., 2001][글상자 7. 2 참조]. 제1세계 바깥의 소비는 종종 결핍으로 설명되고, 덜 생산적이고 덜 의미 있는 사회생활 영역으로 다루어진다[글상자 2. 7과 글상자 5. 4 참조][Miller, 1988; Miller and Slater, 2000]. 개발도상국의 소비 관행을 다룬 문헌은 종종 지리학 저널이 아닌 곳에 게재되고, 세계화[James, 2000]나 관광[Scheyvens, 2002] 또는 지속 가능성, 과잉소비[Cohen and Murphy, 2001; Redclift, 1996]와 다른 과정의 결과로 논의되며, 별도의 '관행의 섬'[예를 들면, Osella and Osella, 1999]을 구성하는 것처럼 보인다[그림 7. 1 참조].

그림 7. 1 앵글로아메리칸 지역 외부의 소비. 싱가포르의 식료품점. 사람들은 '자신의 방식으로' 소비의 담론과 물질성, 관행을 구성하기 때문에, 소비지리학의 실천은 다른 사람의 경험과 목소리, 이미지에 개방적이어야 한다.

7.2 식품 사막
소비 공간에서 배제된 사람들

닐 리글리, 다니엘 웜Daniel Warm, 배리 마겟츠Barrie Margetts의 '식품 사막food deserts' 연구(Warm and Margetts, 2003)는 물질 공급과 수요의 관점에서 소비를 강조한 것으로 유명하다. 사회적 배제 문제 해결은 토니 블레어의 지도 아래 1997년 영국에서 선출된 노동당 정부의 우선 과제였다. 그 일환으로 '식품 사막'이라는 개념이 정치적 수사로 채택되었다. 이 용어는 "소매점 접근이 열악한 지역의 영양과 공중보건 문제"를 보여 준다(Warm and Margetts, 2003: 153). 리글리와 그의 동료들은 가난한 도시인 리즈Leeds 지역에 대형 마트인 테스코Tesco가 개점했을 때 그것이 지역민의 식품 소비 패턴에 어떤 영향을 미치는지 연구했다. 참가자들은 7일 동안의 음식 섭취 일지를 작성했는데, 설문조사는 대형 마트 개점 이전과 이후에 각각 실시되었다. 연구자들은 물리적 접근성이 향상되었다고 해서 참가자들의 경제적 접근성도 향상되는 것은 아니며, 음식 섭취와 소비 패턴은 사회문화적 규범, 준비 시설과 식습관 및 기타 사회적 요소에 영향을 받는다는 것을 발견했다. 그럼에도 불구하고, 연구팀은 이 지역에서 가장 취약한 일부 집단에 긍정적인 식이 효과가 있었고, 해당 지역에 소매점이 개입하면서 식습관이 다소간 개선되었음을 발견했다.

리글리 외의 연구는 지리학에서 충분히 연구되지 않은 영역, 즉 (다양한 이유로) 소매 공간 참여에서 배제될 수 있는 사람들의 소비 관행을 보여 줄 뿐만 아니라, 국가정책이 소비와 생산의

> 특정한 도덕적 담론(이 경우 재분배와 통합주의 담론과 하층계급 개념)과 연결되는 방식과 특정한 정책 개입을 정당화하는 수단으로 소비 활동(식품 사막으로)을 정의 내리는 권력에 주목했다
> (Warm and Margetts, 2003: 178).

'식품 사막'에 관한 리글리 등의 연구는 라미레즈Blanca Ramírez(2000)가 제기한 모순, 즉 소비 연구에서 배제된 지역을 잘 인식하고 세밀하게 다루어야 한다고 강조한다. 라미레즈는 이 방법이 "우리의 차이에도 불구하고 토론과 행동의 공간"을 구성하는 것을 포함한다고 보았다(Ramírez, 2000: 54). 또한 우리가 논하는 주제와 이를 어떻게 전달할 것인가 하는 생각들을 포함하는 것은 하나의 도전으로, 다음 절의 주제인 도덕과 연관된 개념이다.

소비의 윤리적 지리

최근 몇 년 사이 지리학에서 윤리적 상상과 관련된 논의가 급증했다(Hay, 1998; Proctor and Smith, 1999; Smith, 1997; 1999; 2001). 소비지리학이 도덕적인 구성물임은 이 책의 다른 곳에서 입증되었다. 도덕성과 윤리적 효과는 특정한 행위(예를 들면, 가게 물건을 훔친 19세기 중산층 여성)에 국한

그림 7. 2 소비의 윤리. 지적인 변화뿐만 아니라 적극적 실천을 수반하는 것은 비판적인 정치력을 발전시키는 데에 필요하다(Herb Cartoon, Chris Beard).

되지 않고 소비를 구성하는 관점에도 내재되어 있다(Miller, 2001c)[**그림 7. 2**와 **글상자 7. 3 참조**].

새로운 문화지리학과 후기구조주의가 지닌 통찰력은 포섭과 배제로 이어지는 지식의 개방성, 차이, 구성에 대해 더 잘 인식할 수 있게 해 주었다는 것이다(Popke, 2003). 장소, 사람, 개체는 관계(이러한 관계의 형태와 성격은 관점마다 다르다) 속에서 존재하므로, 도덕(좋은/나쁜, 가치 있는/가치 없는, 포함된/배제된)의 관점에서 관계와 장소는 권력(제약하거나 가능하게 하는)과 지식이 소비의 특정 주체와 대상을 정의하는 방식을 이해하는 데에 필요한 부분이다[**글상자 7. 3 참조**]. 그러한 가정이 '구축'되는 도덕적 토대와 그것을 평가하는 수단에 대한 이해를 높이

7.3 소비의 도덕적 차원과 소비자 문화에 대한 비판

저널《환경과 계획 DEnvironment and Planning D》에 수록한 논문에서 앤드류 세이어Andrew Sayer(2003)는 소비의 도덕적 차원과 윤리 문제가 소비가 이해되는 방식과 어떻게 연결되는지 설명하려고 했다. 그에 따르면, 서로 다른 윤리는 주체, 대상, 공간 관계의 다른 측면에 주목함으로써 구성된다.

세이어는 하나의 관계(부모가 자녀를 위해 구매하는 것)에 이로운 소비가 다른 종류의 사회적 · 물질적 관계(부유한 소비자와 빈곤한 소비자 관계)에는 해를 줄 수 있다고 지적한다.

세이어는 다니엘 밀러(Miller, 2001c)가 주장한 바와 같이, 소비에 대한 비판이 "사람들이 소비하는 방식에 대한 경험적 증거보다는 엘리트주의적 편견"에 바탕을 두고 있다고 주장한다(Sayer, 2003:344). 소비자 문화에 대한 비판은 소비자/사용자보다는 판매자의 관점에서 상업화를 바라보기 때문에 소비에 대해 지나치게 부정적인 관점(자기애적, 피상적, 개인주의적, 파괴적)을 상정하게 된다. 그러므로 상품이 구입 후 탈상품화, 재맥락화되거나 다시 사람을 매혹시키는 방식—교환가치보다 사용/상징적 가치와 관련된 행동—을 대부분 무시한다.

세이어는 사용가치가 대상과 주체의 성격에 결합된 질적 특성을 가진 반면, 교환가치(한 사람이 다른 사람과 얼마큼 교환할 것인지를 결정하는 요인)는 양적인 경향이 있다고 설명한다(Sayer, 2003:345). 상품화는 종종 임금 관계와 노동시장의 관점에서 정의된 생산 부문과 관련하여 이해되었기 때문에, 소비자의 목표 및 관점과 관련하여 소비의 질적 중요성을 인지하지 못했다.

역설적이게도, 상품의 소비와 상품화는 소비자에게 물건을 탈상품화하는 방법을 제공한다(Kopytoff, 1986). 그럼에도 불구하고 이러한 행위는 도덕적 감정과 규범, 처방(이타주의, 다른 사람에 대한 사랑이나 보살핌, 관계 구축 등) 등에 영향을 받기 때문에, 소비의 도덕적 가치와 행위 역시 간과되어 왔다고 볼 수 있다.

기 위해, 누가 '다른 집단'을 대신하여 가정을 할 수 있는 위치에 있는지 질문하는 것도 중요하다. 이것은 다른 사람에 대한, 더 나아가 다른 사람을 위한 감수성, 곧 지적 변화는 물론이고 적극적 실천을 수반하는 감수성을 개발할 필요가 있음을 의미한다(Cloke, 2002: 590).

그러므로 '이론적 관점의 유용성'에 대한 질문은 자신의 편파성이나 위치를 완전히 표현할 수 없음에도, 도덕적인 틀을 만들고 실행 가능하게 만들어 준다는 점에서 유의미하다. 예를 들어, 소비자 문화의 이데올로기는 쾌락주의와 소비주의를 연결하고, 소비를 자유를 위한 놀이터 그리고 부유하고 자기애적이며 자기에게만 몰두하는 꿈의 세계로 묘사하는 경향이 있다(Bauman, 1992). 마르크스주의의 '상품물신commodity fetish' 개념은 상품화, 대중문화, 물질주의가 노동자들이 자신의 노동 생산물에서 소외되지 않은 이전 생산 방식에서 존재했던 '진정한' 의미가 있는 사회적 관계에 대한 빈약한 대체물로 해석된다(Wilk, 2001). 소비에 대한 베블런의 견해는 엘리트 여가 계층의 낭비적이고 사치스럽고 공허한 소비 패턴과 연관된 경쟁심을 (부정적인 측면을 강조하는) 소비로 설명한 반면, 부르디외의 '문화자본' 개념은 상품 획득을 통해 도덕적으로 우월한 지식의 축적을 소비와 연결시켰다.

이론적 접근이 할 수 있는 일을 넘어, 도덕적 실천이 가진 가능성을 살펴보는 것도 중요하다. 예를 들어, ANT 접근법은 인간 세계의 사회성에서 주로 나타나는 인간과 비인간 행위자의 관계를 전환하는 관계적 도덕철학이다. ANT 접근법은 생명정치적 행동주의나 동물–인간 관계(혹은 Whatmore, 2003: 139에서 주장한 '인간 너머의 지리학' 사례)와 같이 인간의 일차적 행위에 동의하는 관점과는 다르다.

소비자 행동주의를 통한 상품사슬의 성과는 노동권이 기본적 인권이라고 주장하는 도덕 지리학을 다시 가져온다(Johns and Vural, 2000). 이러한 상품사슬의 수행으로 어떤 것은 가시화(원거리 작업장의 관행, 소비자 행동주의가 만들어 내는 변화 가능성)되고, 다른 것은 비가시화(제품 불매운동을 하는 기업 노동자들을 상대로 한 잠재적 공장 폐쇄 및 실직)된다. 소비 행동, 사건, 관계, 공간이 개념화되는 방식은 그것이 도덕적 담론을 통해 표현되고 특정한 시간–장소 맥락에서 소비가 실현되는 데에 실질적인 영향을 미칠 수 있다.

19세기 미국 상점의 좀도둑이 중산층이 아니라 노동계급에서 발생한 현상이었다는 가정[글상자 2. 4 참조]은 소비 관행과 행동의 도덕적 틀이 변하면서 적절한 행동과 반응, 주체와 맥락도 바뀐다는 것을 보여 준다. 도덕적 성향은 사회-공간 관계에 다양한 개체(상품, 주체, 제도)를 배치하며, 이로 인해 포함과 배제와 비난도 달라지는 결과를 가져올 수 있다. 이는 소비에서 도덕적 규범을 위반하는 주체('낭비적인' 소비자처럼)의 배치와 구현, 그리고 이러한 구성이 다양한 맥락(이를테면, 공적 또는 사적 공간에서, 개인적 또는 국가적 차원에서)과 관련되어 있다는 것을 보여 준다.

따라서 소비의 도덕지리는 사회적·구조적 위치를 점하여 다른 사람들을 명명하고 규범화하며 물질 세계가 조직되고 작동하는 방식에 기여한다. 도덕지리에 대한 도전은 상징적인 측면에서 부당하지 않은 방식으로 사회적·문화적·경제적·환경적 착취의 장소와 주체를 호명하는 것에서 시작된다[Castree, 2001].

모트[Mort, 1988]는 소비의 관점과 실천을 도덕적 실체로 이해하면, 의도치 않게 도덕주의 정치로 퇴보할 수 있다고 경고한다. 예를 들어, 소비가 가진 물질주의적이고 방종한 특성을 비판하는 것은 '부유한 사람'이 부패하고 피상적인 라이프스타일을 주도하고, '가난한 사람'이 유혹에 이끌려 물질적 욕망을 품거나 감당하지 못할 소비를 한다고 단정하는 결과를 낳을 수 있다[Miller, 2001c]. 그 결과, "빈곤 해소 열망"에 집중한 나머지 부자들의 불안을 달래는 윤리가 되고 만다[Miller, 2001c: 227].

밀러는 인류는 언제나 좀 더 많이(최소한 적지 않은 정도의) 소비를 필요로 하며, 모든 삶은 물질주의와 관련이 있다고 보았다. 윌크Richard Wilk[2001]은 불가피한 도덕적 선언과 실천이 만들어지고 정당화되기 위한 전제들을 신중하게 분석해야 한다는 밀러[Miller, 2001c]의 주장에 동의하지만, 세이어의 경우 일부 사람에게는 '좋은' 도덕적 선택이 다른 사람에게는 해가 될 수 있다고 주장한다. 로Nicholas Low와 글리슨Brendan Gleeson[1998]은 가난을 없애는 것과 함께, 상품에 대한 접근, 인간과 비인간의 본성, 자원의 풍부함과 다양성을 포함하여 좋은 환경과 나쁜 환경의 공정하고 정당한 분배를 달성하는 것이 인류를 위한 합리적인 공통의 목표가 되어야 한다고 제안한다. 그럼에도 불구하고 '공정한 분배'의 달성에 개입할지의 여부는 여전히 문제로 남는다. 윌크[Wilk, 2002]는 지적 교류의 가능성을 제한하고, 소비의 불평등을 해결할 가능성을 차단하는 "관행의 섬islands of practice"[Purcell, 2003]이 문제를 악화시킨다고 보았다[글상자 7. 4 참조].

윌크[Wilk, 2002]가 제시한 대로, 소비가 세계적·지역적 수준에서 환경 변화를 이끄는 중심축이라면, 무엇이 소비 수준과 행동을 결정하고 변화시키는지 이해하는 것은 매우 중요하다. 예를 들어, 많은 개발도상국에서 도시 빈민들의 영양실조는 급성장하고 있는 도시 식품 시장, 지역적·세계적 수준에서 불균등하게 발달된 생산 및 소비 네트워크, 급속한 도시화와 관련이 있다[Smith, 1998]. 이런 연구는 그러한 소비 주체를 '피해자'로 위치지을 필요가 없다. 멕시코 빈민

7.4 관점과 실천
소비를 무엇으로 규정할 것인가?

윌크(Wilk, 2002)는 '소비, 인간의 욕구, 세계적 환경 변화'에 초점을 맞춘 논문에서 소비를 바라보는 시각이 소비의 원인, 소비가 나타나는 단계와 스케일, 적절한 정책 방향에 대해 다양하긴 하나 종종 앞뒤가 맞지 않는 통찰을 내놓는다고 지적한다. 예를 들어, 소비를 감소시킬 정책을 고려할 때 소비가 개인의 선택에 대한 반응이고 욕구에 따른 행동이라는 관점은 사람들이 결정을 내리는 환경(차량 또는 연료에 대한 세금 인상, 대중교통과 교육 확대)을 변화시켜야 한다고 볼 것이다. 한편 소비를 집단 행동과 사회적 구별과 관련된 사회적 현상으로 본다면, 특정 집단과 소비 형태에 대한 접근에 관심을 기울여 부의 불평등한 분배를 다루는 방향으로 변화가 진행될 수 있다. 소비를 문화적 과정으로 보는 경우, 윌크는 소비를 의미 있고 표현적이며 상징적인 행위로 보는 것이 소비 관행을 바꾸기 위해 가치와 신념을 바꿔야 한다는 것과 동일한 의미일 수 있다고 말한다.

윌크는 소비와 적절한 정책 대응에 대한 이러한 이해가 다른 관점에서 나오는 연구와 통찰을 무시하는 경향이 있다고 지적한다. 윌크(Wilk, 2002: 10)는 부르디외의 아비투스Habitus—무의식적으로 행동을 형성하고 이끄는 성향, 감정, 규칙—개념[글상자 4. 1 참조]으로 소비가 어떻게 구성되는지에 대한 다양한 관점을 통합할 수 있다고 제안한다. 아비투스에 초점을 맞추면, 다양한 단계와 스케일에서 소비를 이끄는 제약, 제도, 충동, 동기부여와 의미를 이해할 수 있다. 윌크는 이 개념이 '원하는 것wants'이 '필요needs'로 정의되는 방식을 설명하는 데 특히 유용하다고 믿는다.

그는 이러한 접근법이 다양한 스케일에 걸쳐 있는 소비의 다중 결정 요인에 대한 통합적 관점을 가능하게 하여, 예를 들어 소비의 부정적인 결과 대부분이 왜 지역이나 국가 차원에서 나타나는지(많은 양의 온실가스 배출이나 화석연료 소비 등), 그리고 이것이 다른 스케일의 개인이나 집단의 소비 관행과 어떻게 연관되어 있는지에 대한 일정한 통찰을 제공한다고 보았다.

윌크의 관점은 지구 환경 변화에서 (과다)소비가 만들어 내는 우려에서 비롯된다. 결과적으로 그는 아비투스라는 개념이 실천과 연결할 수단, 그리고 지속 가능한 소비를 촉진하고 환경문제를 해결할 정책과 전략의 공식화를 제공한다고 본다. 이처럼 아비투스의 관점에서 소비를 다루는 것은 지리학자들이 다양한 맥락에서 분석했던 주제, 즉 신체와 정부, 사회와 개인의 실천에서 소비가 당연시되고 자연화되는지를 밝히는 데에 기여하였다.

들의 전략 연구(Heyman, 2001), 영국 노숙자들의 관행 연구(Cloke, Milbourne and Widdowfield, 2003), 포스트공산주의 가구들의 생존 전략 연구(Smith, 2002)는 소비 선택이 제한된 이들의 행위성을 강조한다. 이와 유사하게, 비버스톡(Beaverstock et al., 2004: 405)은 '슈퍼 리치super rich'를 연구하면서, 이 연구를 통해 초국가성과 글로벌의 영역이 구축되는 방식, 그리고 소비 관행과 공간이 노동, 상품, 아이디어의 세계적 흐름으로 연결되는 과정에 대한 많은 통찰을 얻을 수 있다고 보았다(뉴욕의 주택 고급화에 대한 Lee, 2003의 연구 참고).

　그러므로 소비 관행이 어떻게 불균등한 지리를 만들어 내는지를 이해하려면 윤리적 행동과 주체성이 다양한 수준(개인, 가족, 국가)에서 개인적으로나(상품 구매, 사용, 경험에서) 집단적으로('윤리적 또는 생태소비주의'와 같은 것을 통해)(글상자 1. 6 참조)으로 구성되는 방식과, 이것이 어떻게 다른 지식, 사람, 장소와 공명하는지를 들여다보아야 한다. 소비 담론(예를 들어, 지속 가능한 소비 또는 신자유주의적 소비자 주권)이 소비 행위를 무엇으로 정의하는지, 그리고 장소에서 이러한 것들이 어떻게 표현되는지에 대한 이해도 여기에 포함될 수 있다(글상자 7. 5 참조).

 7.5 지속가능한 소비
미래 세대의 필요를 위태롭게 하지 않는 소비

커스티 홉슨Kersty Hobson(2003)은 소비에 대한 비판적 지리학이 지속 가능한 소비의 실천에 중요한 역할을 한다고 주장한다. 그녀는 자원 소비가 많고 낭비적인 소비 패턴을 보이는 고소득 국가에서 지속 가능한 소비 행위가 주변화되어 있다고 본다. 1992년 브라질 리우데자네이루에서 열린 UN환경개발회의Conference on Environment and Development는 '지속가능한 개발 청사진the blueprint for sustainable development'의 행동 강령으로 의제21을 채택했다. "미래 세대의 필요를 위태롭게 하지 않도록 전 생애에 걸쳐 천연자원과 독성 물질의 사용, 폐기물 및 오염물질의 배출을 최소화하면서 기본적 욕구에 부응하고 더 나은 삶의 질을 가져오는 상품과 서비스의 사용"이라는 뜻을 지닌 지속 가능한 소비를 장려했다(IISD/

United Nations Department of Economic and Social Affaires, 1999: 1; Hobson, 2003: 148-9 인용).

의제21은 국가에서 기관, 개별 시민에 이르기까지 다양한 수준에 걸친 변화를 주창한 반면, 호주에서는 이것이 시급한 환경문제로 다뤄지지 않았다. 홉슨은 그 이유로 다음 이유들을 언급했다. 첫째, 경제성장에 기반한 경제 시스템의 일부로서 소비의 중요성, 둘째, 기업과 개인의 자원 사용을 규제하려는 정부의 정치적 불안정성, 셋째, 개인의 가치, 라이프스타일, 일상생활, 일상적인 관행과 습관에서 소비의 중심성이다. 홉슨은 종종 복잡하고 비가시적이며 자연스러운 것으로 여겨지는 일상 생활의 일부로 소비가 경험되고 실행된다는 사실을 인정하면서, 소비의 비판적 지리는 어떤 소비가 개인에게 하나의 관행이자 문화적 규범이 되는지 살펴야 한다고 제안한다. 그러면서 "개인이 소비하는 이유와 방식, 그리고 소비를 환경과 어떻게 연결짓는지를 알아야만 현실적으로 소비 관행 변화에 착수할 수 있다"고 지적한다(Hobson, 2003: 150).

이와 같이 홉슨의 소비정치는 "긍정적인" 변화를 일으키는 토대로서 상품사슬 전반에 걸친 생산과 소비의 연결을 밝힌 하트 윅(Hartwick, 2000)의 주장과 다르다. 두 주장은 변형transformation의 규범적 개념에 기반하고 있으며, 의미 있고 중요한 사회적 실천으로서 그리고 장소를 만들고 변화시키는 요소로서 소비에 대한 더 비판적이고 성찰적인 참여를 주장한다.

이러한 담론이 유통되는 기구와 제도에 대한 최근의 연구는 관행이 지배되는 방식과, 장소에서의 소비에 대한 공간적·사회적 표현이 때로 모순된다는 것을 보여 준다(글상자 7. 6 참조). 예를 들어, 국제연합UN의 '국제 공동체' 구축은 국민국가들에게 그 시민들의 공통된 인간성을 상기시키는 하나의 방법—"멀리에서도 자유주의적 공감의 가치를 이끌어 내는 가장 강력한 슬로건"—이지만, 역설적이게도 "세계에서 가장 부유한 국가들의 모임"으로 운영되고 있다(Appadurai, 2002: 43). 그러므로 사람들이 어떻게 소비 지리를 형성하는가는 중요한 문제이다. 와츠(Watts and Watts, 1983)는 나이지리아 북부의 기근이 단순한 자연현상이 아닌 사회적으로 구성된, 원주민의 대처 방식을 훼손한 식민 세력이 악화시킨 현상이라고 설명하였다.

소비 도덕의 규범화와 그것의 뼈대는 소비, 생산, 무역에서 윤리적 관행과 담론(Blowfield, 1999; Hale and Shaw, 2001)의 증가와 소비자를 기업의 사회적 책임 담론 및 관행과 연결하는 문헌에서도 나타난다(Maynard,

7.6

소비자 정치
푸코적 소비자 시민의 규정

CCP(기후 보호를 위한 도시Cities for Climate Protection) 캠페인에 대한 레이첼 슬로쿰Rachel Slocum(2004)의 연구는 신자유주의 국가 정치에서 시민이 소비자로 형성되는 과정을 보여 준다. 그녀는 도시 에너지 사용과 폐기물 생산 및 운송 관행을 변화시켜 온실가스 배출을 줄이는 세계적 캠페인에 서명한 미니애폴리스, 투스콘, 시애틀에서의 CCP 캠페인의 실행을 검토했다. 슬로쿰은 미셸 푸코를 기반으로 신자유주의적 지방 국가를 통해 관리되는 캠페인이 어떻게 '소비자 시민consumer citizen'이라는 주체를 생산하는지 살핀다.

신자유주의 담론은 정책적 쟁점을 시장의 명령 안에 위치시키고, 사람들을 소비자와 이윤 극대화를 추구하는 행위자로 위치시켜, 돈과 비용 효율성 측면에서 가치를 평가하는 것을 정상적인 것으로 간주하게 한다. 슬로쿰은 지역 NGO 대표, 시 공무원, 적극적인 시민, 정치인, 기업 대표들과 인터뷰했는데, 이들 가운데 90퍼센트 정도가 "에너지 효율성 증대를 통한 비용 절감"으로 기후변화를 해결해야 한다고 믿고 있는 것으로 나타났다(Slocum, 2004: 768). 이 담론의 정상화는 환경을 평가하는 보편적인 방법, 보편적인 비용 절감 문제를 가진 획일화된 시민, 대안 선택의 차단과 같이 특정한 형태의 보편성 구축을 전제로 한다. 그래서 CCP 캠페인은 기후 보호를 상품(돈으로 측정된)으로 축소시키고, 기후변화에 관한 다른 근거와 토론을 무시한 채 주장의

'사실'만을 수용하여 비용 절감이라는 단일한 접근법의 해결책을 제시했다.

CCP 관리자는 소비자 교육과 정보(예를 들어, 에너지 절약 관행)에 의존하는 수동적 정치를 기후변화 문제를 풀 방법으로 보았고, 따라서 가계 소비 선택을 구조짓는 복잡한 현실은 무시했다. 그러나 슬로쿰은 국가가 형성한 소비자 시민 담론(예를 들어, 정부를 서비스 제공자로서 시민들에게 더 잘 반응하도록 만드는 것)에 좀 더 진보적인 가능성이 함축되어 있다고 지적했다. 그녀는 각각의 주체들이 자신을 구성하는 담론을 바꿀 수 있고, 다양하면서도 급진적인 정치를 적극적으로 형성할 수 있다고 주장한다.

슬로쿰은 '소비자 시민'의 구성을 통해 기후변화의 정치에 대한 문제와 가능성을 모두 보여 주었다. 그녀는 기후변화와 관련된 국가와 시민사회의 관계를 분석하며, "소비자 정치의 기각이나 축하 모두 타당하지 않다"고 믿는다(Slocum, 2004: 767). 슬로쿰의 연구는 담론이 특정한 사회공간적 맥락에서 실천을 통해 생산되는 방식, 즉 다양한 행위자가 이질적인 방식으로 담론의 틀을 짜고 협상하고 표현하는 방식을 강조하였으며, 이는 다양한 변화와 결과와 가능성을 암시한다.

2001). 소비의 도덕적 구성과 선언의 근거 및 효과를 조사하는 것은 소비에 관한 논의를 정의 및 공동선의 근본적인 문제와 연결시키려는 윌크(Wilk, 2001)의 요구와 맞닿아 있다. 지리학자들이 다른 사람들에

대한 그 같은 책임을 어떻게 처리하고 수행할지는, 특히 우리가 대화를 주고받는 여러 장소나 우리 자신의 도덕성이 (재)생산되는 복잡한 방식을 알 수 없기 때문에 여전히 과제로 남아 있다. 그러나 긍정적인 변화를 일으키려는 노력을 배제해서는 안 된다.

정치와 실천

지리학자들이 소비에 대해 고민을 시작하게 된 배경은, 어떻게 다양한 도덕적 입장에 비판적으로 개입하고, 변형 가능성이 있는 숙고의 공간을 만들지와 연관되어 있다. 데이비드 하비는《희망의 공간Spaces of hope》(2000)에서 사회적으로 더 정의로운 사회에 대한 유토피아적 상상을 기반으로 대안적 사회 프로젝트의 기틀을 잡으려 했다. 비록 그는 경제력과 문화권력을 연결하려고 했지만(예를 들어, 신체와 세계화 연구(Harvey, 1998)), 그의 관점은 행위자를 즐거워하고 느끼고 표현하는 스케일을 신체로 제한하여, 신체를 자본의 논리 안에서 해방정치가 이루어지는 장소로 위치시켰다.

색(Sack, 1997; 1999)은 지리적 도덕 이론을 발전시키고자 의미, 본질, 사회적 관계를 고려하는 '관계적 틀'이라는 개념(글상자 3. 2 참조)을 사용했다. 이 개념의 사용 역시 상품의 생산과 소비를 가능하게 하는 생산–사람–자연 간의 (종종 착취적인) 관계를 위장하여, 소비를 도덕적 결과가 없는 행위이자 상품 물신화의 부도덕에 기초한 생산 영역 내의 일부로 간주하였다. 비록 색은 지역 스케일과 맥락을 기반으로 하는 윤리보다는 글로벌 스케일의 도덕 개념을 우선시하지만, 또 다른 지리학자들은 도덕과 권력이 사람들을 주체로 배치하는 방식을 명시적으로 다룬다. 우리에게는 여전히 결정론적이지 않은 방식으로 소비와 생산의 불가분성을 인식하면서도 진정한 변화가 일어날 공간과 정치를 제공할 수 있는 변혁적 가능성에 참여할 것인가 하는 도전이 남아 있다.

소비지리학에서 사회정의 문제를 해결하려면 지리학자의 실천과 교육, 연구에서 비롯된 '권력 기하학'과 도덕성에 대한 고려도 포함해야 한다. 여기에는 소비에 대한 어떤 관점은 보편적 또는 주류로 순환하는 반면에 다른 관점은 사회적 또는 주변부로 간주되고, 지식의 '성공적인' 수행이 다른 연구 성과를 거부하거나 제한하는지 혹은 볼 수 없게 만드는지를 살피는 것이 포함된다. 생산과 소비 관계를 통해 권력과 지식이 연결되고 순환되고 구성되는 방식을 검토하는 것은 행동의 정치학을 수립하는 데에 중요하다(Bell and Valentine, 1997). 그러한 지식은 항상 부분적이지만, 비판적인 소비지리학은 그 가공물이 다른 장소에서도 사용될 수 있도록 전경화하는 노력을 지속해야 한다(Chang, 1996).

소비 선택이 심하게 제한되거나 그렇지 않다거나, 아니면 단지 자신과 매우 다르다는 이유로 연구에 참여하는 것이 어렵다는 사실에도 불구하고, '멀리 떨어진' 다른 이의 내러티브에 참여하는 것은 중요하다. 예를 들어, 타인에 대한 헌신과 감각은 소비 주체로서의 지향이 지리적으로 가깝거나 물리적으로 먼 곳에서 어떻게 주변화 또는 배제로 경험될 수 있는지 이해하는 데 필수적이다.

그렇다면 도덕적 지리에 대한 인식과 다른 이에 대한 헌신은 어떻게 실천될 수 있으며, 윤리적 차원에서 이러한 것들은 지리학자들에게 무엇을 알려주는가? 아마도 핵심은 상상의 정치가 실천의 정치와 연결되는 공간의 성장일 것이다. 거리두기distancing는 다른 사람들과의 공감을 방해한다(Smith, 1999). 1981년 멕시코에서 열린 여성 리더 회의(글상자 7.7 참조)에서는 타인에 대한 공감뿐 아니라 책임감을 키우고 동기를 부여하기 위해 자신과 타인의 차이점을 이해하는 연습을 무수히 실행했다.

7.7 빵 경보 운동
나와 타인을 연결하는 소비 실천

뉴질랜드에서는 어린이 후원 광고, 기근과 전쟁에 대한 인쇄물 및 TV 보도를 통해 멀리 떨어져 있는 '타인'의 이야기가 수많은 사람들의 거실로 전달된다. 그린피스Greenpeace, 옥스팜Oxfam, 월드 비전World Vision 같은 조직들에서 나오는 일상적인 비非소비 또는 과소소비 재현은 일반적으로 제1세계와 제3세계를 부자와 빈자로 비유하고, 통계자료를 통해 생산-소비 격차를 시각화한다. "세계 10대 부자의 순자산은 1,330억 달러로 최빈국 국민소득의 1.5배 이상이다"(United Nations Development Programm, 1999), "세계 인구의 20퍼센트가 온실가스 배출량의 80퍼센트를 담당한다"(Wilk, 2001: 356)와 같은 통계의 인용은 이러한 격차가 제1세계 내에서도 점점 커지고 있음에도 불구하고, 제1세계와 제3세계 간의 소비/생산 격차 개념을 구체화한다.

소비 관행에서 상품에 대한 접근과 선택, 소비와 창의적 사용의 자유는 불균등하게 발달했다. 예를 들어, 마일스Steven Miles는 "서구에서 '자유로운' 개인을 구성하는 선택 시스템은 그러한 선택에서 배제된 사람들이 권리를 박탈당하고 억압받는 만큼의 엄청난 억압을 낳는다"는 자본주의 구조에 내재된 모순을 설명한다(Miles, 1998a: 150).

미디어와 대중 표현은 대다수 세계 인구의 특징인 생생한 경험, 생계, 삶의 기회 딜레마에 사람들을 더 가깝게 데려가는 것처럼 보이지만, 동시에 소비에 필수적인 정치 공간에는 가까이 가지 않는다(Le Heron, 2003).

1981년 멕시코에서 10일간 열린 국제 걸가이드Girl Guide 지도자 회의는 참가자들이 환경, 굶주림, 여성의 지위 문제에 참여하도록 장려하여 기존 공간의 정치에 맞섰다.* 18개국(다양한 '발전' 상태에 있는) 30명의 지도자를 한자리에 불러모은 이 회의는 참

---

* 정보를 제공해 주고, 경험을 들려준 Babara Arnold에게 감사를 표한다.

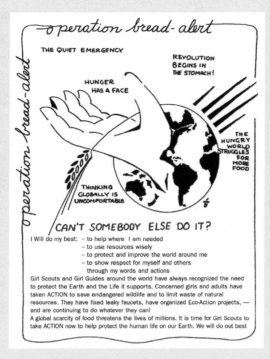

그림 7. 3 굶주림 실천하기: 빵 경보 가동Practising hunger: Operation Bread Alert, Mexico, 1981(permission by Girl Guides, New Zealand)

가자들에게 소비 딜레마와 차이를 실감 나게 경험하게 하려는 목적이 있었다.** 그렇게 함으로써 '글로벌' 문제에 대한 헌신과, 귀국 후 지도자들의 실질적인 행동을 독려하고자 하였다.

....

** 각국의 참가자 수는 다음과 같다. 오스트레일리아 (2), 영국 (2), 바하마 연방(2), 짐바브웨 (1), 리히텐슈타인 (1), 노르웨이 (2), 페루 (2), 온두라 스 (1), 캐나다 (2), 미국 (2), 자메이카 (2), 일본 (2), 멕시코 (2), 뉴질랜드 (2), 네덜란드령 안틸제도 (2), 트리니다드토바고 (1), 핀란드 (1), 과테말 라 (2), 파나마 (1).

걸가이드 모임은 '빵 경보Bread Alert' 운동[그림 7. 3 참조]의 일환으로, 지도자들을 무작위로 선택해 당시의 제1세계, 제2세계, 제3세계를 대략적인 비율(3 : 7 : 20)로 나누어 각 집단에게 아침 식사를 제공했다. 제1세계는 완전한 '아메리칸' 스타일의 아침을, 제2세계는 작은 컵으로 과일 주스 한 잔과 롤빵을, 제3세계는 밥 한 숟가락을 주었다. 두 명의 뉴질랜드 대표 중 한 명인 바버라 아널드Barbara Arnold가 제1세계 집단에 지정되었다. 그녀는 같은 집단에 속한 사람들에게 이런 소비 수준이 일상적인 현실일 수 있음을 깨닫게 되면서, 거의 혹은 전혀 가진 것이 없는 사람들 옆에 앉는 것이 얼마나 어려웠는지 이야기한다. 바버라와 제1세계 동료들은 그들에게 허용되는 것의 일부를 다른 사람들에게 주려고 했지만, 허락되지 않았다. 바버라는 다른 집단 사람들이 그녀가 속한 집단이 식사하는 것을 지켜보았다는 사실 때문에 더 괴로웠다고 지적하며, 만약 제2세계와 제3세계 집단이 그 자리에 없었어도 똑같은 느낌이었을지 궁금해했다. 따라서 참가자들의 소비 현실과 타인에 대한 이해 및 행동을 구분하는 정치의 공간은 시각적이고 구체화된 교환이 일어날 수 있는 맥락에서 '배고픔'이라는 수행으로 가시화되었다. 참가자 중의 일부는 "위stomach에서 시작되는" 혁명을 통해 수동성에 맞서는 또 다른 형태의 빵 경보Bread Alert 운동을 수행해야 했다.

만약 사회정의의 중심 문제가 혜택과 부담의 분배에 중요한 개인과 집단 간의 차이점을 식별하는 것이라면[D.M. Smith, 2000: 1150], 빵 경보 운동은 그러한 정치적 행동 형태를 취할 수 있는 인식의 장을 제공한 것이다. 이 회의에서는 차이를 만드는 방법으로 다음의 여러 가지 가능한 회의 후 활동을 제안했다. 예를 들자면, 공개 포럼의 정보 배포, 이런 문제에 대한 가이드 홍보, 구매와 폐기 관행 변경, 캠페인 조직, 식사 없는 연회 개최, 의사결정권자 로비 등이다.

빵 경보 운동은 정치의 공간이 어떻게 이미 위치지어진 공간 정치에 맞설 수 있는지 보여 준다. 참가자들은 평범한 일상에서의 소비 결정을 반영하거나 반영하지 못하는 상황에 놓임으로써 지리(이 경우에는 기아 구성)가 구현되고 배치되는 방식을 알게 되었다. 바버라는 음식 소비가 특정 결과와 연결을 만들어 내고자 수행되고, 여행하고, 번역되는 관행에 포섭되어 있으며, 그리고 그 정치학은 쉽게 변경되지 않는다는 것을 보았다(바버라가 공유하고 싶을 때 발견한 것처럼). 따라서 소비지리학은 구현과 포섭, 수행과 여행travel의 지리학이라고 할 수 있다. 멕시코 사례 연구는 공간성의 수행(음식 선택의 차이를 은유로 풀어낸 불균등한 발전 공간)과 수행의 공간성(집단마다 특정 맥락에서 부여받은 역할로 과업을 수행)의 상호연결을 설명한다. 바버라와 그 동료들이 경험한 좌절은 자신과 타인 간의 연결/여행이 물질적 실천뿐 아니라 공간적/사회적 상상을 통해 만들어지는 것임을 보여 주었다.

소비를 체현과 내재성, 수행과 여행의 지리로 다룰 때, 특정한 소비 장소와 공간으로 소비를 제한하지 않고, 상품사슬의 끝, 문화의 순환, 자기동일시 또는 주체의 실천, 일상생활에서 상품의 상징적·물질적 전유, 또는 상품의 일대기와 역사 및 지리를 따르는 것으로 소비를 이해할 수 있다. 소비에 대한 지식은 오히려 상황적 맥락에서 순환하고 권력을 부여받으며 세계에 대한 다양한 통찰을 제공해 준다. 이런 도식에서 소비는 전부이거나 아무것도 아닌 것이 아니라, 어떤 형태를 취하고 그에 걸맞는 재생산의 조건에서 실현되는 것이다. 지리적 실천의 일부로, 상황에 맞는 사회적 실천으로서 소비를 보고 실천하며, 그로 인해 생겨나는 가시성과 구현, 해석의 (윤리적인) 공간을 탐색하는 것이 중요하다. 이는 그 결과로 발생하는 권력 기하학의 불균등한 결과를 이해하고 바람직하지 않은 상황을 해결하는 데에 도움이 된다.

지리 소비하기

소비의 지리를 독해하고, 여기저기를 여행하면서 권력의 기하학을 만들어 내는 일종의 수행으로 보는 관점은, 소비를 개념화하고 연구하는 것이 단순히 재현 또는 의미, 정체성으로 구성되는 것을 넘어, 비재현적 과정, 실천, 구조에 기반한 것임을 시사한다. 소비에 대한 관점과 소비와 연관된 사람 및 사물들이 작동하는 것과, 도덕적인 측면, 여러가지 가능성과 한계, 그리고 이러한 것들의 흐름이 어떤 장소에서 번역되는지에 초점을 맞추면, 생산/소비, 문화/경제, 물질/상징의 이분법이 더 이상 중심이 되지 않는다. 대신에 소비 지식, 실천, 관계의 상황적 진술과 다양한 종류의 정치와 도덕, 실천으로 이어질 수 있는 가능성을 환기시킨다.

이 책은 소비가 사회성, 주체성, 공간성에 있어 중요하고, 이 특성들이 장소와 규모 및 경계를 만드는 과정에서 재생산되고 반영된다는 데에 초점을 맞췄다. 나는 독자들이 장소, 공간, 스케일, 경계를 넘어 구성되는 소비 지리의 중요하고 매혹적인 통찰을 엿볼 수 있기를 바란다. 또한 독자들이 이 책을 통해 "소비가 중요한가 아닌가"가 아니라, 왜 그리고 어떻게 소비가 "'지리적인 문제들'을 살피는데 중요한가"라는 질문을 던질 수 있기를 바란다.

더 읽을거리

Cloke, P. (2002) 'Deliver us from evil? Prospects for living ethically and acting politically in human geography', *Progress in Human Geography*, 26(5): 587-604.

Cohen, M.J. and Murphy, J.(eds) (2001) *Exploring Sustainable Consumption: Environmental Policy and the Social Sciences.* Oxford: Pergamon. pp. 121-33.

Miller, D. (2001) 'The poverty of morality', *Journal of Consumer Culture*, 1 (2): 225-243.

Purcell, M. (2003) 'Islands of practice and the Marston/Brenner debate: toward a more synthetic critical human geography', *Progress in Human Geography*, 27 (3): 317-32.

Redclift, M. (1996) *Wasted: Counting the Costs of Global Consumption.* London: Earthscan.

Sack, R. D. (1997) *Homo Geographicus: a Framework for Action, Awareness, and Moral Concern.* Baltimore, MD: Johns Hopkins University Press.

Wilk, R. (2001) 'Consuming morality', *Journal of Consumer Culture* 1 (2): 245-60.

Abaza, M. (2001) 'Shopping malls, consumer culture and the reshaping of public space in Egypt', *Theory, Culture and Society*, 18 (5): 97-122.

Abelson, E. (2000) 'Shoplifting ladies', in J. Scanlon (ed.), *The Gender and Consumer Culture Reader*. New York: New York University Press. pp. 309-29.

Ackerman, F. (1997) 'The history of consumer society: overview essay', in N.R. Goodwin, F. Ackerman and D. Kiron (eds), *The Consumer Society: Frontier Issues in Economic Thought*, vol. 2.Washington, DC: Island. pp. 109-18.

Adorno, T. and Horkheimer, M. (1944) *Dialectic of Enlightenment*. London:Verso.

Aitchison, C. (1999) 'New cultural geographies: the spatiality of leisure, gender and sexuality', *Leisure Studies*, 18 (1): 19-39.

Aitchison, C., MacLeod, N.E. and Shaw, S.J. (2000) *Leisure and Tourism Landscapes: Socia and Cultural Geographies*. London: Routledge.

Aldridge, T.J. and Patterson, A. (2002) 'LETS get real: constraints on the development of Local Exchange Trading Schemes', *Area*, 34 (4): 370-81.

Amin, A. (2002) 'Spatialities of globalisation', *Environment and Planning A*, 34 (3): 385-99.

Appadurai, A. (ed.) (1986) *The Social Life of Things: Commodities in Cultural Perspective*. Cambridge: Cambridge University Press.

Appadurai, A. (2002) 'Broken promises', *Foreign Policy*, 132 (Sep–Oct): 42-44.

Argenbright, R. (1999) 'Remaking Moscow: new places, new selves', *Geographical Review*, 89 (1): 1-22.

Ateljevic, I. (2000) 'Circuits of tourism: stepping beyond the "production/consumption" dichotomy', *Tourism Geographies*, 2 (4): 369-88.

Azaryahu, M. (1999) 'McDonald's or Golani Junction? A case of a contested place in Israel', *Professional Geographer*, 51 (4): 481-92.

Backes, N. (1997) 'Reading the shopping mall city', *Journal of Popular Culture*, 31 (3): 1-17.

Baker, P. (2001) 'The new Moscow', *Sunday Star Times*, p. C16.

Bakhtin, M. (1984) *Rabelais and His World*. Bloomington, IN: Indiana University Press.

Banim, M., Green, E. and Guy, A. (2001) 'Introduction', in A. Guy, E. Green and M. Banim (eds), *Through the Wardrobe: Women's Relationships with their Clothes*. Oxford: Berg. pp. 1-17.

Barber, K. and Waterman, C. (1995) 'Traversing the global and the local: fuji music and praise poetry in the production of contemporary Yoruba popular culture', in D. Miller (ed.), *Worlds Apart: Modernity through the Prism of the Local.* London:Routledge. pp.240-62.

Barker, A.M. (1999) 'Going to the dogs: pet life in the new Russia', in *Consuming Russia: Popular Culture, Sex, and Society since Gorbachev.* Durham, NC: Duke University Press. pp. 12-45.

Barnett, J.R. and Kearns, R.A. (1996) 'Shopping around? Consumerism and the use of private accident and medical clinics in Auckland, New Zealand', *Environment and Planning A,* 28 (6): 1053-75.

Barnett, S. (1997) 'Research note. Maori tourism', *Tourism Management,* 18 (7): 471-3.

Bater, J., Degtyarev, A. and Amelin,V. (1995) 'Politics in Moscow: local issues, areas and governance', *Political Geography,* 14 (8): 665-87.

Baudrillard, J. (1981) *For a Critique of the Political Economy of the Sign.* St Louis,MO: Telos.

Baudrillard, J. (1983) *Simulations.* New York: Semiotext(e).

Baudrillard, J. (1988) *Jean Baudrillard: Selected Writings.* Standford, CA: Standford University Press.

Bauman, Z. (1990) *Thinking Sociologically: an Introduction for Everyone.* Oxford: Blackwell.

Bauman, Z. (1992) *Intimations of Postmodernity.* London: Routledge.

Beaverstock, J.V., Hubbard, P. and Short, J.R. (2004) 'Getting away with it? Exposing the geographies of the super-rich', *Geoforum,* 35: 401-7.

Beck, U. (1992) *Risk Society: Towards a New Modernity.* London: Sage.

Beder, S. (2002) 'Nike greenwash over sweatshop labour'. At http://www.theecologist. org/archive_article.html?article=298&category=66, 22 August 2003.

Bell, D. and Valentine, G. (1997) *Consuming Geographies: We Are Where We Eat.* London: Routledge.

Benjamin,W. (1970) *Illuminations.* London: Fontana.

Benjamin,W. (1983) *The Flâneur, Charles Baudelaire: a Lyric Poet in the Era of High Capitalism.* London: Verso.

Bennett,A. (1999) 'Rappin' on the Tyne: white hip-hop culture in Northeast England– an ethnographic study', *The Sociological Review,* 47 (1): 1-24.

Benson, S. (1997) 'The body, health and eating disorders', in K.Woodward (ed.), *Identity and Difference.* London: Sage. pp. 121-81.

Berg, L.D. (1994) 'Masculinity, place and a binary discourse of theory and empirical investigation in the human geography of Aotearoa/New Zealand', *Gender, Place and Culture,* 1 (2): 245-60.

Berg, L.D. and Kearns, R.A. (1996) 'Naming as norming? "Race", gender and the identity politics of naming places in Aotearoa/New Zealand', *Environment and Planning D: Society and Space,* 14 (1): 99-122.

Berg, L.D. and Kearns, R.A. (1998) 'America unlimited', *Environment and Planning D: Society and Space*, 16: 128-32.

Berg, L.D. and Mansvelt, J.R. (2000) 'Writing in, speaking out: communicating qualitative research findings', in I. Hay (ed.), *Qualitative Research Methods in Human Geography*. Melbourne: Oxford University Press.

Berg, L.D. and Roche, M.M. (1997) 'Market metaphors, neo-liberalism and the construction of academic landscapes in Aotearoa/New Zealand', *Journal of Geography in Higher Education*, 21 (2): 147-61.

Bhabha, H.K. (1994) *The Location of Culture*. London: Routledge.

Bhabha, H.K. (2001) 'Locations of culture: the postcolonial and the postmodern', in S. Malpas (ed.), *Postmodern Debates*. New York: Palgrave. pp. 36-44.

Binnie, J. (1995) 'Trading places: consumption, sexuality and the production of queer space', in G.Valentine and D. Bell (eds), *Mapping Desire: Geographies of Sexualities*. London: Routledge. pp. 182-99.

Binyon, M. (2002a) 'Booming Russia has happy Christmas', *The Dominion*, 8 January: 8.

Binyon, M. (2002b) 'Moscow considers curfew for street kids', *The Dominion*, 26 January: 28.

Blair, J. and Gereffi, G. (2001) 'Local clusters in global chains: the causes and consequences of export dynamism in Torreon's blue jeans industry', *World Development*, 29 (11): 1885-903.

Blomley, N. (1996) '"I'd like to dress her all over": masculinity, power and retail space', in N. Wrigley and M. Lowe (eds), *Retailing Consumption and Capital*. Harlow: Longman. pp. 235-56.

Blowfield, M. (1999) 'Ethical trade: a review of developments and issues', *Third World Quarterly*, 20 (4): 753-70.

Bocock, R. (1993) *Consumption*. London: Routledge.

Bourdieu, P. (1984) *Distinction: a Social Critique of the Judgement of Taste*, trans. R. Nice. Cambridge, MA: Harvard University Press.

Bowlby, R. (1985) *Just Looking: Consumer Culture in Dreiser, Gissing and Zola*. New York: Methuen.

Bowlby, S., Gregory, S. and McKie, L. (1997) '"Doing home": patriarchy, caring, and space', *Women's Studies International Forum*, 20 (3): 343-50.

Bowler, S.M. (1995) 'Managing the shopping centre as a consumption site. Creating appealing environments for visitors: some Australian and New Zealand examples'. Unpublished PhD thesis, Massey University, Palmerston North, New Zealand.

Bridge, G. and Dowling, R. (2001) 'Microgeographies of retailing and gentrification', *Australian Geographer*, 32 (1): 93-107.

Bridge, G. and Smith, A. (2003) 'Guest editorial. Intimate encounters: culture–economy–commodity', *Environment and Planning D: Society and Space*, 21: 257-68.

Bryman, A. (1999) 'The Disneyization of society', *The Sociological Review*, 47 (1): 25-47.

Buck-Morss, S. (1989) *The Dialectics of Seeing: Walter Benjamin and the Arcades Project*. Cambridge, MA: MIT Press.

Burrows, R. and Marsh, C. (eds) (1992) *Consumption and Class*. London: Macmillan.

Burt, S. and Sparks, L. (2001) 'The implications of Wal-Mart's takeover of Asda', *Environment and Planning A*, 33 (8): 1463-87.

Butler, J. (1990) *Gender Trouble: Feminism and the Subversion of Identity*. New York: Routledge.

Butler, R.W. (1991) 'West Edmonton Mall as a tourist attraction', *The Canadian Geographer*, 35 (3): 287-95.

Cahill, S. and Riley, S. (2001) 'Resistances and reconciliations:women and body art', in A. Guy, E. Green and M. Banim (eds), *Through the Wardrobe: Women's Relationships with their Clothes*. Oxford: Berg. pp. 151-70.

Callard, F. J. (1998) 'The body in theory', *Environment and Planning D: Society and Space*, 16: 387-400.

Cameron, J. (1998) 'The practice of politics: transforming subjectivities in the domestic domain and the public sphere', *Australian Geographer*, 29 (3): 293-307.

Campbell, C. (1987) *The Romantic Ethic and the Spirit of Modern Consumerism*. Oxford: Blackwell.

Campbell, C. (1995) 'Conspicuous confusion? A critique of Veblen's theory of conspicuous consumption', *Sociological Theory*, 13: 37-47.

Campbell, H. and Liepins, R. (2001) 'Naming organics: understanding organic standards in New Zealand as a discursive field', *Sociologia Ruralis*, 41 (1): 21-39.

Carroll, J. and Connell, J. (2000) '"You gotta love this city": The Whitlams and inner Sydney', *Australian Geographer*, 31 (2): 141-54.

Castells, M. (1996) *The Rise of the Network Society*, vol. I. Cambridge, MA: Blackwell.

Castree,N. (2001) 'Commentary. Commodity fetishism, geographical imaginations and imaginative geographies', *Environment and Planning A*, 33: 1519-25.

Chandran, R. (2002) 'Trash e-trash'. At http://www.blonnet.com/ew/2002/04/10/stories/2002041000130400.htm, 3 May 2004.

Chatterton, P. and Hollands, R. (2002) 'Theorising urban playscapes: producing, regulating and consuming youthful nightlife city spaces', *Urban Studies*, 39 (1): 95-116.

Clancy, M. (1998) 'Commodity chains, services and development: theory and preliminary evidence from the tourism industry', *Review of International Political Economy*, 5 (1): 122-48.

Clancy, M. (2002) 'The globalization of sex tourism and Cuba: a commodity chains approach', *Studies in Comparative International Development*, 36 (4): 63-88.

Clarke, A.J. (1998) 'Window shopping at home: classifieds, catalogues and new consumer skills', in D. Miller (ed.), *Material Cultures: Why Some Things Matter*. London: UCL Press. pp. 73-99.

Clarke, A.J. (2000) '"Mother swapping": the trafficking of nearly new children's wear', in P. Jackson, M.Lowe, D. Miller and F. Mort (eds), *Commercial Cultures*. Oxford: Berg. pp. 85-100.

Clarke, A.J. (2001) 'The aesthetics of social aspiration', in D. Miller (ed.), *Home Possessions: Material Culture behind Closed Doors*. Oxford: Berg. pp. 23-67.

Clarke, B. (1999) '100% pure NZ tourism fake', *Sunday Star Times*, 29 August, p. 3.

Clarke, D.B. and Bradford, M.G. (1998) 'Public and private consumption and the city', *Urban Studies*, 35 (5/6): 865-88.

Clarke, D.B., Doel, M.A. and Housiaux, K.M.L. (2003) 'Introduction to Part Two: Geography', in D.B. Clarke, M.A. Doel and K.M.L. Housiaux (eds), *The Consumption Reader*. London: Routledge. pp. 80-6.

Clarke, J. and Purvis, M. (1994) 'Dialectics, difference, and the geographies of consumption', *Environment and Planning A*, 26 (7): 1091-109.

Cloke, P. (1993) 'The countryside as commodity: new rural spaces for leisure', in S. Glyptis (ed.), *Leisure and the Environment*. London: Belhaven. pp. 53-66.

Cloke, P. (2002) 'Deliver us from evil? Prospects for living ethically and acting politically in human geography', *Progress in Human Geography*, 26 (5): 587-604.

Cloke, P. and Widdonfield, R.C. (2000) 'The hidden and emerging spaces of rural homelessness', *Environment and Planning A*, 32 (1): 77-90.

Cloke, P., Milbourne, P. and Widdowfield, R. (2003) 'The complex mobilities of homeless people in rural England', *Geoforum*, 34: 21-35.

Cloke, P.J., Philo, C. and Sadler, D. (1991) *Approaching Human Geography: an Introduction to Contemporary Theoretical Debate*. London: Chapman.

Cockburn, C. (1997) 'Domestic technologies: Cinderella and the engineers', *Women's Studies International Forum*, 20 (3): 361-71.

Cohen, M.J. and Murphy, J. (2001) *Exploring Sustainable Consumption: Environmental Policy and the Social Sciences*. Oxford: Pergamon.

Connell, J. and Gibson, C. (2003) *Sound Tracks: Popular Music, Identity and Place*. London: Routledge.

Connor, T. and Atkinson, J. (1996) 'Sweating for Nike: a report on labor conditions in the sport shoe industry'. Community Aid Abroad Briefing Paper no. 16. At http://www.caa.org.au/campaigns/nike/sweating.html, 6 August 1998.

Cook, I. and Crang, P. (1996) 'The world on a plate: culinary culture, displacement and geographical knowledges', *Journal of Material Culture*, 1 (2): 131-53.

Cook, I., Crang, P. and Thorpe, M. (1999) 'Eating into Britishness: multicultural imaginaries and the identity politics of food', in S. Roseneil and J. Seymour (eds),

Practising Identities, Power and Resistance. Basingstoke: Macmillan. pp. 223-48.

Corrigan, P. (1997) *The Sociology of Consumption*. London: Sage.

Crang, M. (1997) 'Picturing practices: research through the tourist gaze', *Progress in Human Geography*, 21 (3): 359-73.

Crang, M. (2002) 'Commentary. Between places: producing hubs, flows, and networks', *Environment and Planning A*, 34: 569-74.

Crang, M., Crang, P. and May, J. (eds) (1999) *Virtual Geographies: Bodies, Space and Relations*. London: Routledge.

Crang, P. (1994) 'It's showtime: on the workplace geographies of display in a restaurant in South East England', *Environment and Planning D: Society and Space*, 12: 675-704.

Crang, P. (1996) 'Displacement, consumption and identity', *Environment and Planning A*, 28 (1): 47-68.

Crang, P. and Cook, I. (1996) 'The world on a plate: culinary knowledge, displacement and geographical knowledge', *Journal of Material Culture*, 1: 131-53.

Crang, P., Dwyer, C. and Jackson, P. (2003) 'Transnationalism and the spaces of commodity culture', *Progress in Human Geography*, 27 (4): 438-56.

Cressy, D. (1993) 'Literacy in context: meaning and measurement in early modern England', in J. Brewer and R. Porter (eds), *Consumption and the World of Goods*. London: Routledge. pp. 305-19.

Crewe, L. (2000) 'Progress reports. Geographies of retailing and consumption', *Progress in Human Geography*, 24 (2): 275-91.

Crewe, L. (2001) 'Progress reports.The besieged body: geographies of retailing and consumption', *Progress in Human Geography*, 24 (4): 629-41.

Crewe, L. (2003) 'Progress reports geographies of retailing and consumption: markets in motion', *Progress in Human Geography*, 27 (3): 352-62.

Crewe, L. and Gregson, N. (1998) 'Tales of the unexpected: exploring car boot sales as marginal spaces of contemporary consumption', *Transactions of the Institute of British Geographers*, NS 23 (1): 39-53.

Crewe, L. and Lowe, M. (1995) 'Gap on the map? Towards a geography of consumption and identity', *Environment and Planning A*, 27 (12): 1877-98.

Crompton, R. (1996) 'Consumption and class analysis', in S. Edgell, K. Hetherington and A.Warde (eds), *Consumption Matters*. Oxford: Blackwell. pp. 113-32.

Cross, G. (1993) *Time and Money: the Making of Consumer Culture*. London: Routledge.

Crouch, D. (ed.) (1999) *Leisure/Tourism Geographies*. London: Routledge.

Dean, M. (1999) *Governmentality: Power and Rule in Modern Society*. London: Sage.

Debord, G. (1994) *Translation: the Society of the Spectacle*. New York: Zone.

De Certeau, M. (1984) *The Practice of Everyday Life*. Berkeley, CA: University of California Press.

DeNora, T. and Belcher, S. (2000) '"When you're trying something on you picture yourself in a place where they are playing this kind of music": musically sponsored agency in the British clothing retail sector', *The Sociological Review*, 48 (1): 80-107.

Desforges, L. (2001) 'Tourism consumption and the imagination of money', *Transactions of the Institute of British Geographers*, NS 26 (3): 353-64.

Desforges, L. and Jones, R. (2001) 'Geographies of languages/languages of geography', *Social & Cultural Geography*, 2 (3): 261-4.

Dionne, E.J. (1998) 'Bad for business', *Washington Post*, 15 May: A27.

Dodge, M. and Kitchin, R. (2000) *Mapping Cyberspace*. New York: Routledge.

Doel, M.A. and Clarke, D.B. (1999) 'Dark panopticon. Or, attack of the killer tomatoes', *Environmental and Planning D: Society and Space*, 17 (4): 427-50.

Domosh, M. (2001) 'The" Women of New York": a fashionable moral geography', *Environment and Planning D: Society and Space*, 19: 573-92.

Domosh, M. (2003) 'Pickles and purity: discourses of food, empire and work in turnof-the-century USA', *Social & Cultural Geography*, 4 (1): 7-26.

Donaghu, M.T. and Barff, R. (1990) 'Nike just did it: international subcontracting and flexibility in athletic footwear production', *Regional Studies*, 24 (6): 537-52.

Douglas, S.J. (2000) 'Narcissism as liberation', in J. Scanlon (ed.), *The Gender and Consumer Culture Reader*. New York: New York University Press. pp. 267-82.

Douglas, M. and Isherwood, B. (1978) *The World of Goods: Towards an Anthropology of Consumption*. London: Allen Lane.

Dowling, R. (1993) 'Femininity, place and commodities: a retail case study', *Antipode*, 25 (4): 295-319.

Du Gay, P. and Negus, K. (1994) 'The changing sites of sound: music retailing and the composition of consumers', *Media, Culture & Society*, 16: 395-413.

Du Gay, P. and Pryke, M. (2002) 'Introduction', in P. du Gay and M. Pryke (eds), *Cultural Economy: Cultural Analysis and Commercial Life*. London: Sage. pp. 1-19.

Du Gay, P., Hall, S., Janes, L., Mackay, H. and Negus, K. (1997) *Doing Cultural Studies: the Story of the Sony Walkman*. London: Sage.

Dwyer, C. and Jackson, P. (2003) 'Commodifying difference: selling EASTern fashion', *Environment and Planning D: Society and Space*, 21: 269-91.

Edgell, S., Hetherington, K. and Warde, A. (eds) (1996) *Consumption Matters*. Oxford: Blackwell.

Edwards, T. (2000) *Contradictions of Consumption: Concepts, Practices, and Politics in Consumer Society*. Philadelphia, PA: Open University Press.

Entwistle, J. (2000) 'Fashioning the career woman: power dressing as a strategy of consumption', in M. Andrews and M.M.Talbot (eds), *All the World and Her Husband*. London: Cassell. pp. 224-38.

Erkip, F. (2003) 'The shopping mall as an emergent public space in Turkey', *Environment and Planning A*, 35 (6): 1073-93.

Espiner, C. (1999) 'Tourism Board website censured', *The Press*, 23 September: 1.

Espiner, C. (2001) 'Maori seek bigger share of tourism', *The Press*, 21 August: 2.

Falk, P. and Campbell, C. (eds) (1997) *The Shopping Experience*. London: Sage.

Featherstone, M. (1987) 'Lifestyle and consumer culture', *Theory, Culture and Society*, 4 (1): 55-70.

Featherstone, M. (1991) *Consumer Culture and Postmodernism*. London: Sage.

Fine, B. (1993) 'Modernity, urbanism, and modern consumption: a comment', *Environment and Planning D: Society and Space*, 11 (5): 599-601.

Fine, B. (2002) *The World of Consumption: the Material and Cultural Revisited*, 2nd edn. London: Routledge.

Fine, B. and Leopold, E. (1993) *The World of Consumption*. London: Routledge.

Fiske, J. (1989) 'Shopping for pleasure: malls, power, and resistance', in *Reading the Popular*. London: Unwin Hyman. pp. 13-42.

Foucault, M. (1979) *Discipline and Punish: the Birth of the Prison*. New York: Vintage.

Friedman, J. (ed.) (1994) *Consumption and Identity*. Chur, Switzerland: Harwood.

Frith, S. (1996) *Perfoming Rites: on the Values of Popular Music*. Cambridge, MA: Harvard University Press.

Gamman, L. (2000) 'Visual seduction and perverse compliance: reviewing food fantasies, large appetites and "grotesque" bodies', in S. Bruzzi and P.C. Gibson (eds), *Fashion Culture: Theories, Explorations and Analysis*. London: Routledge. pp. 61-78.

Gamman, L. and Makinen, M. (1994) *Female Fetishism: a New Look*. London: Lawrence & Wishart.

Garcia-Ramon, M.-D. (2003) 'Globalization and international geography: the questions of languages and scholarly traditions', *Progress in Human Geography*, 27 (1): 1-5.

Gelber, S.M. (2000) 'Do-it-yourself: constructing, repairing, and maintaining domestic masculinity', in J. Scanlon (ed.), *The Gender and Consumer Culture Reader*. New York: New York University Press. pp. 70-93.

Gereffi, G. (1999) 'International trade and industrial upgrading in the apparel commodity chain', *Journal of International Economics*, 48: 37-70.

Gereffi, G. (2001) 'Beyond the producer-driven/buyer-driven dichotomy', *IDS Bulletin*, 32 (3): 30.

Gereffi, G. and Korzeniewicz, M. (eds) (1994) *Commodity Chains and Global Capitalism*. Westport, CT: Greenwood.

Gershuny, J. and Miles, S. (1983) *The New Service Economy: the Transformation of Employment in Industrial Societies*. London: Pinter.

Gibson, P.C. (2000) '"No-one expects me anywhere": invisible women, ageing and the fashion industry', in S. Bruzzi and P.C. Gibson (eds), *Fashion Culture: Theories, Explorations and Analysis*. London: Routledge. pp. 79-89.

Gilroy, P. (1993) 'Mixing it – how is British national identity defined and how do race and nation intersect?', *Sight and Sound*, 3 (9): 24-5.

Glennie, P. (1995) 'Consumption within historical studies', in D. Miller (ed.), *Acknowledging Consumption: a Review of New Studies*. London: Routledge. pp. 164-203.

Glennie, P.D. and Thrift, N.J. (1992) 'Modernity, urbanism, and modern consumption', *Environment and Planning D: Society and Space*, 10 (4): 423-43.

Glennie, P.D. and Thrift, N.J. (1993) 'Modern consumption: theorising commodities and consumers', *Environment and Planning D: Society and Space*, 11 (5): 603-6.

Glennie, P. and Thrift, N. (1996) 'Consumption, shopping and gender', in N.Wrigley and M. Lowe (eds), *Retailing, Consumption and Capital: Towards the New Retail Geography*. Harlow: Longman. pp. 221-37.

Goffman, E. (1971 [1959]) *The Presentation of Self in Everyday Life*. Harmondsworth: Penguin.

Goldman, R. and Papson, S. (1998) *Nike Culture: the Sign of the Swoosh*. London: Sage.

Goodall, P. (1991) 'Design and gender: where is the heart of the home?', *Built Environment*, 16 (4): 269-78.

Goodman, D. (1999) 'Agro-food studies in the "age of ecology": nature, corporeality, biopolitics', *European Society for Rural Sociology*, 39 (1): 17-38.

Goodman, D. (2001) 'Ontology matters: the relational materiality of nature and agrofood studies', *Sociologia Ruralis*, 41 (2): 182-200.

Goodman, D. and Dupuis, E.M. (2002) 'Knowing food and growing food: beyond the production–consumption debate in the sociology of agriculture', *Sociologia Ruralis*, 42: 5-22.

Goss, J. (1993) 'The "magic of the mall": an analysis of form, function, and meaning in the contemporary retail built environment', *Annals of the Association of American Geographers*, 83 (1): 18-47.

Goss, J. (1999a) 'Consumption', in P. Cloke, P. Crang and M. Goodwin (eds), *Introducing Human Geographies*. London:Arnold. pp. 114-21.

Goss, J. (1999b) 'Once-upon-a-time in the commodity world: an unofficial guide to the mall of America', *Annals of the Association of American Geographers*, 89 (1): 45-75.

Gottdiener, M. (2000) 'Approaches to consumption: classical and contemporary perspectives', in M. Gottdiener (ed.), *New Forms of Consumption*. Oxford: Rowman & Littlefield. pp. 3-31.

Graham, S. (1998a) 'The end of geography or the explosion of place? Conceptualizing space, place and information technology', *Progress in Human Geography*, 22 (2): 165-85.

Graham, S. (1998b) 'The spaces of surveillant-simulation: new technologies, digital representations and material geographies', *Environment and Planning D: Society and Space*, 16: 483-503.

Graham, S. (1999) 'Geographies of surveillant simulation', in M. Crang, P. Crang and J.

May (eds), *Virtual Geographies: Bodies, Space and Relations*. London: Routledge. pp. 131-48.

Gramsci, A. (1971) *Selections from the Prison Notebooks*. London: Lawrence & Wishart.

Greenaway, A., Larner, W. and Le Heron, R. (2002) 'Reconstituting motherhood: milk powder marketing in Sri Lanka', *Environment and Planning D: Society and Space*, 20 (6): 719-36.

Gregory, D. (2000) 'Production of space', in D. Gregory, R.J. Johnston, G. Pratt, D. Smith and M. Watts (eds), *Dictionary of Human Geography*, 4th edn. Oxford: Blackwell. pp. 644-7.

Gregson, N. (1994) 'Beyond the high street and the mall: car boot fairs and the new geographies of consumption in the 1990s', *Area*, 26 (3): 261-7.

Gregson, N. (1995) 'And now it's all consumption?', *Progress in Human Geography*, 19 (1): 135-41.

Gregson, N. and Crewe, L. (1997a) 'The bargain, the knowledge, and the spectacle: making sense of consumption in the space of the car-boot sale', *Environment and Planning D: Society and Space*, 15: 87-112.

Gregson, N. and Crewe, L. (1997b) 'Performance and possession: rethinking the act of purchase in the light of the car boot sale', *Journal of Material Culture*, 2 (2): 241-63.

Gregson, N. and Rose, G. (2000) 'Taking Butler elsewhere: performativities, spatialities and subjectivities', *Environment and Planning D: Society and Space*, 18 (4): 433-52.

Gregson, N., Brooks, K. and Crewe, L. (2000) 'Narratives of consumption and the body in the space of the charity shop', in P. Jackson, M. Lowe, D. Miller and F. Mort (eds), *Commercial Cultures: Economies, Practices, Spaces*. Oxford: Berg. pp. 101-21.

Gregson, N., Brooks, K. and Crewe, L. (2001a) 'Bjorn again? Rethinking 70s revivalism through the reappropriation of 70s clothing', *Fashion Theory*, 5 (1): 3-28.

Gregson, N., Simonsen, K. and Vaiou, D. (2001b) 'Whose economy for whose culture? Moving beyond oppositional talk in European debate about economy and culture', *Antipode*, 33 (4): 616-46.

Gregson, N., Crewe, L. and Brooks, K. (2002a) 'Shopping, space, and practice', *Environment and Planning D: Society and Space*, 20: 597-617.

Gregson, N., Crewe, L. and Brooks, K. (2002b) 'Discourse, displacement, and retail practice: some pointers from the charity retail project', *Environment and Planning A*, 34 (9): 1661-83.

Grosz, E. (1994) *Volatile Bodies: Toward a Corporeal Feminism*. Bloomington, IN: Indiana University Press.

Hale, A. and Shaw, L.M. (2001) 'Women workers and the promise of ethical trade in the globalised garment industry: a serious beginning?', *Antipode*, 33: 510-30.

Hall, C.M. (1998) 'Making the Pacific: globalization, modernity and myth', in G. Ringer (ed.), *Destinations: Cultural Landscapes of Tourism*. London: Routledge. pp.

140-53.

Hansen, K.T. (2000) *Salaula: the World of Secondhand Clothing and Zambia*. Chicago, IL: University of Chicago Press.

Haraway, D. (1991) *Simians, Cyborgs and Women: the Reinvention of Nature*. London: Free Association.

Hartwick, E. (1998) 'Geographies of consumption: a commodity-chain approach', *Environment and Planning D: Society and Space*, 16 (4): 423-37.

Hartwick, E.R. (2000) 'Towards a geographical politics of consumption', *Environment and Planning A*, 32 (7): 1177-92.

Harvey, D. (1982) *The Limits to Capital*. Oxford: Blackwell.

Harvey, D. (1989) *The Condition of Postmodernity*. Oxford: Blackwell.

Harvey, D. (1998) 'The body as an accumulation strategy', *Environment and Planning D: Society and Space*, 16: 401-21.

Harvey, D. (2000) *Spaces of Hope*. Berkeley, CA: University of California Press.

Hay, I. (1998) 'Making moral imaginations: research ethics, pedagogy, and professional human geography', *Ethics, Place and Environment*, 1: 55-75.

Hebdige, D. (1979) *Subculture: the Meaning of Style*. London: Methuen.

Hedman, E.-L.E. and Sidel, J.T. (2000) 'Malling Manila', in *Philippine Politics and Society in the Twentieth Century*. London: Routledge. pp. 118-39.

Hetherington, K. (2004) 'Secondhandedness: consumption, disposal and absent presence', *Environment and Planning D: Society and Space*, 22 (1): 157-73.

Heyman, J.M. (2001) 'Working for beans and refrigerators: learning about environmental policy from Mexican northern-border consumers', in M.J. Cohen and J. Murphy (eds), *Exploring Sustainable Consumption: Environmental Policy and the Social Sciences*. London: Pergamon. pp. 137-55.

Hitchings, R. (2003) 'People, plants and performance: on actor network theory and the material pleasures of the private garden', *Social & Cultural Geography*, 4 (1): 99-114.

Hobson, K. (2003) 'Consumption, environmental sustainability and human geography in Australia: a missing research agenda?', *Australian Geographical Studies*, 41 (2): 148-55.

Hochschild, A.R. (2003) *The Managed Heart: Commercialization of Human Feeling*, 20th anniversary edn. Berkeley, CA: University of California.

Hollander, G.M. (2003) 'Re-naturalizing sugar: narratives of place, production and consumption', *Social & Cultural Geography*, 4 (1): 59-74.

Holliday, R. and Hassard, J. (2001) 'Contested bodies: an introduction', in R. Holliday and J. Hassard (eds), *Contested Bodies*. London: Routledge. pp. 1-17.

Holloway, L. (2002) 'Virtual vegetables and adopted sheep: ethical relations, authenticity and Internet-mediated food production technologies', *Area*, 34 (1): 70-81.

Holloway, S.L. and Valentine, G. (2001a) 'Placing cyberspace: processes of Americanization in British children's use of the Internet', *Area*, 33 (2): 153-60.

Holloway, S.L. and Valentine, G. (2001b) '"It's only as stupid as you are": children's and adults' negotiation of ICT competence at home and at school', *Social & Cultural Geography*, 2 (1): 25-42.

Hopkins, J.S.P. (1990) 'West Edmonton Mall: landscape of myths and elsewhereness', *The Canadian Geographer*, 34 (1): 2-17.

Hopkins, J.S.P. (1991) 'West Edmonton Mall as a centre for social interaction', *The Canadian Geographer*, 35 (3): 268-79.

Howes, D. (1996) 'Introduction: commodities and cultural borders', in D. Howe (ed.), *Cross-Cultural Consumption: Global Markets, Local Realities*. London: Routledge. pp. 1-18.

Hughes, A. (2000) 'Retailers, knowledges and changing commodity networks: the case of the cut flower trade', *Geoforum*, 31: 175-90.

Hughes, A. (2001) 'Global commodity networks, ethical trade and governmentality: organizing business responsibility in the Kenyan cut flower industry', *Transactions of the Institute of British Geographers*, NS 26: 390-406.

Hughes, A. and Reimer, S. (2004) 'Introduction', in A. Hughes and S. Reimer, S. (eds), *Geographies of Commodity Chains*. London: Routledge. pp. 1-16.

Hughes, G. (1998) 'Tourism and the semiological realization of space', in G. Ringer (ed.), *Destinations: Cultural Landscapes of Tourism*. London: Routledge. pp. 17-32.

Hurwitz, R. (1999) 'Who needs politics? Who needs people? The ironies of democracy in cyberspace', *Contemporary Sociology*, 28 (6): 655-61.

IISD/United Nations Department of Economic and Social Affairs (1999) *Instruments for Change: Making Production and Consumption More Sustainable*. New York: International Institute for Sustainable Development and United Nations Department of Economic and Social Affairs.

Ingham, J., Purvis, M. and Clarke,D.B. (1999) 'Hearing places, making spaces: sonorous geographies, ephemeral rhythms, and the Blackburn warehouse parties', *Environment and Planning D: Society and Space*, 17 (3): 283-305.

Jackson, P. (1989) *Maps of Meaning: an Introduction to Cultural Geography*. London: Unwin Hyman.

Jackson, P. (1993) 'Towards a cultural politics of consumption', in J. Bird, B. Curtis, T. Putnam,G. Robertson and L. Tickner (eds), *Mapping the Futures*. London: Routledge. pp. 207-28.

Jackson, P. (1999) 'Commodity cultures: the traffic in things', *Transactions of the Institute of British Geographers*, 24: 95-109.

Jackson, P. (2000) 'Cultural politics', in D. Gregory, R.J. Johnston,G. Pratt,D. Smith and M.Watts (eds), *Dictionary of Human Geography*, 4th edn. Oxford: Blackwell. p. 141.

Jackson, P. (2002a) 'Ambivalent spaces and cultures of resistance', *Antipode*, 34 (2): 326-9.

Jackson, P. (2002b) 'Commercial cultures: transcending the cultural and the economic', *Progress in Human Geography*, 26 (1): 3-18.

Jackson, P. (2002c) 'Consumption in a globalizing world', in P.J. Taylor, M.J. Watts and R.J. Johnston (eds), *Geographies of Global Change: Remapping the World.* Malden, MA: Blackwell. pp. 283-95.

Jackson, P. and Holbrook, B. (1995) 'Multiple meanings: shopping and the cultural politics of identity', *Environment and Planning A*, 27 (12): 1913-30.

Jackson, P. and Taylor, N. (1996) 'Geography and the cultural politics of advertising', *Progress in Human Geography*, 20 (3): 356-71.

Jackson, P. and Thrift, N.J. (1995) 'Geographies of consumption', in D. Miller (ed.), *Acknowledging Consumption: a Review of New Studies.* London: Routledge. pp. 204-37.

Jackson, P., Lowe, M., Miller, D. and Mort, F. (eds) (2000) *Commercial Cultures: Economies, Practices, Spaces.* Oxford: Berg.

James, J. (2000) *Consumption, Globalization and Development.* Basingstoke: Macmillan.

Johns, R. and Vural, L. (2000) 'Class, geography, and the consumerist turn: UNITE and the Stop Sweatshops Campaign', *Environment and Planning A*, 32 (7): 1193-213.

Johnston, L. and Valentine, G. (1995) 'Wherever I lay my girlfriend that's my home: performance and surveillance of lesbian identity in home environments', in D. Bell and G. Valentine (eds), *Mapping Desire: Geographies of Sexualities.* London: Routledge. pp. 99-113.

Jordan, T. (2001) 'Language and libertarianism: the politics of cyberculture and the culture of cyberpolitics', *The Sociological Review*, 49 (1): 1-17.

Kapucsinski, R. (1996) 'A normal life', *Time*, 27 May: 54-7.

Kearns, R.A. and Barnett, J.R. (1997) 'Consumerist ideology and the symbolic landscapes of private medicine', *Health and Place*, 3 (3): 171-80.

Kearns, R.A. and Barnett, J.R. (2000) '"Happy Meals" in the Starship Enterprise: interpreting a moral geography of health care consumption', *Health and Place*, 6: 81-93.

Kitchin, R.M. (1998) 'Towards geographies of cyberspace', *Progress in Human Geography*, 22 (3): 385-406.

Klein, N. (2000) *No Space, No Choice, No Jobs, No Logo: Taking Aim at the Brand Bullies.* New York: Picador.

Kollantai, V. (1999) 'Social transformations in Russia', *International Social Science Journal, UNESCO*, 159: 103-22.

Kong, L. (1995) 'Popular music in geographical analyses', *Progress in Human Geography*, 19 (2): 183-98.

Kopytoff, I. (1986) 'The cultural biography of things: commoditization as process', in A. Appadurai (ed.), *The Social Life of Things: Commodities in Cultural Perspective.*

Cambridge: Cambridge University Press. pp. 64-91.

Korzeniewicz, M. (1994) 'Commodity chains and marketing strategies: Nike and the global athletic footwear industry', in G. Gereffi and M. Korzeniewicz (eds), *Commodity Chains and Global Capitalism*.Westport, CT: Greenwood. pp. 247-65.

Laermans, R. (1993) 'Learning to consume: early department stores and the shaping of the modern consumer culture (1860–1914)', *Theory, Culture and Society*, 10 (4): 79-102.

Lakoff, G. and Johnson, M. (1980) *Metaphors We Live By*. Chicago, IL: University of Chicago Press.

Larimer, T. (1998) 'Sneaker gulag: are Asian workers really exploited?', *Time*, 11 May, at http://cgi.pathfinder.com/time/asia/magazine/1998/980511/labor.html.

Larner, W. (1998) 'Hitching a ride on the tiger's back: globalisation and spatial imaginaries in New Zealand', *Environment and Planning D: Society and Space*, 16 (5): 599-614.

Larner, W. and Le Heron, R. (2002a) 'Editorial. From economic globalisation to globalising economic processes: towards post-structural political economies', *Geoforum*, 33: 415-19.

Larner, W. and Le Heron, R. (2002b) 'The spaces and subjects of a globalising economy: a situated exploration of method', *Environment and Planning D: Society and Space*, 20 (6): 753-74.

Lash, S. and Urry, J. (1987) *The End of Organized Capitalism*. Cambridge: Blackwell.

Latour, B. (1993) *We Have Never Been Modern*. New York: Harvester Wheatsheaf.

Latour, B. (1999) 'On recalling ANT', in J. Law and J. Hassard (eds), *Actor Network Theory and After*. Oxford: Blackwell. pp. 15-25.

Latour, B. and Woolgar, S. (1986) *Laboratory Life: the Construction of Scientific Facts*. Princeton, NJ: Princeton University Press.

Law, J. (1994) *Organizing Modernity*. Oxford: Blackwell.

Law, J. and Hassard, J. (eds) (1999) *Actor Network Theory and After*. Oxford: Blackwell.

Laws, G. (1995) 'Embodiment and emplacement: identities, representation and landscape in Sun City Retirement Communities', *International Journal of Aging and Human Development*, 40 (4): 253-80.

Le Heron, R.B. (2003) Personal Communication with Professor R.B. Le Heron, School of Geography and Environmental Science, University of Auckland, New Zealand.

Lee, M.J. (1993) *Consumer Culture Reborn: the Cultural Politics of Consumption*. London: Routledge.

Lees, L. (2003) 'Super-gentrification: the case of Brooklyn Heights, New York City', *Urban Studies*, 40 (12): 2487-509.

Lefebvre, H. (1991) *The Production of Space*. Oxford: Blackwell.

Leslie, D. (2002) 'Gender, retail employment and the clothing commodity chain', *Gender, Place and Culture*, 9 (1): 61-76.

Leslie, D. and Reimer, S. (1999) 'Spatializing commodity chains', *Progress in Human*

Geography, 23 (3): 401-20.

Leslie, D. and Reimer, S. (2003) 'Gender, modern design, and home consumption', *Environment and Planning D: Society and Space*, 21 (3): 293-316.

Lewis,N.,Moran,W.,Perrier-Cornet,P. and Barker, J. (2002) 'Territoriality, enterprise and reglementation in industry governance', *Progress in Human Geography*, 26 (4): 433-62.

Leyshon, A. (2001) 'Time–space (and digital) compression: software formats, musical networks, and the reorganisation of the music industry', *Environment and Planning A*, 33: 49-77.

Lockie, S. and Kitto, S. (2000) 'Beyond the farm gate: production–consumption networks and agri-food research', *Sociologia Ruralis*, 40 (1): 3-19.

Lodziak,C. (2000) 'On explaining consumption', *Capital and Class*, 72 (Autumn): 111-33.

Longhurst, R. (1997) '(Dis)embodied geographies', *Progress in Human Geography*, 21 (4): 486-501.

Longhurst, R. (2001) *Bodies: Exploring Fluid Boundaries*. London: Routledge.

Low, N. and Gleeson, B. (1998) *Justice, Society and Nature: an Exploration of Political Ecology*. London: Routledge.

L'Orange Fürst, E. (1997) 'Cooking and femininity', *Women's Studies International Forum*, 20 (3): 441-9.

Lunt,P.K. and Livingstone, S.M. (1992) *Mass Consumption and Personal Identity: Everyday Economic Experience*. Buckingham: Open University Press.

Lury, C. (1999) 'Making time with Nike: the illusion of the durable', *Public Culture*, 11 (13): 499-526.

Mackay, H. (1997) *Consumption and Everyday Life*. London: Sage.

Maffesoli, M. (1996) *The Time of the Tribes: the Decline of Individualism in Mass Society*. London: Sage.

Mansvelt, J. (1997) 'Working at leisure: critical geographies of ageing', *Area*, 29 (4): 289-98.

Mansvelt, J. (2003) 'A choice for life? Decisions to enter retirement villages in New Zealand', in *Proceedings of the 22nd New Zealand Geographical Society Conference*, University of Auckland, pp. 219-23.

Marston, S.A. (2000) 'The social construction of scale', *Progress in Human Geography*, 24 (2): 219-42.

Marston, S.A. and Smith,N. (2001) 'States, scales and households: limits to scale thinking? A response to Brenner', *Progress in Human Geography*, 25 (4): 615-19.

Marx, K.M. (1973 [1857–8]) *The Grundrisse: Foundations of the Critique of Political Economy*. New York: Random House.

Mason, R. (1998) *The Economics of Conspicuous Consumption: Theory and Thought since 1700*. Cheltenham: Elgar.

Massey, D. (1984) *Spatial Divisions of Labour*. London: Macmillan.

Massey, D. (1993) 'Power-geometry and a progressive sense of place', in J. Bird, B. Curtis, T. Putnam, G. Robertson and L.Tickner (eds), *Mapping the Futures*. London: Routledge. pp. 59-69.

Massey, D. (1999) 'Imagining globalization: power geometries of time–space', in A. Brah, M.J. Hickman, M. Mac and Ghaill (eds), *Global Futures: Migration, Environment and Globalization*. Basingstoke: Macmillan. pp. 27-44.

May, J. (1996) 'A little taste of something more exotic: the imaginative geographies of everyday life', *Geography*, 81 (1): 57-64.

Maynard, M.L. (2001) 'Policing transnational commerce: global awareness in the margins of morality', *Journal of Business Ethics*, 30: 17-27.

McClintock, A. (1995) *Imperial Leather: Race, Gender, and Sexuality in the Colonial Conquest*. New York: Routledge.

McCormack, D. (1999) 'Body shopping: reconfiguring geographies of fitness', *Gender, Place and Culture*, 6 (2): 155-77.

McCourt, T. and Rothenbuhler, E. (1997) 'SoundScan and the consolidation of control in the popular music industry', *Media, Culture & Society*, 19 (2): 201-18.

McCracken, G. (1988) *Culture and Consumption: New Approaches to the Symbolic Character of Consumer Goods and Activities*. Bloomington, IN: Indiana University Press.

McDowell, L. (1995) 'Body work: heterosexual performances in city workplaces', in D. Bell and G.Valentine (eds), *Mapping Desire: Geographies of Sexualities*. London: Routledge. pp. 75-95.

McDowell, L. and Court, G. (1994) 'Performing work: bodily representations in merchant banks', *Environment and Planning D: Society and Space*, 12 (6): 727-50.

McGregor, H. and McMath, M. (1993) 'Leisure: a Maori and Mangaian perspective', in H. Perkins and G. Cushman (eds), *Leisure, Recreation and Tourism*. Auckland: Longman Paul. pp. 44-57.

McKendrick, N., Brewer, J. and Plumb, J.H. (1982) *The Birth of a Consumer Society: the Commercialization of Eighteenth-Century England*. Bloomington, IN: Indiana University Press.

McRobbie, A. (1993) 'Shut up and dance: youth culture and changing modes of femininity', *Cultural Studies*, 7 (3): 406-26.

McRobbie, A. (1997) 'Bridging the gap: feminism, fashion and consumption', *Feminist Review*, 55: 73-89.

McRobbie, A. (1999) *In the Culture Society: Art, Fashion and Popular Music*. London: Routledge.

Mellow, C. (1997) 'Russia's robber barons', *Time*, February 24: 54-7.

Mercier, K. (2003) 'The anti-globalisation movement in London: a coherent new social movement?' MA Thesis, Institute of Geography, Victoria University, Wellington.

Mesure, S. (2001) 'eBay tramples over Amazon'. At http://80-io.knowledge-basket. co.nz/ezproxy.massey.ac.nz/iodnews/cma/cma.pl?id=5, 31 March 2004.

Miles, S. (1998a) *Consumerism as a Way of Life*. London: Sage.

Miles, S. (1998b) 'The consuming paradox: a new research agenda for urban consumption', *Urban Studies*, 35 (5/6): 1001-8.

Miller, D. (1987) *Material Culture and Mass Consumption*. Oxford: Blackwell.

Miller, D. (ed.) (1995) *Acknowledging Consumption: a Review of New Studies*. London: Routledge.

Miller, D. (1997) *Capitalism: an Ethnographic Approach*. Oxford: Berg.

Miller, D. (1998) 'Coca-cola: a black sweet drink from Trinidad', in D. Miller (ed.), *Material Cultures: Why Some Things Matter*. London: UCL Press. pp. 169-87.

Miller, D. (2000) 'Introduction: the birth of value', in P. Jackson, M. Lowe, D. Miller and F. Mort (eds), *Commercial Cultures*. Oxford and New York: Berg. pp. 77-83.

Miller, D. (2001a) 'Behind closed doors', in D. Miller (ed.), *Home Possessions: Material Culture Behind Closed Doors*. Oxford: Berg. pp. 1-19.

Miller, D. (2001b) 'Possessions', in D. Miller (ed.), *Home Possessions: Material Culture Behind Closed Doors*. Oxford: Berg. pp. 107-21.

Miller, D. (2001c) 'The poverty of morality', *Journal of Consumer Culture*, 1 (2): 225-43.

Miller, D. (2003) 'Could the Internet defetishise the commodity?', *Environment and Planning D. Society and Space*, 21 (3): 359-72.

Miller, D. and Slater, D. (2000) *The Internet: an Ethnographic Approach*. Oxford: Berg.

Miller, D., Jackson, P., Thrift, N., Holbrook, B. and Rowlands, M. (1998) *Shopping, Place and Identity*. London: Routledge.

Mintz, S.W. (1993) 'The changing roles of food in the study of consumption', in R. Brewer and R. Porter (eds), *Consumption and the World of Goods*. London: Routledge. pp. 261-73.

Mitchell, D. (2000) *Cultural Geography: a Critical Introduction*. Malden, MA: Blackwell.

Moran, W. (1993) 'Rural space as intellectual property', *Political Geography*, 12: 263-77.

Morgan, N. and Pritchard, A. (1998) *Tourism Promotion and Power: Creating Images, Creating Identities*. Chichester: Wiley.

Morris, M. (1988) 'Things to do with shopping centres', in S. Sheridan (ed.), *Crafts: Feminist Cultural Criticism*. London: Verso. pp. 193-225.

Mort, F. (1988) 'Boy's own? Masculinity, style and popular culture', in K. Chapman and J. Rutherford (eds), *Male Order: Unwrapping Masculinity*. London: Lawrence & Wishart. pp. 193-225.

Mort, F. (1995) 'Archaeologies of city life: commercial culture, masculinity, and spatial relations in 1980s London', *Environment and Planning D: Society and Space*, 13 (5): 573-90.

Mort, F. (1998) 'Cityscapes: consumption, masculinities and the mapping of London since 1950', *Urban Studies*, 35 (5/6): 889-907.

Mort, F. (2000) 'Introduction. Paths to mass consumption: historical perspectives', in P. Jackson, M. Lowe, D. Miller and F. Mort (eds), *Commercial Cultures, Economies, Practices and Spaces*. Oxford: Berg. pp. 7-13.

Moscow Times (2001) 'IMF sees 4% growth', *Moscow Times*, 20 July, p. 6.

Murdoch, J. (1997a) 'Inhuman/nonhuman/human: actor-network theory and the prospects for a nondualistic and symmetrical perspective on nature and society', *Environment and Planning D: Society and Space*, 15 (6): 731-56.

Murdoch, J. (1997b) 'Towards a geography of heterogeneous associations', *Progress in Human Geography*, 21 (3): 321-37.

Murdoch, J. (1998) 'The spaces of actor-network theory', *Geoforum*, 29 (4): 357-74.

Murray, D. (2000) 'Haka fracas? The dialectics of identity in discussions of a contemporary Maori dance', *The Australian Journal of Anthropology*, 11 (3): 345-57.

Nast, H. and Pile, S. (eds) (1998) *Places through the Body*. London: Routledge.

Nava, M. (1997) 'Modernity's disavowal: women, the city and the department store', in P. Falk and C. Campbell (eds), *The Shopping Experience*. London: Sage. pp. 56-92.

Neal, M.A. (1997) 'Sold out on soul: the corporate annexation of black popular music', *Popular Music and Society*, 21 (3): 117.

Nederveen Pieterse, J. (1995) 'Globalization as hybridization', in M. Featherstone, S. Lash and R. Robertson (eds), *Global Modernities*. London: Sage. pp. 45-68.

Negus, K. (1999) 'The music business and rap: between the street and the executive suite', *Cultural Studies*, 13 (3): 488-508.

Nelan, B. (1991) 'Desperate moves', *Time*, 2 September: 16-20.

Nelson, L. (1999) 'Bodies (and spaces) do matter: the limits of performativity', *Gender, Place and Culture*, 6 (4): 331-53.

Ni, C.C. and Zhang, X. (2004) 'Choking on America's e-trash', *The Dominion Post*, 14 April, B8.

Nike Incorporated (2003) *Nike Incorporated Annual Report 2003*. Nike Incorporated, http://www.nike.com/nikebiz, 25 August.

Norberg-Hodge, H. (1999a) 'Globalising resistance: turning the globalisation tide', *The Ecologist*, 29 (2): 200-6.

Norberg-Hodge, H. (1999b) 'We are all losers in the global casino: the march of the monoculture', *The Ecologist*, 29 (2): 194-7.

Olsson, G. (1980) *Birds in Egg*. London: Pion.

Osella, F. and Osella, C. (1999) 'From transience to immanence: consumption, life-cycle and social mobility in Kerala, South India', *Modern Asian Studies*, 33 (4): 989-1020.

Oushakine, S.A. (2000) 'The quantity of style: imaginary consumption in the New

Russia', *Theory, Culture and Society: Explorations in Critical Social Science*, 17 (5): 97-120.

Oxfam Community Aid Abroad (2003) *Just Stop It!*, http://www.caa_org.au/compaigns/nike/faq.html, 25 August.

Pacione, M. (1997) 'Local exchange trading systems as a response to the globalisation of capitalism', *Urban Studies*, 34 (8): 1179-221.

Pacione, M. (2001) *Urban Geography: a Global Perspective*. London: Routledge.

Pain, R., Mowl, G. and Talbot, C. (2000) 'Difference and the negotiation of "old age"', *Environment and Planning D: Society and Space*, 18: 377-93.

Paolucci, G. (2001) 'The city's continuous cycle of consumption: towards a new definition of the power over time?' *Antipode*, 33 (4): 647-59.

Pawson, E. (1996) 'Landscapes of consumption', in R. Le Heron and E. Pawson (eds), *Changing Places: New Zealand in the Nineties*. Auckland: Longman Paul. pp. 318-46.

Perkins, H.C. and Thorns, D.C. (1999) 'House and home and their interaction with changes in New Zealand's urban system, households and family structures', *Housing Theory and Society*, 16: 124-35.

Perkins, H.C. and Thorns, D.C. (2001) 'Houses, homes and New Zealanders' everyday lives', in C. Bell (ed.), *The Sociology of Everyday Life in New Zealand*. Palmerston North: Dunmore. pp. 30-51.

Phillips, J. (1996) *A Man's Country? The Image of the Pakeha Male: A History*. Auckland: Penguin.

Pile, S. (1996) *The Body and the City: Psychoanalysis, Space and Subjectivity*. London: Routledge.

Plumb, J.H. (1982) 'Part III: Commercialization and society', in N. McKendrick, J. Brewer and J.H. Plumb (eds), *The Birth of a Consumer Society: the Commercialization of Eighteenth-Century England*. London: Hutchinson. pp. 265-334.

Popke, E.J. (2003) 'Poststructuralist ethics: subjectivity, responsibility and the space of community', *Progress in Human Geography*, 27 (3): 398-416.

Pratt, G. (2000) 'Research performances', *Environment and Planning D: Society and Space*, 18 (5): 639-51.

Pred, A. (1996) 'Interfusions: consumption, identity and the practices and power relations of everyday life', *Environment and Planning A*, 28 (1): 11-24.

Preteceille, E. (1986) 'Collective consumption, urban segregation, and social classes', *Environment and Planning D: Society and Space*, 4: 145-54.

Pritchard, B. (2000) 'The transnational corporate networks of breakfast cereals in Asia', *Environment and Planning A*, 32: 789-804.

Pritchard, W.N. (2000) 'Beyond the modern supermarket: geographical approaches to the analysis of contemporary Australian retail restructuring', *Australian Geographical Studies*, 38 (2): 204-18.

Proctor, J.D. and Smith, D.M. (1999) *Geography and Ethics: Journeys in a Moral Terrain*. London: Routledge.

Purcell, M. (2003) 'Islands of practice and the Marston/Brenner debate: toward a more synthetic critical human geography', *Progress in Human Geography*, 27 (3): 317-32.

Purdue, D., Durrschmidt, J., Jowers, P. and O'Doherty, R. (1997) 'DIY culture and extended milieux: LETS, veggie boxes and festivals', *The Sociological Review*, 45 (4): 645-67.

Purvis, M. (1998) 'Societies of consumers and consumer societies: co-operation, consumption and politics in Britain and continental Europe c. 1850-1920', *Journal of Historical Geography*, 24 (2): 147-69.

Purvis, M. (2003) 'Societies of consumers and consumer societies', in D.B. Clarke, M.A. Doel and K.M.L. Housiaux (eds), *The Consumption Reader*. London: Routledge. pp. 69-76.

Quirke, M. (2002a) 'Nothing derogatory says BBC', *The Dominion*, 13 April: 3.

Quirke, M. (2002b) 'This is the BBC: ka mate, ka mate!', *The Dominion*, 6 April: 1.

Qureshi, K. and Moores, S. (1999) 'Identity remix: tradition and translation in the lives of young Pakistani Scots', *European Journal of Cultural Studies*, 2 (3): 311-30.

Raikes, P., Jensen, M.F. and Ponte, S. (2000) 'Global commodity chain analysis and the French filère approach: comparison and critique', *Economy and Society*, 29 (3): 390-417.

Ramírez, B. (2000) 'Guest editorial.The politics of constructing an international group of critical geographers and a common space of action', *Environment and Planning D: Society and Space*, 18 (5): 537-43.

Rappaport, E.D. (2000) *Shopping for Pleasure*. Chichester: Princeton University Press.

Redclift, M. (1996) *Wasted: Counting the Costs of Global Consumption*. London: Earthscan.

Redfern, P.A. (1997) 'A new look at gentrification. 1: Gentrification and domestic technologies', *Environment and Planning A*, 29 (7): 1275-96.

Renard, M.-C. (1999) 'The interstices of globalization: the example of fair trade coffee', *Sociologia Ruralis*, 39 (4): 484-500.

Revill, G. (1998) 'Samuel Coleridge-Taylor's geography of disappointment: hybridity, identity and networks of musical meaning', in A. Leyshon, D. Matless and G. Revill (eds), *The Place of Music*. London: Guilford. pp. 197-221.

Revill, G. (2000) 'Music and the politics of sound: nationalism, citizenship, and auditory space', *Environment and Planning D: Society and Space*, 18 (5): 597-613.

Ritzer, G. (1993) *The McDonaldization of Society: an Investigation into the Changing Character of Contemporary Social Life*. Newbury Park, CA: Pine Forge.

Ritzer, G. (1999) *Enchanting a Disenchanted World: Revolutionizing the Means of Consumption*.Thousand Oaks, CA: Pine Forge.

Ritzer, G. (2002) 'An introduction to Mcdonaldization', in G. Ritzer (ed.), *McDonaldization: The Reader*. London: Sage. pp. 141-7.

Ritzer, G., Goodman, D. and Wiedenhoft,W. (2000) 'Theories of consumption', in G. Ritzer and B. Smart (eds), *Handbook of Social Theory*. London: Sage. pp. 410-27.

Roberts, M.L. (1998) 'Review essay. Gender, consumption, and commodity culture', *American Historical Review*, 103 (3): 817-44.

Robson, K. (1998) '"Meat" in the machine: the centrality of the body in internet interactions', in J. Richardson and A. Shaw (eds), *The Body in Qualitative Research*. Aldershot: Ashgate. pp. 185-97.

Rodaway, P. (1995) 'Exploring the subject in hyper-reality', in S. Pile and N. Thrift (eds), *Mapping the Subject: Geographies of Cultural Transformation*. London: Routledge. pp. 241-66.

Rojek,C. (1995) *Decentering Leisure, Rethinking Leisure Theory*. London: Sage.

Rose, G. (1993) *Feminism and Geography*. Oxford: Polity.

Rose, G. (1995) 'Geography and gender, cartographies and corporealities', *Progress in Human Geography*, 19 (4): 544-48.

Rose, G. (1997) 'Situating knowledges: positionality, reflexivities and other tactics', *Progress in Human Geography*, 21: 305-20.

Rowlands, M. (1994) 'The material culture of success: ideals and life cycles in Cameroon', in J. Friedman (ed.), *Consumption and Identity*. Chur, Switzerland: Harwood. pp. 147-66.

Rule, J.B. (1999) 'Silver bullets or land rushes? Sociologies of cyberspace', *Contemporary Sociology*, 28 (6): 661-4.

Ryan, C. and Crotts, J. (1997) 'Carving and tourism: a Maori perspective', *Annals of Tourism Research*, 24: 898-918.

Sack, R.D. (1988) 'The consumer's world: place as context', *Annals of the Association of American Geographers*, 78 (4): 642-64.

Sack, R.D. (1992) *Place, Modernity, and the Consumer's World: a Relational Framework for Geographical Analysis*. Baltimore, MD: Johns Hopkins University Press.

Sack, R.D. (1997) *Homo Geographicus: A Framework for Action, Awareness, and Moral Concern*. Baltimore, MD: Johns Hopkins University Press.

Sack, R.D. (1999) 'A sketch of a geography theory of morality', *Annals of the Association of American Geographers*, 89 (1): 26-44.

Said, E. (1978) *Orientalism*. London: Routledge.

Samers, M. and Sidaway, J. (2000) 'Guest editorial: exclusions, inclusions, and occlusions in "Anglo-American geography": reflections on Minea's "Venetian geographical praxis"', *Environment and Planning D: Society and Space*, 18 (6): 663-6.

Saunders, P. (1989) 'The sociology of consumption: a new research agenda', in P. Otnes (ed.), *The Sociology of Consumption*. Atlantic Highlands, NJ: Humanities. pp.

141-56.

Sayer, A. (2001) 'For a critical cultural political economy', *Antipode*, 33 (4): 687-708.

Sayer, A. (2003) '(De)commodification, consumer culture, and moral economy', *Environment and Planning D: Society and Space*, 21: 341-57.

Scanlon, J. (ed.) (2000) *The Gender and Consumer Culture Reader*. New York: New York University Press.

Scheyvens, R. (2002) *Tourism for Development: Empowering Communities*. Harlow: Prentice Hall.

Schoenberger, E. (1998) 'Discourse and practice in human geography', *Progress in Human Geography*, 22 (1): 1-14.

Schofield, J. (2001) 'Advertisers aim below the line for customers', *Moscow Times*, p. 7.

Scott, A.J. (2000) *The Cultural Economy of Cities*. London: Sage.

Sell, B. (1999) '"Plastic poi" culture seen as degrading', *New Zealand Herald*, 1 June.

Serres, M. and Latour, B. (1995) *Conversations of Science, Culture and Time*, trans. R. Lapidus. Ann Arbor, MI: University of Michigan Press.

Seyfang, G. (2001) 'Community currencies: small change for a green economy', *Environment and Planning A*, 33 (6): 975-96.

Shammas, C. (1993) 'Changes in English and Anglo-American consumption from 1550 to 1800', in J. Brewer and R. Porter (eds), *Consumption and the World of Goods*. London: Routledge. pp. 177-205.

Shapiro, S. (1998) 'Places and spaces: the historical interaction of technology, home and privacy', *The Information Society*, 14: 275-84.

Shields, R. (1989) 'Social spatialization and the built environment: the West Edmonton Mall', *Environment and Planning D: Society and Space*, 7 (2): 147-64.

Shields, R. (1992a) 'The individual, consumption cultures and the fate of community', in R. Shields (ed.), *Lifestyle Shopping: the Subject of Consumption*. London: Routledge. pp. 99-113.

Shields, R. (ed.) (1992b) *Lifestyle Shopping: the Subject of Consumption*. London: Routledge.

Short, J.R., Boniche, A., Kim, Y. and Li, P.L. (2001) 'Cultural globalization, global English, and geography journals', *Professional Geographer*, 53 (1): 1-11.

Shurmer-Smith, P. and Hannam, K. (1994) *Worlds of Desire, Realms of Power: a Cultural Geography*. London: Arnold.

Sik, E. and Wallace, C. (1999) 'The development of open-air markets in east-central Europe', *International Journal of Urban and Regional Research*, 23 (4): 697-714.

Silicon Valley Toxics Coalition (2004) 'Poison PCs and toxic TVs: e-waste tsunami to roll across the US: are we prepared?' At http://www.svtc.org/cleancc/pubs/ppcttv2004execsum.htm, 4 May 2004.

Silvey, R. (2002) 'Sweatshops and the corporatization of the university', *Gender, Place and Culture*, 9 (2): 201-7.

Simmel, G. (1978 [1907]) *The Philosophy of Money*. London: Routledge.

Sissons, J. (1993) 'The systematisation of tradition: Maori culture as a strategic resource', *Oceania*, 64 (2): 97-109.

Skelton, T. and Valentine, G. (eds) (1998) *Cool Places: Geographies of Youth Cultures*. London: Routledge.

Slater, D. (1997) *Consumer Culture and Modernity*. Oxford: Polity.

Slater, D. (2000) 'Consumption without scarcity: exchange and normativity in an internet setting', in P. Jackson, M. Lowe, D. Miller and F. Mort (eds), *Commercial Cultures: Economies, Practices, Spaces*. Oxford: Berg. pp. 123-42.

Slocum, R. (2004) 'Consumer citizens and the cities for climate protection campaign', *Environment and Planning A*, 36: 763-82.

Smart, B. (1999) *Resisting McDonaldization*. London: Sage.

Smith, A. (2002) 'Culture/economy and spaces of economic practice: positioning households in post-communism', *Transactions of the Institute of British Geographers*, NS 27: 232-50.

Smith, D.M. (1997) 'Geography and ethics: a moral turn?', *Progress in Human Geography*, 21: 583-90.

Smith, D.M. (1999) 'Geography and ethics: how far should we go', *Progress in Human Geography*, 23: 119-25.

Smith, D.M. (2000) 'Social justice revisited', *Environment and Planning A*, 32 (7): 1149-62.

Smith, D.M. (2001) 'Geography and ethics: progress or more of the same?', *Progress in Human Geography*, 25: 261-8.

Smith D.W. (1998) 'Urban food systems and the poor in developing countries', *Transactions of the Institute of British Geographers*, 23: 207-19.

Smith, M.D. (1996) 'The Empire filters back: consumption, production, and the politics of Starbucks coffee', *Urban Geography*, 17: 502-25.

Smith, R.G. (2003) 'World city actor-networks', *Progress in Human Geography*, 27 (1): 25-44.

Smith, S.J. (1994) 'Soundscape', *Area*, 26 (3): 232-40.

Smith, S.J. (2000) 'Performing the (sound) world', *Environment and Planning D: Society and Space*, 18 (5): 615-37.

Soja, E. (1989) *Postmodern Geographies: the Reassertion of Space in Critical Social Theory*. London and New York: Verso.

Soja, E. (1996) *Thirdspace: Journeys to Los Angeles and Other Real-and-Imagined Places*. Cambridge: Blackwell.

Sorkin, M. (1992) 'See you in Disneyland', in *Variations on a Theme Park: the New American City and the End of Public Space*. New York: Hill and Wang. pp. 205-32.

Squire, S.J. (1998) 'Rewriting languages of geography and tourism: cultural discourses of destinations, gender and tourism history in the Canadian Rockies', in G. Ringer (ed.), *Destinations: Cultural Landscapes of Tourism*. London: Routledge. pp. 80-100.

Statistics New Zealand (2001) *Statistics New Zealand*, http://www.stats.govt.nz, 10 July.

Stearns, P.N. (2001) *Consumerism in World History: the Global Transformation of Desire*. London: Routledge.

Steed, B. (2000) 'Maori culture a blend of old and new', *The Evening Post*, 19 October: 23.

Stevenson, N., Jackson, P. and Brooks, K. (2000) 'Ambivalence in men's lifestyle magazines', in P. Jackson, M. Lowe, D. Miller and M. Frank (eds), *Commercial Cultures: Economies, Practices, Spaces*. Oxford: Berg. pp. 189-212.

Suryanata, K. (2002) 'Diversified agriculture, land use, and agrofood networks in Hawaii', *Economic Geography*, 78 (1): 71-86.

Swanson, G. (1995) '"Drunk with glitter": consuming spaces and sexual geographies', in Watson & Gibson (eds), *Postmodern Cities and Spaces*. Cambridge: Blackwell. pp. 80-98.

Tan, S.B.-H. (2000) 'Coffee frontiers in the central highlands of Vietnam: networks of connectivity', *Asia Pacific Viewpoint*, 41 (1): 51-67.

Taylor, F.W. (1967 [1911]) *Principles of Scientific Management*. New York: Norton.

Taylor, J.P. (1998) *Consuming Identity: Modernity and Tourism in New Zealand*. Auckland: Department of Anthropology, University of Auckland.

The Dominion (2001) 'Pop star's wearing "my tribe's tattoo"', *The Dominion*, 5 January: 3.

The Dominion (2002) 'Mana of haka and moko diluted says scholar', *The Dominion*, 16 April: 19.

TheStaffordGroup (2001) *A Study of Barriers, Impediments and Opportunities for Maori in Tourism: he matai tapoi Maori*. Prepared for the Office of Tourism and Sport and Te Puni Kokiri. Wellington: TheStaffordGroup, Woollahra, NSW.

Thrift, N. (2000a) 'Actor network theory', in D. Gregory, R.J. Johnston, G. Pratt, D. Smith and M.Watts (eds), *Dictionary of Human Geography*, 4th edn. Oxford: Blackwell. pp. 5.

Thrift, N. (2000b) 'Afterwords', *Environment and Planning D: Society and Space*, 18 (2): 213-55.

Thrift, N. (2000c) 'Performing cultures in the new economy', *Annals of the Association of American Geographers*, 90 (4): 674-92.

Thrift, N. (2000d) 'It's the little things', in K. Dodds and D. Atkinson (eds), *Geopolitical Traditions: a Century of Geopolitical Thought*. London: Routledge. pp. 380-7.

Thrift, N. and Glennie, P. (1993) 'Historical geographies of urban life and modern consumption', in G. Kearns and C. Philo (eds), *Selling Places: the City as Cultural Capital, Past and Present*. Oxford: Pergamon. pp. 33-48.

Tikhomirov, V. (1996) 'CIS: new moves towards a closer integration', *International Law News*, 31: 38-9.

Tourism New Zealand (1995) *Product Development Opportunities for Asian Markets*. Wellington: New Zealand Tourism Board.

Trentmann, F. (2004) 'Beyond consumerism: new historical perspectives on consumption, *Journal of Contemporary History*, 39 (3): 373-401.

Turkle, S. (2002) 'Life on the screen: identity in the age of the Internet', in M.J. Dear and S. Flusty (eds), *The Spaces of Postmodernity: Readings in Human Geography*. Oxford: Blackwell. pp. 455-62.

United Nations Development Programme (1999) 'Facts and figures on poverty', *United Nations Development Programme, Sustainable Human Development*, http://www.undp.org/teams/english/facts.htm

Urry, J. (1995) *Consuming Places*. London: Routledge.

Valentine, G. (1999a) 'Consuming pleasures: food, leisure and the negotiation of sexual relations', in D. Crouch (ed.), *Leisure/Tourism Geographies*. London: Routledge. pp. 164-80.

Valentine, G. (1999b) 'A corporeal geography of consumption', *Environment and Planning D: Society and Space*, 17 (3): 329-51.

Valentine, G. (1999c) 'Eating in: home, consumption and identity', *The Sociological Review*, 47 (3): 491-524.

Valentine, G. (2002) 'In-corporations: food, bodies and organizations', *Body & Society*, 8 (2): 1-20.

Veblen, T. (1975 [1899]) *The Theory of the Leisure Class*. New York: Augustus.

Wakeford, N. (1999) 'Gender and landscapes in computing', in M. Crang, P. Crang and J. May (eds), *Virtual Geographies: Bodies, Spaces and their Relations*. London: Routledge. pp. 178-201.

Wallace, C. and Kovacheva, S. (1996) 'Youth cultures and consumption in Eastern and Western Europe', *Youth & Society*, 28 (2): 189-214.

Wallerstein, I. (1974) 'The rise and future demise of the world capitalist system: concepts for comparative analysis', *Comparative Studies in Society and History*, 16 (4): 387-415.

Wallerstein, I. (1983) *Historical Capitalism*. London: Verso.

Walmsley, D.J. (2000) 'Community, place and cyberspace', *Australian Geographer*, 31 (1): 5-19.

Ward, G. (1997) *Postmodernism*. London: Hodder Headline.

Warde, A. (1992) 'Notes on the relationship between production and consumption', in R. Burrows and C. Marsh (eds), *Consumption and Class*. London: Macmillan. pp. 15-31.

Warf, B. (1994) 'Geographical review: Place, Modernity and the Consumer's World, by Robert David Sack', *Annals of the Association of American Geographers*, 84: 106-9.

Warren, S. (1999) 'Cultural contestation at Disneyland Paris', in D. Crouch (ed.), *Leisure/Tourism Geographies: Practices and Geographical Knowledge*. London: Routledge. pp. 109-25.

Watson, J.L. (1997) *Golden Arches East*. Stanford, CA: Stanford University Press.

Watts, M. and Watts, N. (1983) *Silent Violence: Food, Famine and Peasantry in Northern Nigeria*. Berkeley, CA: University of California Press.

Watts, M.J. (1999) 'Commodities', in P. Cloke, P. Crang and M. Goodwin (eds), *Introducing Human Geographies*. London:Arnold. pp. 305-15.

Webster, S. (1993) 'Postmodernist theory and the sublimation of Maori culture', *Oceania*, 63 (3): 222-33.

Whatmore, S. (2003) 'Editorial. From banana wars to black Sigatoka: another case for a more-than-human geography', *Geoforum*, 34: 139.

Whatmore, S. and Thorne, L. (1997) 'Nourishing networks: alternative geographies of food', in D. Goodman and M.J.Watts (eds), *Globalising Food: Agrarian Questions and Global Restructuring*. London: Routledge. pp. 287-304.

Wilk, R. (1995) 'Learning to be local in Belize: global systems of common difference', in D. Miller (ed.), *Worlds Apart: Modernity through the Prism of the Local*. London: Routledge. pp. 110-33.

Wilk, R. (2001) 'Consuming morality', *Journal of Consumer Culture*, 1 (2): 245-60.

Wilk, R. (2002) 'Consumption, human needs, and global environmental change', *Global Environmental Change*, 12: 5-13.

Williams, C.C. (1996) 'Local exchange and trading systems: a new source of work and credit for the poor and unemployed?', *Environment and Planning A*, 28 (8): 1395-415.

Williams, P., Hubbard, P., Clark, D. and Berkeley,N. (2001) 'Consumption, exclusion and emotion: the social geographies of shopping', *Social & Cultural Geography*, 2 (2): 203-20.

Winchester, H. (1992) 'The construction and deconstruction of women's roles in the urban landscape', in K. Anderson & F. Gale (eds), *Inventing Places: Studies in Cultural Geography*. Melbourne: Longman Cheshire. pp. 139-56.

Winship, J. (2000) 'Culture of restraint: the British chain store 1920-1939', in P. Jackson, M. Lowe,D. Miller and F. Mort (eds), *Commercial Cultures: Economies, Practices, Spaces*. Oxford: Berg. pp. 15-34.

Woodward, I., Emmison, M. and Smith, P. (2000) 'Consumerism, disorientation and postmodern space: a modest test of immodest theory', *British Journal of Sociology*, 51 (2): 339-54.

Wrigley, N. and Lowe, M. (eds) (1996) *Retailing, Consumption and Capital: Towards the New Retail Geography*. Harlow: Longman.

Wrigley, N. and Lowe, M. (eds) (2002) *Reading Retail*. New York: Oxford University

Press.

Wrigley,N., Lowe, M. and Currah,A. (2002) 'Retailing and e-tailing', *Urban Geography*, 23 (2): 180-97.

Wrigley,N.,Warm,D. and Margetts, B. (2003) 'Deprivation, diet, and food-retail access: findings from the Leeds "food deserts" study', *Environment and Planning A*, 35 (1): 151-88.

Yasmeen, G. (1995) 'Exploring a foodscape: the case of Bangkok', *Malaysian Journal of Tropical Geography*, 26 (1): 1-11.

Zukin, S. (1998) 'Urban lifestyles: diversity and standardisation in spaces of consumption', *Urban Studies*, 35 (5/6): 825-39.

소비지리학

2022년 2월 28일 초판 1쇄 발행

지은이 | 줄리아나 맨스벨트
옮긴이 | 백일순
펴낸이 | 노경인 · 김주영

펴낸곳 | 도서출판 앨피
출판등록 | 2004년 11월 23일 제2011-000087호
주소 | 우)07275 서울시 영등포구 영등포로 5길 19(37-1 동아프라임밸리) 1202-1호
전화 | 02-336-2776 팩스 | 0505-115-0525
전자우편 | lpbook12@naver.com

ISBN 979-11-90901-74-1 03300